诗
想
者

HI POEM

生 活 ， 还 有 诗

鲁迅的饭局

薛林荣　　　著

GUANGXI NORMAL UNIVERSITY PRESS
广西师范大学出版社
·桂林·

策 划 人/ 刘　春
责任编辑/ 郭　静
责任技编/ 王增元
装帧设计/ 唐秋萍

图书在版编目（CIP）数据

鲁迅的饭局 / 薛林荣著. —桂林：广西师范大学
出版社，2021.3（2023.12 重印）
　　ISBN 978-7-5598-3588-8

　　Ⅰ．①鲁… Ⅱ．①薛… Ⅲ．①鲁迅研究－文集
Ⅳ．①K825.6-53

　　中国版本图书馆 CIP 数据核字（2021）第 009056 号

广西师范大学出版社出版发行
（ 广西桂林市五里店路 9 号　邮政编码：541004 ）
　网址：http://www.bbtpress.com
出版人：黄轩庄
全国新华书店经销
广西广大印务有限责任公司印刷
（桂林市临桂区秧塘工业园西城大道北侧广西师范大学出版社
集团有限公司创意产业园内　邮政编码：541199）
开本：890 mm×1 240 mm　1/32
印张：12.5　　字数：280 千
2021 年 3 月第 1 版　　　2023 年 12 月第 7 次印刷
定价：72.00 元

鲁迅致姚克的请柬

（代 序）

敬请

莘农先生于星六（二十二）午后六时

驾临福建路大马路口知味观杭菜馆七座一叙

　　勿却是幸即颂

日祉

　　　　　　　　　　　　　　　　周树人订

　　　　　　　　　　　　　　　　四月十九日

　　令弟亦务希惠临为幸　　鲁迅并记

　　这是1933年4月19日鲁迅发给姚克的请柬样式，原件收藏于北京鲁迅博物馆。鲁迅在4月22日的日记中记载："晴。午后得姚克信……晚在知味观招诸友人夜饭，座中为达夫等共十二人。"此饭局是鲁迅帮助姚克和上海文化界的一些名人见面。

菜館之廣一叙

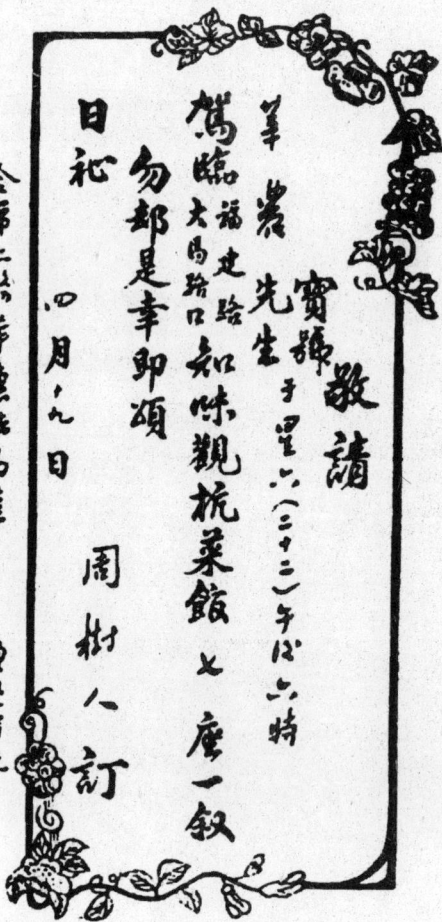

魯迅致姚克請柬

目 录

上卷：总部

一个人的餐桌

——民国北京美食地图

鲁迅于 1912 年 5 月 5 日到北京，1926 年 8 月 26 日离开北京，其后又于 1929 年 5 月、1932 年 11 月两次回到北京探亲，在久住的 14 年时间及短暂停留的两次省亲过程中，自然与京城餐馆多有交集，北京著名的"八大楼""八大居"都或多或少地留下了他的足迹。鲁迅以一己之力，绘制了一幅壮观的民国北京美食地图。

鲁迅日记中记录的饭馆、酒楼、饭店的字号，据邓云乡先生"粗粗统计"，有 65 家之多，而实际数量远远超过这个数字。

这 65 家字号分别是（括号内为邓云乡先生标注）：

广和居　　（菜市口北半截胡同南口）

致美斋　　（前门外煤市街）

便宜坊　　（前门外肉市）

集贤楼　　什刹海（即会贤堂，店名记错）

同和居　　西四牌楼

南味斋　　（西珠市口）

小有天　　西河沿劝业场

杏花春　　韩家谭

澄乐园　　劝工陈列所

四海春　　（宣内大街）

玉楼春　　（煤市街）

海天春　　（宣内大街）

厚德福　　（前外大栅栏）

醉琼林　　（前外陕西巷）

同丰堂　　（鲜鱼口长巷头条路西）

益锠　　（西单南大街）

华宾楼　　（珠宝市）

宣南第一楼　　（宣内大街）

福全馆　　（东四牌楼隆福寺街）

瑞记饭店　　（后迁中山公园内，最早未详）

小饭店　　（未详）

金谷春　　（西珠市口）

泰丰楼　　（煤市街）

中山公园闽菜馆

京华春　　（五道庙）

中华饭庄　　（陕西巷）

又一村　　（未详）

四川饭馆 （未详）

新丰楼 香厂新世界对面

聚贤堂 （西单牌楼报子街）

澄园 香厂

玉壶春 青云阁

和记 （绒线胡同西口）

第一春 （未详）

中兴茶楼 东安市场

欧美同学会 （南河沿）

西车站食堂 （前外西火车站）

东兴楼 （东安门大街）

颐香斋 （此即颐芗斋，见后面）

宴宾楼 （前外西河沿）

陶园 （西单南绒线胡同）

中央饭店 （东长安街）

大陆饭店 （西长安街）

西吉庆 （宣内大街）

鼎香村 （骡马市大街）

孙德兴饭店 （未详）

龙海轩 （西长安街）

燕寿堂 （东四牌楼）

四宜轩 中山公园

撷英居 （前外廊房头条）

滨来香　（西单北大街）

颐乡斋　（西珠市口）

宜南春　（未详）

中兴楼　（东安市场）

华英饭店　（西长安街）

来今雨轩　　公园

石田料理店　（未详）

西安饭店　（西长安街）

东安饭店　（东长安街）

法国饭店　（崇文门内大街）

大陆春　（西长安街）

长美轩　（中山公园西部）

漪澜堂　（北海公园）

森隆　（金鱼胡同东安市场）

　　我国历史文献中记录饭馆堂号的资料很少，宋人孟元老的
《东京梦华录》、吴自牧的《梦粱录》、周密的《武林旧事》等书
中，留下了汴京的樊楼、杭州的太和园等酒楼的字号。中国新文
学史上，像鲁迅这般详细记录了酒楼字号的作家，恐怕别无他
人。这也是反映一个历史时期市民日常生活、市容、经济、商业
等方面的第一手文献，是十分珍贵的民俗资料。

　　鲁迅所记北京饭馆的字号，按等级大致分作五类：

　　第一类是切面铺之类，包括包子铺、饺子铺、馄饨铺、馅

饼铺、粥铺等，都是卖面食的。

第二类是二荤铺。所谓二荤，一般是指猪肉和羊肉，二荤铺分为大教馆子和清真馆子，比切面铺高级、齐全。

第三类是小饭馆，各有风格，一般不办喜庆堂会，门前的幌子上一般写着"应时小卖，随意便酌，四时佳肴，南北名点"等字样。

第四类是中等饭庄，可以办堂会。不能办红白喜事堂会的叫饭馆，能办喜庆宴会、堂会的叫饭庄。

第五类是大饭庄子，一般带有院子、戏台，可以唱堂会戏。

鲁迅日记中所记述的65家饭店字号，以上五类均有，可以说记录了一部民国时期北平的市井风情画，绘制了一幅包罗万象的美食地图。

"和记"恐怕是鲁迅日记中最小的饭馆了，大概属于"切面铺"，是西城一家卖清汤大碗牛肉面的小铺。和记原先开在绒线胡同西口路南，正好在马路转角上，一间小楼，朝北、朝西两边开门，朝北是绒线胡同，朝西便是宣内大街，与鲁迅工作的教育部就隔着一条马路。这里原先是一家卖牛羊肉的"羊肉床子"，掌柜的爱动脑筋，在楼上摆了几副白茬木器桌凳卖面，比如羊汤面、羊杂碎面，其中最好的就是清真大块牛肉面，物美价廉，最得鲁迅喜欢。和记一楼卖牛羊肉，二楼卖牛肉、羊肉面。一楼卖不出去的肉，正好在楼上卖面时卖出去，生肉反而卖出了熟肉的价钱，且比专门卖面的人家肉多汤浓，因此生意大好。此店后来拆掉老房，改建为三层洋房，正式开张为饭馆，但气派一大，反而不易赚钱，没过几年便歇业了。

当代某位学者在著述中说"和记基本上相当于鲁迅的工作食堂"，这是不确的。遍查鲁迅日记，他在和记只吃过8次饭，且时间集中在1918年前后。情况如下：

1917年12月28日，"午同齐寿山及二弟在和记饭"。这是鲁迅第一次在和记吃饭。和记与教育部仅隔一条马路，但之前未见记录，可见大约开业于这一年。

1918年1月23日，"午二弟来部，并邀陈师曾、齐寿山往和记饭"。

2月1日，"午二弟来部，复同齐寿山往和记饭讫阅小市"。

3月15日，"午二弟至部，并邀齐寿山往和记饭"。

4月19日，"午二弟来部，同至和记饭，并邀齐寿山"。

5月10日，"午二弟来部，同齐寿山至和记饭"。

12月6日，"午二弟至部，邀齐寿山同至和记饭"。

12月28日，"午二弟至部，邀齐寿山同往和记饭"。

笔者发现了一个有趣的现象：鲁迅在和记所吃这8顿饭，都是午饭，且都有周作人、齐寿山参与，一年之中记述大同小异。可见在和记吃饭，是他们三人的标配午餐。

当时鲁迅住在北京的西城，吃饭也就围绕西城进行，西四牌楼路西的同和居是北京著名的"八大居"之一，经营山东菜。其名菜有炸肥肠、九转肥肠、三不粘等。鲁迅最喜欢这里的炸虾球，因为这个菜属于绍兴口味。另外，鲁迅还喜欢这里的烤大馒头，就是在馒头上刷一层油然后烤制。（有关同和居另辟一节叙述）

旧时北京著名饭馆有"八大楼""八大居"之说。其中尤以"八大楼"最为著名，即所谓"买布到八大祥，吃饭到八大楼"。"八大楼"为致美楼、东兴楼、泰丰楼、鸿兴楼、鸿庆楼（一说为正阳楼）、新丰楼、安福楼及萃华楼。

鲁迅去过"八大楼"大半，这些"楼"的菜品各有特色。

鲁迅当年工作在北京西城，先西南，后西北，东城很少去，一般宴饮以南城为多，去东城参加宴会的次数很有限，值得一提的是"八大楼"之一的东兴楼。

东兴楼坐落在东安门大街路北，创业于清光绪二十八年（1902），是一座前出廊后出厦的大四合院，清廷大官僚歇脚休息、吃茶用膳都喜到此地。进入民国后，它的服务对象多为军阀政客。解放后更是文人墨客聚会的场所。东兴楼经营的风味属于胶东菜，特点是清、素、鲜嫩、油而不腻，不论南方人或北方人都爱吃，甚至有的外国人也慕名而来。生意最兴隆时，年盈利约5万两白银。1937年，掌柜安树塘病故后，他的儿子安耀东不务正业，游手好闲，东兴楼因此衰败了下来，1944年宣布停业。1982年，沉睡了近40年的东兴楼在东直门内新址开业。

鲁迅共去过三次东兴楼：

1919年5月23日，"夜胡适之招饮于东兴楼，同坐十人"。这次是胡适请鲁迅。

1923年2月27日，"午后胡适之至部，晚同至东安市场一行，又往东兴楼应郁达夫招饮，酒半即归"。这次是郁达夫请鲁迅和胡适。有学者认为鲁迅"酒半即归"是他与胡适纷争的开端，这是猜测。事实上，鲁迅对胡适的挖苦一直到1931年才见诸报端。1931年，鲁迅《知难行难》道："中国向来的老例，做皇帝做牢靠和做倒霉的时候，总要和文人学士扳一下子相好。做牢靠的时候是'偃武修文'，粉饰粉饰；做倒霉的时候是又以为他们真有'治国平天下'的大道……当'宣统皇帝'逊位逊到坐得无聊的时候，我们的胡适之博士曾经尽过这样的任务。见过以后，也奇怪，人们不知怎的先问他们怎样的称呼，博士曰：'他叫我先生，我叫他皇上。'"《出卖灵魂的秘诀》道："胡适博士不愧为日本帝国主义的军师。但是，从中国小百姓方面说来，这却是出卖灵魂的唯一秘诀。"尽管鲁迅对胡适不恭，但胡适对鲁迅却是赞誉有加，他在日记中道："周氏兄弟最可爱，他们的天才都很高。豫才兼有赏鉴力与创作力，而启明的赏鉴力虽佳，创作较少。"鲁迅去世后，苏雪林写信给胡适诋毁鲁迅，胡适对曰："凡论一人，总须持平。爱而知其恶，恶而知其美，方是持平。鲁迅自有他的长处。如他早年的文学作品，如他的小说史研究，皆是上等工作。"

鲁迅在东兴楼的第三顿饭是1932年11月22日，"静农来，坐少顷，同往北京大学第二院演讲四十分钟，次往辅仁大学第二院演讲四十分钟，时已晚，兼士即邀赴东兴楼夜饭，同席十一人，临别并赠《清代文字狱档》六本"。

东兴楼的酱爆鸡丁是鲁迅和胡适都非常喜欢吃的菜品，据说是清宫一个姓何的太监首创。宫廷的做法中，酱爆鸡丁要做得嫩如豆腐，色香味俱全。方法是用猪油爆炒，要用黄酱而不是甜面酱。

"八大楼"中的泰丰楼鲁迅也去过。1915年8月6日，"晚冀育堂招饮于泰丰楼，同席十人"。这家老字号1876年开业，原来位于北京前门煤市街，1953年歇业，1984年在距原址不远的地方重新开业。民国时期，泰丰楼是孙中山、宋庆龄等一大批国民党元老常去的地方，其中的名菜有油爆肚仁、油爆鳝鱼、九蒸鸭子等。

致美楼也是鲁迅喜欢的"八大楼"之一，原名致美斋，坐落在北京繁华的前门外煤市街。鲁迅到北京的第一场饭局，即1912年5月8日，就"夜饮于致美斋，国亲作主"。同一年的8月31日，"晚董恂士招饮于致美斋，同席者汤哲存、夏穗卿、何燮侯、张协和、钱稻孙、许季黻"。此楼开业于明末清初，原是一家姑苏风味菜馆，后来，乾隆皇帝御厨景启应聘任首席厨师，使致美斋的菜点集南北烹调之精、汇御膳民食之粹而名噪一时。其著名菜品有"四吃活鱼"，就是一条活鱼做出4种吃法：头尾红烧改清煮做汤；中段鱼身，从中间鱼骨劈成两片，一片糖醋，一片糟熘；鲤鱼的鱼籽营养丰富，可单另红烧。清同光时人魏元旷著《都门琐记》谈到致美斋名肴时说："致美斋以四做鱼名，盖一鱼而四做之，子名'万鱼'，与头尾皆红烧，酱炙中段，余或炸炒，或醋熘、糟熘。"此楼所制萝卜丝小饼及焖炉小烧饼以油和面烧成，其酥无比。秋季月饼与其他处不同，既大且厚，其馅丰腴，至少有十三种之多。张元善的《我与二百年老店》中说道："致美斋尤擅面点，雪花龙须面、烩杠头、萝卜丝饼、银丝卷都为大众所称道，这些菜点至今都有所保留。"民国学者刘叶秋对致美斋的服务态度热情赞扬："致美斋不仅肴馔精美，服务态度也非常好。无论掌柜、伙计都很和气，总以笑面相迎，殷勤相待。入座之后，先沏一壶茶，容你喝茶休息一下，然后来请点菜。饭罢，伙友又提来开水冲茶，仍可品茗闲谈。如果还有余兴，可以向伙友要一把胡琴来，唱唱京戏，人家也不厌烦。三十年代，致美斋的一位老掌柜（已不忆其姓名），谈吐不俗，很有风趣，喜欢给人相面。我不信星相，却喜欢听他清谈，遇到熟人，只要他不忙，必来陪坐，还要上一道'敬菜'，如烩乌鱼蛋之类，以示亲热，这是不收钱的。所以'吃致美斋'，真有宾至如归之感。"（《致美斋话旧》）梁实秋先生的《雅舍谈吃》中，提到1926年留学回国，待到北京前门东车站后，急不可待地"乃把行李寄存车站，步行到煤市街致美斋独自小酌，一口气吃了三个爆肚儿……吃得我牙根清酸。然后一个青油饼一碗烩两鸡丝……"还兴致勃勃、无限回味地说："生平快意之餐，隔五十余年犹不能忘。"

"八大楼"之外，略小一些的饭馆有西吉庆、海天春等，这两个饭馆都在宣内大街上，离教育部不远，也是鲁迅常吃午饭的地方。这些饭馆经济实惠，生意很好，并对熟客提供各种方便，如吃完饭写折子，不用付饭钱，定期统一结账；或者讲好伙食标准，几菜几汤多少钱，包月计算，十分灵活。鲁迅就曾在海天春包过饭，1913年9月4日记："午约王屏华、齐寿山、沈商耆饭于海天春，系每日四种，每人每月银五元。"包饭才吃了半月时间，9月18日就有了微词："海天春肴膳日恶，午间遂不更往，沈商眷见返二元五角。"可见鲁迅、王屏华、齐寿山、沈商耆四人在海天春包饭,沈商耆任财务总管,每人每月五元,吃了半月便吃不下去,于是每人退了一半饭钱。

龙海轩也是一家比较重要的二荤铺。有学者说"鲁迅中午还常拉着陈师曾、齐寿山也去西长安街一家名叫龙海轩的小饭馆去吃",这是不确的。其实鲁迅在这家饭馆只吃过两顿饭,且两顿饭都与他买房有关:1923年12月2日,星期休息,"午在西长安街龙海轩成立买房契约,当付泉五百,收取旧契并新契讫,同用饭,坐中为伊立布、连海、吴月川、李慎斋、杨仲和及我共六人,饭毕又同吴月川至内右四区第二分驻所验新契"。1924年1月12日,"午后同李慎斋往本司胡同税务处纳屋税,作七百五十元论,付税泉四十五元,回至龙海轩午餐"。

龙海轩的拿手菜是软炸肝尖,是鲁迅很喜欢的下酒菜。这道菜将猪肝上部切成片,用盐、料酒、味精腌制片刻,然后挂鸡蛋糊,再用七八成热的花生油炸,在表面的糊刚刚凝固的时候就捞出来,加热锅里的油至沸热,再把肝尖放下去炸,两次炸制后,肝尖外酥内嫩。这道菜现在已经成了北京著名的家常菜,广和居、同和居这样的大餐馆是没有的。

北京的大小饭庄,从"和记"这样的大排档到"八大楼"这样的高档饭庄,鲁迅在日记中给后人留下了文献般珍贵的美食地图和市井风情,堪可宝焉。

夜饮于广和居

——"北漂"的厨房

鲁迅自1912年5月初随教育部从南京北迁到北京供职，到1926年8月离京南下赴厦门教书，在北京共生活了14年，当了14年公务员。

这期间，鲁迅去广和居吃饭次数最多。据笔者依鲁迅日记不完全统计，有68次之多。

鲁迅1912年5月5日抵达北京，第一夜宿于长发店，第二天移住宣武门外南半截胡同的山会邑馆（绍兴会馆），被三四十只臭虫驱赶至桌子上睡了一夜。绍兴会馆距广和居很近，为鲁迅常年光顾提供了便利条件。第三天稍事安顿后，鲁迅即去广和居报到，日记载："夜饮于广和居。"至于是独酌还是与他人共饮，不详。

鲁迅当年从绍兴会馆出来后，去广和居吃饭，走的是哪条路呢？

广和居在北京宣外菜市口北半截胡同南头路东，绍兴会馆在南半截胡同北头路西，与广和居处在一条平行线上，可以说几乎是门对门，但由于胡同岔开的关系，要绕几十步路。这是因为北半截胡同到了南头之后，左右岔开成为两条胡同，像一条裤子，向东南的一条通向裤子胡同，向西南的一条通向南半截胡同。所以从绍兴会馆去广和居，要绕过"裤子"分岔处的三角，多跑几步路。

北京的各大饭庄，大多经营北方菜，南方风味的菜馆极少，但广和居菜品却以清淡取胜，最擅长的是南味。清末诗人夏孙桐有诗专门写广和居："不为珍错竞肥甘，春韭秋菘味自醰。"晚清官员、著名文史学家李慈铭一生精于馔食，他在一封短札中，将广和居的菜比作清初杰出诗人王渔洋（王士禛）的诗。如此看来，广和居的菜品，应当更近于江浙一带口味。鲁迅常来此处，自有他的道理。

广和居当年还有一项方便顾主的业务：可以派伙计提着食盒把菜肴送到主顾的住处，即送外卖。鲁迅住在绍兴会馆，有时客人来了，临时添菜，就叫广和居送来。周作人1917年到北京后，陪同鲁迅在绍兴会馆住过两年，他在《补树书屋旧事·茶饭》中对此略有记载："饭托会馆长班代办，菜就叫长班的大儿子（算是听差）随意去做……客来的时候到外边去叫了来。在胡同口外有一家有名的饭馆，还是李越缦等人请教过的，有些拿手好菜，如潘鱼、砂锅豆腐等，我们当然不叫，要的大抵是炸丸子、酸辣汤，拿进来时如不说明便不知道是广和居所送来的，因为那盘碗实在坏得可以，价钱也便宜，只是几吊钱吧。"

周作人虽然对广和居的盘碗略有微词，"可是主客都不在乎，

广和居

反正下饭总是行了，擦过了脸，又接连谈他们的天，直到半夜，佣工在煤球炉上预备足了开水，便径自睡觉去了"。

广和居的高档菜也有烩海参、烩鱼翅、糟熘鱼片、炒虾仁等，但却不是20世纪初和周氏兄弟一样的"北漂"一族所敢问津的。广和居同时经营着一些熘丸子、炒肉片之类廉价的家常菜，正是这些家常菜，留住了外省青年的胃。多年之后，广和居竟然要沾这些民国外省青年的光，需要仰仗他们的声名才能更好地发展——很多人，包括很多日本人，去北京寻访广和居，都是因为"它是鲁迅当年吃过饭的地方"。历史常常包含着意味深长的轮回。

从1912至1924年，鲁迅12年间在广和居吃饭共有68次见于记载，其中1912年24次，1913年20次，1914年4次，1915年8次，1916年6次，1917年2次，1918年0次，1919年2次。

1919年11月21日，鲁迅一家移住北京城北八道湾11号后，因路途遥远，鲁迅从此基本就不去广和居了，至其1926年离开北京前，只去过两次。一次为1923年4月16日参加张凤举送爱罗先珂归国的宴会；一次是1924年6月30日访孙伏园时，与孙伏园、钱玄同共餐。

笔者认为，鲁迅在广和居吃饭不会仅限于上述68次记载，只是由于作者失记，笔者目前可资依据的，只能是这68次记载了。

以上68次饭局，或鲁迅做东，或朋友做东，或AA制。"甚醉"者一次，"颇醉"者一次，"小醉"者一次。鲁迅与季市（许寿裳）一起吃饭30次，与钱稻孙一起吃饭14次，与许铭伯（许寿裳的长兄）一起吃饭13次，显示出了与这3人非同一般的关系。

清末民初，京城士大夫聚会，大型的文酒之会一般都在法源寺，日常聚会则喜欢选择广和居。

广和居坐落在宣武门外菜市口附近的北半截胡同，南边是伏魔寺，对面是东楼旧址。这个饭庄历史悠久，创始于道光十一年（1831），原名盛隆轩，历经道光、咸丰、同治、光绪、宣统，一直到民国二十年（1931）才封灶歇业，是早年北京名饭馆中的"八大居"之一。

《京师坊巷志》中并没有关于广和居的记载。因为广和居位置偏僻，格局狭小，一到夏天就燠热难耐。广和居没有铺面，是一套大四合院，进了大门以后，才能在迎面的照壁上看见"广和居饭庄"五个大字。院内各房有大有小，可举行正式宴会，可三五人小酌，亦可个人独饮，各得其所。

据清末民初人崇彝所著《道咸以来朝野杂记》载："广和居在北半截胡同路东，历史最悠久，盖自道光中即有此馆，专为宣（武门）南士大夫设也。其肴品以炒腰花、江豆腐、潘氏清蒸鱼、四川辣鱼粉皮、清蒸干贝等，最为脍炙人口。故其地虽隘窄，屋宇甚低，而食客趋之若鹜焉。"

可见，广和居最初是为宣南一带的文人士大夫所设。

咸丰以后，广和居逐渐兴盛，同治中期达到鼎盛，逐渐成为知名老店，以至"名流常宴集于此"，一家三代成为广和居常客的大有人在。据钱稻孙回忆，民国后他在教育部时，有一次和父亲去广和居，伙计见了就招呼说"钱少爷来了"，他本来以为是叫自己，后来才发现叫的是他父亲钱恂。

喜欢来广和居的，除了文人学士，还有名公巨卿、军机大臣，所谓"公卿小巷常停辙"。据夏孙桐说："光绪中，松禅协揆每出城访书画，辄过饮。抱冰相国自武昌入觐，犹时携客谈艺。""松禅"系光绪皇帝的老师翁同龢的号，他逛完琉璃厂后，都要到广和居就餐；"抱冰"系张之洞的号，也喜欢携客到广和居谈艺。这在二人的诗文中，都可以得到证实。

广和居的招牌菜主要有：潘鱼、五柳鱼、它似蜜、三不粘等。

所谓"潘鱼"，名义上是由在京为官的闽人潘炳年（一说潘祖荫）所创，实际可能是由厨师根据潘的喜好试制出来的。烧制方法是：将整尾鲤鱼折成两段，蒸成以后，煎以清汤，并不加其他作料。鱼皮光整，折口仿佛可以密合，但鱼肉极烂，汤极鲜美。

"五柳鱼"据称为一陶姓京官所授，因陶渊明写过《五柳先生传》，故将应叫的"陶鱼"转义为"五柳鱼"了。菜仿西湖做法，形同红烧，加入鲜菇丝、笋丝、火腿丝、红辣椒丝、口蘑丝五种，所以称为"五柳鱼"。

"它似蜜"据称出自清宫御膳房，菜名为慈禧太后所赐，用最嫩的羊里脊肉制作而成，色呈酱红，形似杏脯，软嫩滑润，甜香如蜜，回味略酸。

"三不粘"用鸡蛋黄加工烹制而成，外形呈软稠流体状，似糕非糕，似羹非羹，用匙舀食时，一不粘匙，二不粘盘，三不粘牙，清爽利口，故名。成菜色泽艳黄，绵软柔润，入口香甜。

显然，这些南味招牌菜都曾满足鲁迅的食欲。

三饯许铭伯

——绍兴会馆中的同乡之谊

许铭伯是19世纪的"60后"，比鲁迅大15岁。鲁迅和许寿裳（许铭伯的弟弟）同为"80后"（鲁迅生于1881年，许寿裳生于1882年），二人是海归派，日本弘文学院的同学。

1912年，蔡元培出任南京临时政府教育总长。蔡元培是著名的自由主义者，他上任后，便开始延揽人才。蔡元培对推荐鲁迅的许寿裳说："我久慕其名，正拟驰函延请，现在就托先生代函敦劝，早日来京。"

于是，鲁迅就做了教育部的佥事。后来，孙中山妥协，袁世凯迁都北京任大总统，教育部随即北迁，鲁迅和许寿裳自然跟着这个硕大的饭碗到了北京。

鲁迅进教育部乃至进入北京教育界都是由于蔡元培的引荐，老三周建人在商务印书馆也是蔡安排的，一直到鲁迅病殁，蔡元培是尽了没世不渝的友谊，他是周氏兄弟的命中贵人。

此时，许家老大、许寿裳的亲哥哥许铭伯已在北京站稳脚跟，住在山会邑馆，自然有责任、有能力也有热情接应鲁迅一行。也许正是北京有老乡接应这一点，坚定了鲁迅北上的信心。

许家弟兄四人，老大是许寿昌，即许铭伯（1866—1921），曾任财政部金事、盐务署会办等职；老四是许寿裳。鲁迅和这弟兄二人关系都很好。中国现代文学史上，浙江人之间互相帮助、提携、推进的特点很突出。

1912年5月5日傍晚7时，鲁迅到了北京，同行者还有许寿裳、蔡元培之弟蔡谷卿和许寿裳的侄子许世瑮（许铭伯的次子）。当晚，鲁迅宿于长发店，放下行李，第一件事便是连夜到山会邑馆（绍兴会馆）访许铭伯先生，大有"拜山"之意。

究竟鲁迅给许铭伯带了什么见面礼，史料无载。倒是许铭伯给鲁迅的见面礼，被他记录下来了："得《越中先贤祠目》一册。"（专志，一卷，一册，清代李慈铭撰，光绪十一年［1885］北京刻本）

在距离故乡十分遥远的北京，两位彼此陌生的绍兴人，由一册和故乡有关的旧书建立了友谊。

第二天上午，在许铭伯的关照下，鲁迅即移入山会邑馆。

自此以后，鲁迅与许氏兄弟成了山会邑馆中的邻居，彼此走动频繁，乡谊日醇。

科举时代，为方便当地举子进京会试，各省均设会馆，少的有二三处，多的有二三十处。绍兴会馆在菜市口南半截胡同路西，从前称作山会邑馆，是山阴、会稽两县人所共有的，宣统年间废除府制，将山阴会稽合并，称作绍兴县后，这里也就改作"绍兴会馆"了。馆内房子很多,许氏兄弟住在嘉阴堂,鲁迅住在藤花馆。由于年深日久,会馆失修,桌椅陈旧,臭虫极多,鲁迅移入会馆的头天晚上,就不得不挪至桌上睡觉——"夜卧未半小时即见蜚虫三四十,乃卧卓上以避之"①,次日,"为易床板,始得睡"。

绍兴会馆非绍兴籍也可入住,人口杂乱。1912年,一群闽客成了周树人的邻居,他们经常高声喧哗,往往干扰了先生的思考与睡眠。同是南人,同在京华,浙江人把对福建人的抱怨记录在日记中,今天读之不禁使人莞尔:

1912年8月12日,"半夜后邻客以闽音高谈,狺狺如犬相啮,不得安睡"。这次周先生强忍着没有发作。9月20日,"夜雨不已。邻室又来闽客,至夜半犹大嗥如野犬,出而叱之,少戢"。这次,周先生发作了,且似乎受此闽音影响,他本月27日晚与董恂士、钱稻孙等人饮于劝业场上之小有天时,对闽菜甚不感冒:"肴皆闽式,不甚适口,有所谓红糟者亦不美也。"10月7日,"晚邻闽又嗥"。"又嗥"二字,让人喷茶。之后不久,福建人似乎就搬走了。11月23日,"夜风。院中南向二小舍,旧为闽客所居者,已虚,拟移居之,因令工糊壁,一日而竣,予工资三元五角"。五天后,鲁迅移入此南向二小舍。

不要以为他从此就清静了,邻室喧哗这一待遇,专门预备给夜间头脑清醒的人。1914年1月31日,"夜邻室王某处忽来一人,

———————————
①编者按:此处引鲁迅日记原文。其中"卓"现行规范汉字应为"桌"。本书所引时人文章皆保留原文,个别字句未按现行规范修改,不再另行说明。

高谈大呼，至鸡鸣不止，为之展转不得眠，眠亦屡醒，因出属发音稍低，而此人遽大漫骂，且以英语杂厕。人类差等之异，盖亦甚矣。后知此人姓吴，居松树胡同，盖非越中人也"。1914年7月9日，"夜邻室博簺扰睡"。同月29日，"夜邻室大赌博，后又大诤，至黎明诤已散去，始得睡"。1915年5月9日，"夜半邻室诸人聚而高谈，为不得眠孰"。使人仿佛看到了聚谈邻客的脸面。

晚上是这样闹心，白天去教育部上班，要么"枯坐终日，极无聊赖"，要么"闻临时教育部会议竟删美育，此种豚犬，可怜可怜"，窝火之处时见。但这不是鲁迅北京生活的全部，更多的时候，他是寓在会馆的三间屋中读佛经抄古碑，夏夜便坐在槐树下，"从密叶缝里看那一点一点的青天，晚出的槐蚕又每每冰冷的落在头颈上"。

1916年5月6日，鲁迅"下午以避喧移入补树书屋住"。补树书屋在绍兴会馆的西部，算是独院，院中靠北墙还有一间小屋，佣工可住，狭弄内还有厕所。四间房，周树人住偏南一间，后来就让给了老二周作人，自己搬至偏北一间，而最北头一间空着。房子是老式，上下花格糊纸，夏天换冷布卷窗，没有玻璃。鲁迅一直住到1919年11月，才搬往八道湾宅。

鲁迅在绍兴会馆住了七年又七个月。在这里，他是一条蛰伏的文化巨龙，也是一个沉默的思想巨人。蛰伏的时候迷茫而沉闷，但周先生却不颓废，冬日的一场小雪、一片暖阳对他来说也会赏心悦目，并在日记中留下唯美的片段："风而日光甚美"，"晨微雪如絮缀寒柯上，视之极美"。立冬那天，鲁迅"易竹帘以布

绍兴会馆

绍兴会馆中的槐树

（作者摄于 2011 年 3 月 5 日）

幔，又购一小白泥炉，炽炭少许置室中，时时看之，颇忘旅人之苦"。如果仅仅从无争、淡泊的角度讲，绍兴会馆的弱八年，是鲁迅一生的"黄金时代"——兄弟没有失和，他没有受当局通缉，没有承受"娶二房"的非议，没有与人论争的烦扰。

并且，他与许氏兄弟共同打造了一段民国名士的不羁和适意。

他们一起饮酒。有时候去附近的广和居，有时候就在院子里。日记中出现大量的欢饮场面："与铭伯、季市同饮于广和居。""夜铭伯、季市招我饮酒。""晚饮于广和居，铭伯亦去，季市为主。""旧历七夕，晚铭伯治酒招饮。""晚铭伯招饮，季市及俞毓吴在坐，肴质而旨，有乡味也，谈良久归。""阴历中秋也。晚铭伯、季市招饮，谈至十时返室，见圆月寒光皎然，如故乡焉，未知吾家仍以月饼祀之不。"最后一段，思乡之情跃然纸上。

鲁迅平生饮酒，喝醉者11次。其中1次"小醉"，1次"甚醉"，2次"颇醉"，5次"大醉"，1次"夜饮酒醉"，1次"略饮即醉卧"。绍兴会馆时期，鲁迅与许氏兄弟饮酒共醉3次，"甚醉""颇醉""小醉"各1次，并且"甚醉"的一次许铭伯也在场，可见极其尽兴。

他们互相赠书。许铭伯给鲁迅送过《越中先贤祠目》作为见面礼，鲁迅则先后给许铭伯送过《炭画》《杂集》《新青年》《伊孛生》和镜拓一枚。

鲁迅对许铭伯礼数周全。许铭伯去天津前，鲁迅"往别之"；听说回来了，便"往看之"。许铭伯生病了，自然"往寓视疾"。

"往铭伯先生寓谈"的情况非常之多。互访不断，反正就在一个院子住着，抬头不见低头见，也没什么大事可记，进去转了一圈，开上几句玩笑，就写上"铭伯先生来访"，或"访铭伯先生"。有时候一谈就是三小时。有时跑去和人家弟弟玩，没有遇到，就只好和哥哥聊天，谈得还很投机："下午访季市不值，见铭伯先生，谈良久归。"许铭伯还曾委托他请人写寿联："上午铭伯先生来属觅人书寿联，携至部捕陈师曾写讫送去。"一个"捕"字，足见他对许铭伯交代事情之尽心，也足见他与陈师曾友谊之醇厚。

他们一起游乐。同游琉璃厂、陶然亭、万生园，又去西华门内游传心殿，观历代帝王像。国庆日休息时，至琉璃厂观共和经念会，"人多如蚁子，不可久驻，遂出"。有一次午后还同游农事试验场。

他们互相请客。许铭伯邀饭、招饮得多一些，不是在会馆，就是在广和居，少数几次就在杏花春、新丰楼。吃了人家几顿饭，周树人不好意思，便回请了一次："晚邀铭伯、季市饮于广和居，买一鱼食之。"你来我往，饭是吃了不少。其中有一则邀饭值得多说几句——鲁迅日记1915年10月31日载："星期休息。午许铭伯先生邀饭，赴之，季市、诗荃、世英、范伯昂、云台同坐，午后归。"坐中除鲁迅外，聚宴的都是许、范两家的人。许铭伯的妻子范寿钿，是范寿钟、范寿铭的姐妹，即范文澜的姑母；季市，即许寿裳；诗荃，即许世璿，许铭伯的次子，其妻范文滢，字秀莹，是范文澜的三妹；世英，即许世瑛，许寿裳的长子；范伯昂、云台，即范文济、范文澜兄弟。这是鲁迅与许、范两家的共同交集。

有些饭局，是师出有名的。比如家有喜事、出差、饯行、还乡等。铭伯的公子订婚，自然也是绍兴老乡间的大事，"晚至同丰堂就宴，诗荃订婚，季市代铭伯招也，同席约十余人"。过了一些日子，"晚铭伯先生招饮于新丰楼，因诗荃聘礼也，同坐共九人"。然后，"午后访铭伯先生不值，以书券二枚置其家，为诗荃贺礼"。"书券"是什么东西呢？民国《女子月刊》投稿简章中说："投寄之稿，一经揭载，本社均酬奉现金或书券及本刊，作为报酬。"可知书券是可用于购书的有价通用证券。以"书券"作为贺礼，极为高雅。

有一次，许铭伯要去黑龙江，饯行的饭竟一连吃了三天：

1913年12月13日，"铭伯先生将赴黑龙江，晚在广和居饯之，并邀协和、季市，饭毕同至寓居，谈二小时而去"。看样子这是鲁迅请客。第二天是14日，星期休息，"晚铭伯、季市招饮于寓所，赴之，席中有俞月湖、查姓忘其字、范云台、张协和及许诗苓，九时归"。这是许氏兄弟请客。第三天是15日，"晚协和饯许铭伯先生于玉楼春，亦赴其招，并有季市，夜归"。这是张协和请客。我请一顿，你请一顿，他请一顿，这一过程，就叫"三饯许铭伯"，人际关系在此过程中摩擦出了情感的火花。

绍兴会馆中的人情味是很浓的，一家的事情就是大家的事情。比如周建人来到北京，要走了，许氏兄弟便出面饯行："晚许铭伯、季市在广和居饯三弟行，诗荃、诗英亦至。"两家关系好得不一般。

鲁迅还经常去许家蹭饭："晚往铭伯先生寓，饭后归。"有时候二弟、三弟来了，懒得做饭，估摸着铭伯先生家快开锅了，就领过去吃。有时候不去外面吃饭，也不去蹭饭了，许氏兄弟就给周树人送吃的。"夜铭伯以火腿一方见贻"，"铭伯、季市各致肴二品"，"晚铭伯先生送肴二器，角黍、年糕二事至"……这样的记录比比皆是。当然，有朋友拿来土特产了，周先生也不忘分给铭伯一部分："下午朱孝荃赠麻菌二束，晚铭伯先生来，分赠一束。"

绍兴会馆毕竟是鲁迅暂时安身之地，等到鲁迅购置了八道湾的一处房产，就收拾什物准备搬过去了。1919年11月20日"往铭伯先生寓"，此处无一字写作别，但作别的情绪满溢在字里行间。第二天，11月21日，良辰吉日到了，"上午与二弟眷属俱移入八道弯宅"，也无一字写许氏兄弟在绍兴会馆门前挥手作别的情形，但离开住了七年又七个月的会馆，相信许、周两家，都别有一番滋味在心头。

鲁迅离开了绍兴会馆，当年12月，接母亲到北京，返京时还不忘"送铭伯先生火腿一只，笋干一篓"，之后他们保持着书信往来，也有互访：1920年2月18日，"午后访铭伯先生，未见"；隔了一天，20日，"午后铭伯先生及诗荃来"；4月16日，"午后往铭伯先生寓"；8月7日，"午前往铭伯先生寓"。

本以为这样的交往就一直进行下去了，不料，继续往下读，竟然是这样一句："铭伯先生于昨亥刻病故，午前赴吊。"（1921年

7月2日）

没有任何铺垫，记述得也平平静静，看似毫无感情色彩，不知道鲁迅内心蕴藏着怎样的情绪。这才意识到，在过去见诸记录的近一年时间中，鲁迅与许铭伯先生竟然没有书信往来，也没有互访！

7月14日，"星期休假。午后赴长椿寺吊铭伯先生"。

住在绍兴会馆的许先生消失了。

鲁迅对许铭伯，每提及都是以"先生"称之，看得出十分尊敬。读《鲁迅日记》，从他1912年5月5日初到北京，从许铭伯手里接过那册《越中先贤祠目》，二人订交，到1921年7月14日，"赴长椿寺吊铭伯先生"，前后九年，使人不禁有生命易逝、大树飘零之慨。

"醉眼"中的朦胧

——鲁迅饮酒考

一

　　鲁迅喜欢喝几杯酒，这让他当年的论敌找到了讽刺攻击的把柄。叶灵凤就很不客气地在《戈壁》第二期（1928年5月）上发表了一幅鲁迅醉酒图并附说明："阴阳脸的老人，挂着他已往的战绩，躲在酒缸的后面。"冯乃超则在《文化批判》第四号（1928年4月）上发表《人道主义者怎样地防卫着自己》，说鲁迅"缩入绍兴酒瓮中，'依旧讲趣味'"。在叶灵凤的笔下，鲁迅是个酒精依赖者。甚至在同一阵营中，鲁迅也会因此受到错误批评乃至攻击。1928年，创造社中人就一面宣传鲁迅怎样有钱、喝酒，一面又诬栽他有杀戮青年的主张。有人说他"常从幽暗的酒家的楼头，醉眼陶然地眺望窗外的人生"。为此，鲁迅写了《"醉眼"中的朦胧》等一系列文章反击。

　　且不说当时文坛论战的是非，客观地讲，鲁迅喝酒，有一个从不喜欢到泰然受之再到几乎戒饮的过程。

最初鲁迅是不喝酒的，甚至是憎恶喝酒的，这与他父亲的不良酒风有关。萧红曾回忆鲁迅一次醉酒，当人们说鲁迅喝多了时，鲁迅却极力辩解："我不多喝酒的，小的时候，母亲常常提起父亲喝了酒，脾气怎样坏，母亲说，长大了不要喝酒，不要像父亲那样子……"（《鲁迅先生生活忆略》）鲁迅的父亲醉酒的样子确实可怕，周作人、周建人对此都有过回忆。老二作人回忆说，父亲平常吃酒起头的时候总是兴致很好，有时给小孩们讲故事，又把他下酒的水果分给一点吃，但是酒喝多了，脸色渐变青白，话也少下去了，小孩便渐渐走散，因为他醉了就不大高兴。老三建人回忆说，有一次，忽然听到瓷器摔在石板上发出的清脆声音，赶去一看，父亲把饭碗菜碗都掷出北窗外了，接着酒杯也落在石板上了，最后，桌上的碗筷一点也不剩了。他在掷这些东西的时候，脸色是阴沉、忧郁、压抑、悲伤的，使孩子们都不敢问为什么要这样做。

父亲的这种醉态自然强烈刺激过鲁迅，所以早年他不喝酒，甚至憎恶喝酒。

但随着年龄的增长，情况发生了变化，对于饮酒，鲁迅也处之泰然了。1909年鲁迅从东京留学归国时，不仅开始抽烟，还开始喝酒。在老家绍兴，常常找鲁迅喝酒的人是范爱农。范爱农告诉鲁迅，他现在爱喝酒，"于是我们便喝酒"（鲁迅《范爱农》），酒生豪气，两人醉后常谈些愚不可及的疯话，连鲁迅的母亲偶然听到了也发笑。到北京后，特别是在绍兴会馆居住的近八年时间中，单身汉鲁迅耽于饮酒。对于这一点，鲁迅在自己的作品中其实有过各种解释。1925年，鲁迅在文中写道："我向来是不喝酒的，数年之前，带些自暴自弃的气味地喝起酒来了，当时倒也觉得有点舒服。先是小喝，继而大喝，可是酒量愈增，食量就减下去了，我知道酒精已经害了肠胃，现在有时戒除，有时也还喝……"（《这是这么一个意思》）用精神分析法看，这显然是自虐的心态。再比如："日日斟出一杯微甘的苦酒，不太少也不太多，以能微醉为度，递给人间，使饮者可以哭，可以歌，也如醒，也如醉，若有知，若无知，也欲死，也欲生。"（《淡淡的血痕中》）这是借酒浇愁。许广平对此解释说，这"是由愤世嫉俗的一种反抗的驱迫，使她不时的沉湎于杯中物"①。鲁迅的名文《魏晋风度及文章与药及酒之关系》在深刻剖析了阮籍狂诞自傲背后的愤时忧世之心后说："且夫天下之人，其实真发酒疯者，有几何哉，十之八九是装出来的。"这其实已经吐露了他自己的心声。

二

1912年，未来的中国新文化运动的伟大旗手鲁迅嗜酒不渝，简直成了中国文人寄情诗酒的代言人。

这一年，鲁迅作为一名海归派公务员，开始在绍兴会馆以抄

---

①1925年11月间，许广平写了《同行者》一文，记录了她和鲁迅当时围绕戒酒一事产生的微妙复杂的感情。文中许广平用"他"作自代，而以"她"代鲁迅。

古碑、辑故书、读佛经的方式消遣时日，看上去亦官亦民，亦文亦仕，只有当他兴致勃勃地小酌两杯时，那位消遣在宣武门外南半截胡同达八年之久的鲁迅，才真切地出现在20世纪初新文化运动发轫的时空中。

读鲁迅1912年日记，我发现他的嘴里常常淡出个鸟来，动辄饮于酒馆，一如魏晋时的阮籍、刘伶之属，胸中块垒，须酒浇之。他的这一做派颇有东晋王忱的风格："三日不饮酒，觉形神不复相亲。"

鲁迅的日记简约、含蓄，聚饮文字却颇多，每周均饮酒数次不等，兹略举几例如下：

"夜饮于广和居"（5月7日），这是到北京后第一次饮酒，从此就如同他七八年后写《狂人日记》一发而不可收一样，饮酒也一饮而不可收。"夜饮于致美斋"（5月8日），"晚同恂士、铭伯、季市饮于广和居"（6月1日），"晚饮于季市之室"（7月17日），"晚饮于广和居，颇醉"（8月1日），"上午往池田医院就诊，云已校可，且戒勿饮酒"（8月17日），医嘱仅隔一天，"旧历七夕，晚铭伯治酒招饮"（8月19日），"晚稻孙来，大饮于季市之室"（8月28日），"下午稻孙来，晚饮于季市之室"（9月6日），"晚胡孟乐招饮于南味斋"（9月11日），"晚饮于劝业场上之小有天"（9月27日）。10月、11月略有收敛，"晚铭伯招饮，季市及俞毓吴在坐，肴质而旨，有乡味也，谈良久归"（12月31日）。

以上是鲁迅1912年饮酒的标本材料。

以广和居为代表的北京街市饭庄酒肆中，鲁迅学习李太白，

"惟愿当歌对酒时，月光常照金樽里"。风花雪月，朝朝暮暮，世事若此，人或不醉，岂不辜负1912年风雨欲来之中华民国？钱理群说，鲁迅"生命中的魏晋情结、浙东情结，这都是他的生命之根"。用这一观点观照1912年鲁迅的嗜饮，则可以透视出一个压抑的公务员骨子中深沉而可爱的文人情趣。

　　且忘掉他教育部社会教育司第二科科长的公务员身份吧，他"至教育部视事，枯坐终日，极无聊赖"（5月10日）；且忽略"狐狸方去穴，桃偶已登场"（《哀范君三章》）的国家遭遇吧，他认为"中国又一天一天地沉入黑暗中"（《论"费厄泼赖"应该缓行》）；且不计他"把酒论当世，先生小酒人。大圜犹茗艼，微醉自沉沦"的颓废吧，他在哀悼范爱农时有了一种憔悴京华的人生洞悉……鲁迅的喝酒，本质上是单身汉式的，这与孟浩然有些相似——有位朋友要把孟浩然推荐给朝廷，约好动身的那一天，恰逢几位好友，聚饮甚欢，有人提醒他：你不是要去朝廷吗？孟浩然大怒："业已饮，遑顾他！"终于没有做成官。这就是文人的性情。比如：

　　8月22日，"晚钱稻孙来，同季市饮于广和居，每人均出资一元。归时见月色甚美，骡游于街"。

　　此前一日，临时大总统袁世凯任命周树人等32人为教育部佥事，后周树人又兼任负责文化、艺术等方面工作的社会教育司第二科科长，此次 AA 制饭局后"骡游于街"，足见三人心情都非常之好。这种贾岛式的"月夜酒后骡游图"，恐怕是"五四"时期知识分子特有的闲情逸兴吧。

又如：9月25日，阴历中秋，"晚铭伯、季市招饮，谈至十时返室，见圆月寒光皎然，如故乡焉，未知吾家仍以月饼祀之不？"此情此景，读之使人怦然欲泣。

再如：11月9日，"晚邀铭伯、季市饮于广和居，买一鱼食之……夜作书两通，啖梨三枚，甚甘"。12月31日，"晚铭伯招饮，季市及俞毓吴在坐，肴质而旨，有乡味也，谈良久归"。倘结合9月5日"饭后偕稻孙步至什刹海饮茗，又步至杨家园子买蒲陶，即在棚下啖之"，我们得惊呼鲁迅的文人情趣在1912年生活的缝隙中发挥得如水银泻地般酣畅。这是真正的文人鲁迅。

三

鲁迅"太高兴和太愤懑时就喝酒"，自1912至1936年25个春秋的日记中，凡有酒事每回必记。他素来爱憎分明，若脾气不投之人相邀，或是逢场作戏的公宴，他常拒而不赴，或半途告退。若朋友相聚，酒逢知己，则开怀畅饮，以至大醉；郁寂之时，借酒浇愁，也会酩酊；逢年过节，添酒治肴，聊以寄托乡思；目睹黑暗和血腥，反抗绝望，更是酒已尽，言难尽，意难平。比如一天晚上，鲁迅去看望一位朋友，"饮酒一巨碗而归……夜大饮茗，以饮酒多也，后当谨之"。又一次，"夜失眠，尽酒一瓶"。但这些还都不是鲁迅饮酒最多的记录。鲁迅给许广平的信中记述，1925年端午下午，他喝了烧酒六杯，葡萄酒五碗……据说当时鲁迅并未醉倒，只是有了七八分酒意。

鲁迅在北京期间就已因喝酒而伤胃，后来又因支气管及肺部疾患，医生严肃告诫他勿再喝酒。1926年9月18日，许广平给鲁迅写信"不敢劝君戒酒，但祈自爱节饮"。鲁迅在信中回复说，他到厦门后酒已喝得极少，体质和心境都较前大好。

鲁迅其实并不贪恋杯中之物。特别是上海时期，喝酒基本就成了鲁迅生活中的点缀了。陈学昭曾回忆说："每天晚饭，他喝一点酒，很少，大约至多不过半两，旧式的小酒盅一盅。每天晚饭他要固执的劝我喝酒，使我很窘，并且总要用了这类的话来说服我：'虽然你不欢喜喝酒，喝一点实在是很好的，可以帮助血液循环……'于是当我还没有注意到，面前已放了半盅酒了。"（《回忆鲁迅先生》）他不仅自己喝酒，也劝女学生喝酒，可见并不认为喝酒有害。常有机会与鲁迅同饮的郁达夫说："他对于烟酒等刺激品，一向是不十分讲究的；对于酒，也是同烟一样。他的量虽则并不大，但却老爱喝一点。在北平的时候，我曾和他在东安市场的一家小羊肉铺里喝过白干；到了上海之后，所喝的，大抵是黄酒了。但五加皮，白玫瑰，他也喝，啤酒，白兰地他也喝，不过总喝得不多。"（《忆鲁迅》）郁达夫1933年曾作诗赠鲁迅，其中两句写道："醉眼朦胧上酒楼，彷徨呐喊两悠悠。"一眼可以看出，这是戏作，主要意思还是指向鲁迅的作品。有学者撰文说"鲁迅酒量不大，经常喝得酩酊烂醉"，这是想象之词，与事实不符。查《鲁迅日记》，饮酒的记录比比皆是，但醉酒的记录24年间只有区区11次，平均两年一次。对一位常以烟酒助兴的作家而言，这绝不能称之为"多"。

比如，北京时期：

1912年7月14日，"下午偕铭伯、季市饮于广和居，甚醉"。

1921年5月27日，"清晨携工往西山碧云寺为二弟整理所租屋，午后回，经海甸停饮，大醉"。

1925年4月11日，"夜买酒并邀长虹、培良、有麟共饮，大醉"。

上海时期：

1927年11月9日，"夜食蟹饮酒，大醉"。

1927年12月31日，"晚李小峰及其夫人招饮于中有天，同席郁达夫、王映霞、林和清、林语堂及其夫人、章衣萍、吴曙天、董秋芳、三弟及广平，饮后大醉，回寓欧吐"。

1934年12月29日，"略饮即醉卧"。

鲁迅醉酒，初到北京时半月内连续有两次，初到上海时两个多月连续有三次，绝大多数年份并无醉酒记录，饮酒完全在可控的范围内，1934年底"略饮即醉卧"后，便基本远离酒精了。

酒也是鲁迅笔下频繁出现的重要意象。鲁迅诗中，早期"兰艭载酒橹轻摇"是轻快的，"把酒论当世，先生小酒人。大圜犹茗艼，微醉自沉沦"是愤世嫉俗的，"深宵沉醉起，无处觅菰蒲"是深广忧思的，"漏船载酒泛中流"时仍"横眉冷对千夫指"是孤独抗争的。

鲁迅作品中的主人公，与酒意象联系最密切的，一个是孔乙己，另一个是吕纬甫。

孔乙己是没有考上秀才的读书人，标志他身份的是无论如何也脱不去的长衫。他是唯一站着喝酒而穿长衫的人。他丧失了做人的尊严，沦落为小酒店里人们嘲笑的对象，从而暴露了当时的社会问题。"'温两碗酒，要一碟茴香豆。'便排出九文大钱"的描写，是中国现代文学史上最经典的细节之一。鲁迅通过对孔乙己喝酒的叙述，表达了自己对酒的理解。

《在酒楼上》是辛亥革命后中国知识分子精神面貌的写照，是"最富鲁迅气氛"（钱理群语）的小说。小说中吕纬甫是辛亥革命风浪过后的一个落荒者，走进"一石居"来寻求酒精的安慰，正好遇到多年前的老朋友独斟。老朋友邀请他一起进餐，吕纬甫略略踌躇方才落座。在酒精面前，可以看出鲁迅对于当时的新型知识分子持有既批判又体谅的态度。

在那个风雨飘摇、寒凝大地的年代，一个清醒的灵魂必然是痛苦的。酒，清晰地折射出了鲁迅"荷戟独彷徨"的影子。

绍酒越鸡之饭

——鲁迅味蕾上的乡愁

　　童年的饮食习惯决定着一个人的味蕾。在一般语境中，鲁迅似乎只适合喝绍兴黄酒，而不是白酒，更不是洋酒。萧红《回忆鲁迅先生》一文就这样写："鲁迅先生喜欢吃一点酒，但是不多吃，吃半小碗或一碗。鲁迅先生吃的是中国酒，多半是花雕。"

　　鲁迅定居上海之后，有"绍酒越鸡"之饭：1930年3月15日，"下午康农、修甫、友松来。晚望道来。因有绍酒越鸡，遂邀广湘、侍桁、雪峰、柔石夜饭"。陈望道是浙江义乌人，看样子绍酒越鸡是他带来的，因此，鲁迅邀请众人共饭。

　　此外，1934年5月5日，"夜同广平往新光大戏院观《阿丽思漫游奇境记》，复至南越酒家食面而归"。看得出这是一顿便饭，"南越酒家"从其店号上分析，亦当属绍兴口味。

　　鲁迅味蕾上的乡愁早在他初进北京城的时候就开始了，1912年最后一天，"晚铭伯招饮，季市及俞毓吴在坐，肴质而旨，有乡味也，谈良久归"。

许铭伯先生在岁阑之际，用家乡菜招待鲁迅，"肴质而旨"意思就是实惠而又有油水，并且是家乡口味。北京往常有绍兴人做厨子的传统，明史玄《旧京遗事》说："京师筵席，以苏州厨人包办者为尚，余皆绍兴厨人，不及格也。"说的是明末，苏州厨子受欢迎，绍兴厨子则"不及格"，意思是未进入上流社会，并非不入眼。既不及格而又流行，说明在中下阶层中非常普遍，且受欢迎。

鲁迅民国初年去北京的时候，北京还有几家绍兴人开的名饭馆，如杏花春、颐乡斋、越香斋等。陈莲痕《京华春梦录》记载说："山阴所设杏花春、颐芗斋（即颐乡斋）之绍兴花雕，味擅上林，口碑尤胜。"从中可见，绍兴饭庄最重要的是卖绍兴老酒，即陈年花雕，并将其作为饭店的招牌。过去的北京最重南酒，有专卖女真、花雕的南酒店。《光绪都门纪略》酒楼诗云"陈绍斟来色似茶，高楼午酌胜仙家"，也是用绍兴的陈年老酒来号召的。

杏花春、颐乡斋两处酒家，鲁迅都去过不少次。比如：

1912年10月19日，"晚许铭伯招饮于杏花春，同坐者有陈姓上虞人，忘其字，及俞月湖、胡孟乐、张协和、许季市"。

1915年11月20日，"沈康伯将赴吉林，晚与伍仲文、张协和公饯于韩家潭杏花春，坐中又有范逸丞、稚和兄弟及顾石臣"。

1919年6月1日，"下午往铭伯先生寓。晚子佩招饮于颐香斋，与二弟同往"。

1924年6月27日，"晚李仲侃招饮于颐乡斋，赴之，同席为王云衢、潘企莘、宋子佩及其子舒、仲侃及其子"。这几次小饮小聚，有些是绍兴人招饮，有些是绍兴人参加，所以都在绍兴饭馆中进行。杏花春的拿手菜是熘鳝片、烤鳝背等，颐香斋的拿手菜是红烧鱼唇、烩海参，都是比较高档的菜品。

其实，鲁迅1924年创作的小说《在酒楼上》非常精彩地写过一场"绍酒"之宴。这个小说探讨分析当时社会上新型知识分子的心态以及形象，是辛亥革命后中国知识分子精神面貌的写照。主人公吕纬甫是一个曾有过辛亥革命时期的革命热情，后来却变得意志消沉的"文人"。小说表现了中国现代知识分子在躁动与安宁、创新与守旧两极间摇摆的生存困境，隐藏着鲁迅内心的绝望与荒凉，被评论界誉为"最富鲁迅气氛"的作品，周作人也说此作是"最具有鲁迅色彩的文章"。

鲁迅的小说和散文之间没有明显的界限，比如《一件小事》，像小说又像散文。《在酒楼上》也是如此，开头"我从北地向东南旅行，绕道访了我的家乡"完全是纪实散文，也完全符合鲁迅的经历。鲁迅作品中的S城既像虚构的，又完全是绍兴城的写照。所以，完全可以把鲁迅的小说当作纪实散文读。

小说中提及在酒楼上就餐的情形，是典型的环境描写，也可以窥见民国时期小酒楼的普遍状况。因为小说写的是归乡，所以，也可视作是鲁迅"绍酒越鸡"之饭的现场版。

小说写道："我所住的旅馆是租房不卖饭的，饭菜必须另外叫来，但又无味，入口如嚼泥土。"

"我午餐本没有饱，又没有可以消遣的事情，便很自然地想到先前有一家很熟识的小酒楼，叫一石居的，算来离旅馆并不远。我于是立即锁了房门，出街向那酒楼去。其实也无非想姑且逃避客中的无聊，并不专为买醉。一石居是在的，狭小阴湿的店面和破旧的招牌都依旧；但从掌柜以至堂倌却已没有一个熟人，我在这一石居中也完全成了生客。然而我终于跨上那走熟的屋角的扶梯去了，由此径到小楼上。上面也依然是五张小板桌；独有原是木棂的后窗却换嵌了玻璃。""一石居"，一听便是小酒馆，名气也不大，并且如下文所说的"没有酒楼气"。

小酒楼的布置是楼上摆五张小板桌，"独有原是木棂的后窗却换嵌了玻璃"。孔庆东先生认为这个细节反映出"鲁迅非常注意这个世界的变和不变"，当别人都说变的时候，鲁迅盯着那个不变的东西，大家都说辛亥革命了，中华民国了，鲁迅却说："一样，没变，跟以前一样。"诚哉斯言，鲁迅眼中总有与众不同的参照物。

> "一斤绍酒。——菜？十个油豆腐，辣酱要多！"
> ……
> "客人，酒。……"
> 堂倌懒懒的说着，放下杯，筷，酒壶和碗碟，酒到了。我转脸向了板桌，排好器具，斟出酒来。

这是写如何点菜，以及酒楼如何给客人上酒，淡淡的对话十分诱人。虽是小说，但犹如文史资料，当代人无论如何发挥想象，也绝不会写得这么精准。绍兴黄酒不是白酒，所以主人公敢于要一斤。"十个油豆腐，辣酱要多！"这是典型的绍兴的味道，也是乡愁的味道，更是鲁迅需要的味道。

酒菜上来之后，"我"也抖出了自己的心事："觉得北方固不是我的旧乡，但南来又只能算一个客子，无论那边的干雪怎样纷飞，这里的柔雪又怎样的依恋，于我都没有什么关系了。"这是一个漂泊者的真正心态，说明他自己喝酒的根本原因是无家可归、无可附着的漂泊感。"我略带些哀愁，然而很舒服的呷一口酒。酒味很纯正；油豆腐也煮得十分好；可惜辣酱太淡薄，本来S城人是不懂得吃辣的。"

鲁迅和梁实秋等人不一样，一般不专门写吃的，更不会写某一个菜怎么做。鲁迅只是散淡地在小说、散文、书信、日记中有意无意地暴露出他的口味。

看得出来，鲁迅的口味比较重，他老说什么东西没味道，周氏兄弟其实对吃的很懂，很挑剔，也比较讲究。就像这篇小说开头所说："我所住的旅馆是租房不卖饭的，饭菜必须另外叫来，但又无味，入口如嚼泥土。"周作人在《北京的茶食》中也说在北京住了十来年就没什么好吃的，这话令北京人不爽。当然，是否好吃，涉及作家的味蕾、乡愁等话题。

接着，楼梯响，吕纬甫在酒楼上和"我"意外相逢。"我"一面叫堂倌先取杯筷来，使他先喝着"我"的酒，然后再去添二斤。"其间还点菜，我们先前原是毫不客气的，但此刻却推让起来了，终于说不清那一样是谁点的，就从堂倌的口头报告上指定了四样菜：茴香豆，冻肉，油豆腐，青鱼干。"

点菜是口头报告，而茴香豆、冻肉、油豆腐、青鱼干是典型的"绍兴四味"，也是鲁迅最深刻持久的味觉记忆。

边喝边聊，"我忽而看见他眼圈微红了，但立即知道是有了酒意。他总不很吃菜，单是把酒不停地喝，早喝了一斤多，神情和举动都活泼起来，渐近于先前所见的吕纬甫了，我叫堂倌再添二斤酒，然后回转身，也拿着酒杯，正对面默默的听着"。

至此，已经上了五斤绍酒，虽是绍酒，但人均二斤半，"他满脸已经通红，似乎很有些醉，但眼光却又消沉下去了。我微微地叹息，一时没有话可说"。这时楼梯上一阵乱响，拥上来几个酒客，当头的是矮子，第二个是红鼻子，此后还有人，"一叠连的走得小楼都发抖"。"我转眼去看吕纬甫，他也正转眼来看我，我就叫堂倌算酒账。"此时的酒楼，似乎显出"酒楼气"来了，于是两人都觉得不再适合说话，应该离开了。

"堂倌送上账来，交给我；他也不像初到时候的谦虚了，只向我看了一眼，便吸烟，听凭我付了账。""我们一同走出店门，他所住的旅馆和我的方向正相反，就在门口分别了。我独自向着自己的旅馆走，寒风和雪片扑在脸上，倒觉得很爽快。见天色已是黄昏，和屋宇和街道都织在密雪的纯白而不定的罗网里。"

至此，一场典型的绍酒之宴就此作结。

除了《在酒楼上》，鲁迅其他小说中绍兴美食出现的频率也很高。比如《祝福》中提到，绍兴城内的福兴楼有道菜叫"清炖鱼翅"，一元一大盘，价廉物美，是不可不吃的。福兴楼是小说中的一个地名，但清炖鱼翅这道菜却真实存在。绍兴城曾有一个同心楼老店，拿手好菜就是清炖鱼翅，做法是：取鲨鱼的鳍做原料，经过泡发，放在鸡汤火腿汁里清炖，成品像粉条一样白嫩软糯。料理的过程中，要在鱼翅下用鸡鸭肉垫底。鱼翅本身无味，需要靠鸡鸭肉填补，这就是中国烹饪文化中所谓的"有味使之出，无味使之入"。

《阿Q正传》中写道："油煎大头鱼，未庄都加上半寸长的葱叶，城里却加上切细的葱丝。"绍兴菜烹鱼确实都放一些切得精细的葱花，虽然是小说，却完全是写实。虽是写实，却用近乎夸张的笔法，从"半寸长的葱叶"和"切细的葱丝"上分出城里与乡下的不同来。处处无闲笔，极其高明地映射出鲁迅味蕾上的乡愁。

嗜好零食的周树人

——消闲中得养生之益

鲁迅是1918年随《狂人日记》一起出现的名人，而周树人的名字1898年以来就有。

一般意义上的鲁迅是怒发冲冠的，每天在战壕里擦拭锃亮的匕首投枪，"一个都不宽恕"的决绝姿态使人联想到他的牙齿都闪烁着钢铁的光芒，是一位纯金足赤的战士。而周树人则似乎平和得多，很长一段时间，他不过是一位在绍兴会馆中埋头抄古碑的小公务员。

他爱吃零食，尤好甜食。

周树人爱吃零食的习惯，大约是在日本留学时养成的，用以缓解工作中的紧张疲劳，抵御困倦和饥饿。日本有一种和茶道相关的著名茶点，叫"羊羹"，很受周树人青睐。羊羹最早出自中国，是用羊肉熬制的羹，后来随禅宗传至日本，由于僧人不食肉，于是便用红豆与面粉或者葛粉混合后蒸制，慢慢演化成为一种以豆类制成的果冻状食品。周作人1957年8月发表文章称，羊羹"并不是羊肉什么做的羹，乃是一种净素的食品，系用小豆做成细馅，加糖精制而成，凝结成块，切作长物，所以实事求是，理应叫作'豆沙糖'才是正办"（《羊肝饼》）。日本文坛巨匠夏目漱石称赞羊羹："泛蓝的熬炼方式，犹如玉和寿山石的混种，令人感到十分舒服。不仅如此，盛在青瓷皿中的蓝色羊羹，宛如方从青瓷皿中出生一般的光滑匀润，教人不禁想伸手抚摸。"羊羹和茶道相关，和文人性情相关，怪不得这么多的文学大家对其深爱有加。周树人在日本自然把羊羹当作主要的佐餐，回国后，还常常思念这种点心，并托人从日本漂洋过海寄来食之。1913年5月2日鲁迅日记载："午后得羽太家寄来羊羹一匣，与同人分食大半。"有美味而与同人分食，人生一乐也。

鲁迅日记中关于零食的记载可以信手拈来，以1912年为例：8月14日，"夜饮于季市之室，食蒲陶、杏仁"。9月5日，"饭后偕稻孙步至什刹海饮茗，又步至杨家园子买蒲陶"。蒲陶即葡萄，买上之后，急不可耐，"即在棚下啖之"。伟大的文学家、思想家、革命家鲁迅也曾站在北平的街头大啖葡萄。9月25日，"晚铭伯、季市招饮，谈至十时返室，见圆月寒光皎然，如故乡焉，未知吾家仍以月饼祀之不"。感情如此炽热，让人动容，分明是思念故乡的月饼了。11月9日，"夜作书两通，啖梨三枚，甚甘"。欲罢不能状如在目前。

周树人在北京常买零食、甜点的地方有：前门内临记洋行、西美居、观音寺稻香村、晋和祥等。据笔者统计，仅以1913年为例，周树人购买茶食、饼饵的情况是：临记洋行10次、西美居1次、稻香村5次、晋和祥10次，每次一元至数元不等。

稻香村是进入京城的第一家"南店北开"的糕点铺，自制各式南味糕点，此地离周树人居住的绍兴会馆只有两三里路，1913到1915年两年时间中，周树人到稻香村购物达15次。他买得较多的是满族点心"萨其马"。萨其马是满语，制作的最后工序是切成方块，再码起来。"切"满语为"萨其非"，"码"满语为"马拉木壁"，"萨其马"是这两个词的缩写。清人《燕京岁时记》记载："萨其马乃满洲饽饽，以冰糖、奶油合白面为之，形如糯米，用木炭烘炉烤熟，遂成方块，甜腻可食。"

除了购买点心，周树人也接受赠予。1914年前后，他吃上了一种叫"嵌桃麻糕"的江苏南通特产。南通麻糕被誉为"官礼茶点"，是南通人季自求介绍给他的小吃。季自求是周作人的同学，曾在孙中山的参谋本部任军职，后去北京，因爱好文学，常与周树人往来。1914年11月15日鲁迅日记中有"归过南通馆坐少顷，持麻糕一包而归"之记录。此麻糕即为季自求所赠之嵌桃麻糕。周树人喜好零食，对各处零食便多有关注。1914年1月5日上午，教育部召开茶话会，"金事"周树人如是记之："有茶无话，饼饵坚如石子，略坐而散。"有茶无话已经让周金事不屑，连最喜欢的饼饵都坚如石子，是可忍，孰不可忍？周树人没有当场拂袖而去，已是给足了茶话会面子。

此外，鲁迅还喜欢吃油炸的食品，包括油炸的菜品。据说在北京时，朱安常常把白薯切片，和以鸡蛋、白粉然后油炸，做成香甜可口的食品，很讨鲁迅的喜欢。这种食品很是私人化，餐厅反倒没有，后来这个点心被戏称为"鲁迅饼"。

　　笔者注意到，1918年之后，当周树人成为鲁迅后，他亲自购买饼饵等零食的记录非常少，连续几年几乎没有，这让人纳闷，不知何故。但这并不意味着鲁迅远离零食了。1926年，鲁迅作《马上日记》，自己爆料吃柿霜糖的情节，这在现代文学史上几乎传为笑谈——有朋友从河南来，送给鲁迅"方糖"，打开一看，"却是圆圆的小薄片，黄棕色。吃起来又凉又细腻，确是好东西"。许广平说这是河南的名产，用柿霜做成，性凉，如果嘴角上生些小疮之类，用这一搽，便会好。"可惜到他说明的时候，我已经吃了一大半了。连忙将所余的收起，豫备将来嘴角上生疮的时候，好用这来搽。"留到夜间，鲁迅忍不住，又将藏着的柿霜糖吃了一大半，"因为我忽而又以为嘴角上生疮的时候究竟不很多，还不如现在趁新鲜吃一点。不料一吃，就又吃了一大半了"。立场如此不坚定，理由又甚多，宛如孩童，读罢令人莞尔。

　　鲁迅喜欢吃点心，家中时常预备着点心，有客来也请客人同吃。最初，鲁迅对先生和女士一视同仁，但先生们吃点心确实厉害，他们战斗力极强，往往吃得很彻底，把鲁迅的存货消灭得一个不留。于是他就很有戒心，开始算计起来，万不得已的时候，就以落花生取代。这一招很有效，男宾吃落花生总不多。既然吃不多，他便开始敦劝了，有时竟劝得怕吃落花生的朋友因此逃走。但女士们却不在此限，"她们的胃似乎比他们要小五分之四，或者消化力要弱到十分之八，很小的一个点心，也大抵要留下一半，倘是一片糖，就剩下一角"。这在鲁迅看来，损失是极微的。这一天，高女士来了，她是很少来的客人，恰好家中没有点心，鲁迅只得将宝藏着的搽嘴角生疮有效的柿霜糖装在碟子里拿出去。对于这远道携来的名糖，鲁迅很郑重，想先说明来源和功用。但是，高女士却已经一目了然了。她说："这是出在河南汜水县的；用柿霜做成。颜色最好是深黄；倘是淡黄，那便不是纯柿霜。这很凉，如果嘴角这些地方生疮的时候，便含着，使它渐渐从嘴角流出，疮就好了。"她知道得如此清楚，鲁迅只好默不作声，而且这时才记起她是河南人。"请河南人吃几片柿霜糖，正如请我喝一小杯黄酒一样，真可谓'其愚不可及也'。"（《马上日记之二》）

鲁迅爱吃零食、甜点、水果，这大约在朋友中很出名，以至于1929年10月21日夜，当鲁迅和三弟上街购买日本产的青森苹果时，遇见山上正义，"强赠一筐"。既赠之，则受之，鲁迅兄弟欣然携之而归。

1930年前后，上海闸北一带弄堂内外叫卖零食的声音使鲁迅着迷：薏米杏仁莲心粥、玫瑰白糖伦教糕、虾肉馄饨面、五香茶叶蛋。鲁迅说，假使当时记录了下来，从早到夜，恐怕总可以有二三十样。上海的居民似乎也真会花零钱，吃零食。那些口号也十分漂亮，仿佛是从"晚明文选"或"晚明小品"里找过词语，"实在使我似的初到上海的乡下人，一听到就有馋涎欲滴之概"。鲁迅多次提到的玫瑰白糖伦教糕产自广东顺德伦教镇，是广东著名糕点，用大米磨糨，加糖水发酵、蒸制而成。制好的玫瑰白糖伦教糕晶莹洁白，糕身横竖相间的孔眼均匀有序，软滑爽润，清甜微酸。

正是对零食的青睐，1934年，鲁迅写了一篇《零食》的文章，文中说："上海的居民，原就喜欢吃零食。假使留心一听，则屋外叫卖零食者，总是'实繁有徒'。桂花白糖伦教糕，猪油白糖莲心粥，虾肉馄饨面，芝麻香蕉，南洋芒果，西路（暹罗）蜜橘，瓜子大王，还有蜜饯，橄榄，等等。只要胃口好，可以从早晨直吃到半夜……"上海的居民，和零食是死也分拆不开的。在这样一个零食大盛的沿海城市，鲁迅终于为自己喜欢吃零食找到了理论依据："那功效，据说，是在消闲之中，得养生之益，而且味道好。"

抄古碑的周树人走向了作文时常常剑拔弩张的战士鲁迅，但面对零食时，鲁迅式的匕首投枪突然隐去了，只留下周树人先生嗜好零食的那个著名的胃。

窗余壁虎干香饭

——鲁迅的另类宠物

留意民国文人的宠物是一件超出文学本身，却又与文学唇齿相依的有趣话题。

1912至1919年，生活在绍兴会馆中的周树人不名一文，他就像一柄未出鞘的钝剑，显得极其脆弱、孤独和另类。这一时期的鲁迅，日常生活近于隐居修行，他读佛经，抄古碑，抄嵇康，除此之外，还煞有介事地养着宠物！

鲁迅的宠物，比起八旗子弟的小鸟、蛐蛐，显得十分另类。

鲁迅的宠物是壁虎。

确切记述鲁迅养壁虎之事的，是章衣萍，他在其《枕上随笔》（初版本为北新书局1926年版）中写道：

> 壁虎有毒，俗称五毒之一。但，我们的鲁迅先生，却说壁虎无毒。有一天，他对我说："壁虎确无毒，有毒是人们冤枉它的。"后来，我把这话告诉孙伏园，伏园说："鲁迅岂但为

壁虎辩护而已，他住在绍兴会馆的时候，并且养过壁虎的。据说，将壁虎养在一个小盒子里，天天拿东西去喂它。"

关于鲁迅把壁虎当宠物的事，沈尹默《忆鲁迅》一文中有亲证的记忆："他住在会馆一个小偏院里，有两三间小屋，书案向着一扇方格糊纸的窗子。有一次，我发现窗纸上，有一个胖而且大的壁虎，很驯熟的样子，见人来了也不逃走，后来才知道这是他喂养着的，每天都要给它稀饭吃。"

章衣萍（1900—1947），又名洪熙，安徽绩溪人，因筹办《语丝》，和鲁迅过从甚密。1924年9月28日午后章氏携女友吴曙天经孙伏园引见，访问鲁迅。稍后协助鲁迅筹办《语丝》杂志，从此正式开始交往。查鲁迅日记，关于章氏的记载近150处，直到1930年1月31日止。在这6年间，章衣萍与鲁迅走得很近，仅1925年4月互访畅谈即达11次之多，且有书信往来。

鲁迅日记中记载的有章衣萍参与的饭局共17次，其中北京时期6次，上海时期11次。章衣萍在北京与鲁迅过从及饭局来往的过程中，发现了鲁迅养着另类宠物壁虎。1928年上海南云楼晚餐中，鲁迅与林语堂翻脸（见《南云楼风波》一节），章衣萍也在席间。此席之后，章衣萍与鲁迅又有4次交往，并赠送给海婴生活用品，但再也没有在一起聚餐。

章衣萍经胡适提携步入文坛，成名作是小说集《情书一束》，此书是章衣萍和画家叶天底、女作家吴曙天三角恋爱的产物，1925年由北新书局出版，轰动一时，五年印十次，发行逾万册，且译成俄文，后来又出了一册《情书二束》。姜德明著《书味集》（生活·读书·新知三联书店1986年版）对此书的评价是："这种似小说又非小说的文字算不得什么文艺创作，除了宣扬有妇之夫和有夫之妇可以乱爱之外，要么就是写嫖妓和色情。"

据李霁野回忆，1932年鲁迅赴京省母与几位青年朋友相见，在彼此谈得很融洽的气氛中，先生突然对他们提出一个问题："你们看，我来编一本《情书一捆》，可会有读者？"李霁野认为鲁迅戏言的"一捆"，是讽刺章衣萍的"一束"。这成了鲁迅讽刺《情书一束》的铁证，不少文章、专著都再引用。其实，这与事实有出入。因为李霁野的回忆写于1976年，带着揣测的意味，倒是中国青年出版社2005年1月版的《两地书·原信》中，可以看到另外一则证据：鲁迅1929年5月26日给许广平写道："从芜因告诉我，长虹写给冰心情书，已阅三年，成一大捆。今年冰心结婚后，将该捆交给她的男人，他于旅行时，随看随抛入海中，数日而毕云。"

高长虹是鲁迅办《莽原》时认识的，与鲁迅间有笔墨官司，因此高氏恶意攻击鲁迅，鲁迅为此还专门写信问章衣萍流言原委，《两地书》中不乏这类论据。所以鲁迅与李霁野等人交谈中提及的"情书一捆"，更有可能是对高长虹的冷嘲，而不是对章衣萍的热讽。1926年6月10日出版的《莽原》半月刊第十一期封底，鲁迅亲手编发了《情书一束》的广告，就很能说明问题。

章衣萍在《枕上随笔》中的记述，使我们了解到了鲁迅鲜为人知的一面，不能不说是章衣萍歪打正着地为鲁迅研究者提供的珍贵资料，这使得后世的传记作家可以从容地铺陈鲁迅在绍兴会馆中的一些生活细节，如钮岱峰在《鲁迅传》（中国文联出版公司1999年版）里写道：

> 补树书屋毕竟太古旧了。严密少窗的北方民居有时以阴凉见长，而在真正的闷热来袭之时，却显出更加深重的压抑憋闷感。这儿壁虎很多，周树人发现它并非像人们所说的那样是五毒之一。在夏天里，他甚至养起了壁虎，养在小盒子里，而设法捉一些蚊蝇之类喂它。抄写石碑疲倦的时候，周树人往往会受不了老屋的闷热，到古槐树下手摇蒲扇纳凉。

钮岱峰为鲁迅作传的宗旨是"作传的客观化"，追求"和谐"，因为他认为"只有和谐才能接近历史的真实"。整体而言，他的《鲁迅传》叙述从容不迫、舒缓有致，且不乏生动和富有哲理的议论，达到了一定水准。从上述有关鲁迅养壁虎的细节看，钮岱峰对绍兴会馆环境的描写还是很到位的，壁虎成了原画复现真实的鲁迅的重要参照物。

鲁迅先生饲养壁虎之事，成为他在绍兴会馆中的一个特殊符号。著名书法家沈尹默50年代写的《追怀鲁迅先生》诗云："雅人不喜俗人嫌，世路悠悠几顾瞻。万里仍归一掌上，千夫莫敌两眉尖。窗余壁虎干香饭，座隐神龙冷紫髯。四十余年成一瞑，明明初月上风帘。"诗中，"窗余壁虎干香饭，座隐神龙冷紫髯"之句，使我们看到了屏息、静养、面壁、磨剑、修炼时的鲁迅，这是一个时代的沉默，是沉默中的一个时代。鲁迅，他就像即将喷发的地层下的岩浆，正在等待合适的温度冲天而出。

在人类宠物饲养史上，审丑的向度一直存在。斯芬克斯猫全身无毛，眼神恐怖，看了让人起鸡皮疙瘩，但在欧洲却是一些爱猫者梦寐以求的珍品；沙皮狗头大嘴阔，看上去像袖珍版的河马，身背上的褶皱多得简直像百褶裙，却也让它的主人们如痴如醉。德国科学家近两年得出结论，认为人类对蜘蛛、蛇等动物的恐惧，源于原始社会先民的"苦难记忆"。但是，往往让人恐惧的动物身上都有一种超越了常规向度的美，使人欲罢不能。动物学家汤姆逊这样评价蟾蜍："有一种难于发觉的美，也有一种易于发觉的美，蟾蜍的美就难于发觉。不过，假如我们征询几位精于审美的美术家们，他们一定会毫不迟疑地赞同蟾蜍的美。"也许正像汤姆逊发现了蟾蜍的美一样，鲁迅发现了壁虎的美，并因此成为现代文学史上养爬行宠物的另类名人。

把壁虎作为宠物的鲁迅，在绍兴会馆中是孤独、苦闷、彷徨的，壁虎是他生活情趣的一部分。绍兴会馆时期，是这位清醒的智者一生中蓄积能量的蛰伏期。这一时期的鲁迅，真正理解了黑暗中人性的挣扎，理解了他此后专题演说的阮籍、嵇康之流的魏晋风度，他的个性也逐渐露出端倪。

一个手无寸铁的书生，马上要告别他的宠物壁虎，融入伟大的"五四时代"，成为新文化运动最坚定的旗手和最优秀的男高音！

留之晚酌

——作为文化沙龙的周府

考察鲁迅北京和上海时期的社交活动，有一个细节颇有意思：能够在周府和鲁迅及其家人一起进餐的，都有哪些人？

这一切入点具有一定的偶然性，但偶然性中也包含着必然性；同时还具有一定的私密性，但私密性中也包含着某种公共性。

鲁迅初到北京，是一介单身汉，一人吃饱，全家不饿，遇到饭点，不是出去蹭老乡和朋友的饭（比如许铭伯家、胡梓方家、蔡谷卿家等），就是与三三两两的同事、朋友频繁下馆子，请别人在家里吃饭的情况几乎没有。鲁迅在教育部的工资，两月内从最初的60元涨到200多元，在当时已属高薪，下馆子绰绰有余。仅1912年5月至12月，鲁迅就下了30多次馆子，绍兴会馆附近的广和居几乎成了周树人的工作餐厅，前后去了20多次。鲁迅的早期饭友以许寿裳、钱稻孙、齐寿山等为主，最固定的饭友当属翻译家钱稻孙和教育家许寿裳。他们之间除了互相吃请，还有

AA制下馆子的情形:"晚钱稻孙来,同季市饮于广和居,每人均出资一元。"

等到生活安定下来之后,周府自然也会埋锅造饭。特别是北京时期周母和朱安进京之后,上海时期鲁迅与许广平有了寓所之后,留客吃饭便具备了条件。周府向来是门庭若市的,"五四"新文化史上一大批耳熟能详的名字,都与周府或多或少有一些交集。即便是在周树人尚未成名的北京绍兴会馆隐居阶段,访客也是接踵而至。客人来谈,恰好碰到饭点了,如果不是同去饭店吃饭,便留之吃家常饭,可谓之"留饭",日记中大约有62例;如果事先做了准备,专门邀请客人到家里吃饭,则可谓之"治馔",大约有32例。本文仅述留饭。

需要说明的是,本文仅仅依据的是鲁迅日记中有记载的留饭情况,以得出一个鲁迅社交圈子亲疏远近的大概印象,这远远不能代表鲁迅交际的全部。因为日记并不是科学素材,它具有很大的随机性,某件事记或者不记,都在勤懒之间、一念之间。笔者注意到,1920年7月至12月,鲁迅日记中大都作"无事"二字,大约此时为生活所累,或者注意力停留在其他方面。1921年大部分日记也极简约,大约是与周作人一家经济纠葛日甚,身心疲累所致。同时,日记中,"留饭"自然是在家里吃饭,但"饭后去"则有可能一部分是去附近下馆子的,只是没有明示而已。

62例留饭记录中,出现次数最多的是鲁迅的三弟周建人及其家人,不仅留饭,还给孩子们买糖果和玩具,这在情理之中。除此之外,先后在周府吃过饭的人有:蔡国亲、许季上、魏福绵、阮和孙（阮和森）、钱玄同、许钦文、孙伏园、李遐卿、齐寿山、车耕南、李小峰、台静农、天行（魏建功）、蒋径三、张协和、文尹夫妇（瞿秋白夫妇）、季市（许寿裳）、诗荃（徐梵澄）、方璧（茅盾）、西谛（郑振铎）、张梓生、邵铭之、萧军、悄吟（萧红）等。另外还有日本人辛岛骁、增田涉、清水三郎等。

北京时期的留饭

北京时期鲁迅住过四个地方：绍兴会馆、八道湾、砖塔胡同、西三条胡同。其中绍兴会馆时期完全是单身；八道湾是与老太太、朱安、周作人一家同住；砖塔胡同是兄弟闹翻后携朱安居住；西三条胡同是最后购置的周府，与老太太、朱安居住。

绍兴会馆阶段，最先与周树人一同进餐的是蔡国亲。当然这对蔡国亲而言，并不是什么荣誉，只是说明他们的交往比较亲密而已。因为鲁迅初到北京时，无依无靠，寂寂无名，还得仰仗他的各位老乡。鲁迅是1912年5月5日到的北京，8日，"夜饮于致美斋，国亲作主"。这是鲁迅在北京的第一场饭局，由蔡国亲做东，可看作是接风洗尘的欢迎之宴。后来鲁迅留蔡国亲在家里吃饭，也说明他们二人一开始便保持着良好的交往互动。

许季上前后6次在绍兴会馆的鲁迅寓所留饭。当然许季上也请客：1917年4月23日，"晚同二弟往许季上寓饭，同席共七人"。

鲁迅生平有五位姓许的知己：三男，即许季上、许寿裳和许钦文；二女，即许羡苏（钦文的妹妹）和许广平。许季上（1891—1953），许寿裳的堂兄，出生于钱塘名门世家，是一位博学深识的佛教学者（居士），毕业于复旦公学哲学专业，曾在北京大学兼课，讲授印度哲学。1912年应召至教育部任职，与鲁迅同事，他们共同的话题是古籍与佛学。鲁迅读经的直接动因与许季上有关，开始是许季上送他几本佛经，然后又多次借经书给他，还陪他去书店买佛经。有时候鲁迅上午拿了工资，下午就请许季上陪他去书店买佛经，佛经迅速积累，到后来许季上反过来要向鲁迅借佛经看了。鲁迅1914年出资请南京的金陵刻经处刻印100部《百喻经》为母亲六十大寿祝寿，就是由许季上促成的（不过令人困惑的是，进入1915年，鲁迅基本上就不再买佛经了）。鲁迅与许季上密切交往的时期，正是鲁迅抄古碑、读佛经，在沉默中等待爆发的时期。从这个意义上讲，北漂之初，鲁迅多次留许季上吃饭，就不是偶然的了。

八道湾11号阶段，周宅没有一次随机留客人吃饭的记录。这也是可以理解的，因为弟兄同住，家口大，加之周作人的妻子是日本人，外人留餐多有不便。周氏兄弟仅在1923年有三次治馔请客的情形：一次是5月10日，"晚与二弟小治肴酒共饮三弟，并邀伏园"；第二次是5月26日，"晚二弟治酒邀客，到者泽村、丸山、耀辰、凤举、士远、幼渔及我辈共八人"；第三次是6月18日，"旧端午也，休假。午邀孙伏园饭，惠迪亦来"。可以看出，孙伏园与周氏兄弟二人的关系都很好。孙伏园是《晨报》副刊编辑，人称"副刊大王"，《阿Q正传》即是由孙伏园在《晨报》

首次连续发表的。1924年11月，他与鲁迅等人发起成立"语丝社"，出版《语丝》周刊。鲁迅逝世后，孙伏园以其对鲁迅的深入了解，撰写了一副著名的挽联："踏莽原，刈野草，热风奔流，一生呐喊；痛毁灭，叹而已，十月噩耗，万众彷徨。"此联用鲁迅所著书名及主编之刊名《莽原》《野草》《热风》《奔流》《呐喊》《毁灭》《而已》《十月》《彷徨》缀成。

1923年7月14日下午，鲁迅与周作人失和，当天日记载："是夜始改在自室吃饭，自具一肴，此可记也。"以后的很多年，兄弟二人对此都是沉默，留给后人一个无法解开的谜团。8月2日，鲁迅就带着朱安搬出了八道湾11号，迁居到砖塔胡同61号（今84号），这是鲁迅在北京居住时间最短的一处住所，只有9个多月。

砖塔胡同阶段，受条件和心情所限，留饭的情况很少，只有阮和森、许钦文、孙伏园、李遐卿得以在周宅吃饭。

鲁迅迁入砖塔胡同不久就病倒了，朱安对大先生的照顾无微不至。鲁迅当时不能吃饭，只能吃粥。据其同院的邻居俞芳回忆："大师母每次烧粥前，先把米弄碎，烧成容易消化的粥糊，并托大姐到稻香村等有名的食品商店去买糟鸡、熟火腿、肉松等大先生平时喜欢吃的菜，给大先生下粥，使之开胃。她自己却不吃这些好菜。"在砖塔胡同，鲁迅的书桌放在朱安的屋子里，这里光线好，安静，鲁迅白天即在这里进行案头工作，朱安则常在厨房张罗饭菜等事，轻易不去打扰。有时同院的俞家姐妹有些吵闹，朱安也提醒她们不要吵大先生，有时甚至是恳求她们：大先生回来时，你们不要吵他，让他安安静静写文章……作为女主人，朱安做菜的手艺相当不错。据许羡苏回忆："他们家的绍兴饭菜做得很不差，有酱过心的蚶蟹蛋，泡得适时的麻哈，但也有很多干菜。"不过，鲁迅在外生活多年，喜欢的口味南北杂陈，对于绍兴菜也有不满的地方，特别是干菜太多，觉得单调。据阮和森的女儿回忆，在北京的时候，朱安只能从饭菜的剩余来判断鲁迅喜欢吃什么，假使这道菜吃剩得不多或吃光了，她揣摩鲁迅一定很喜爱，下一次做菜时，就多做一些。

阮和森是绍兴人，鲁迅的姨表兄弟。他是鲁迅小说《狂人日记》中狂人的原型，曾经是一个精神病患者，当时在山西省繁峙县当幕友。1916年10月突然精神失常，"说同事要谋害他，逃到北京来躲避"。鲁迅留他住在会馆，带他去看医生，车上看见背枪站岗的巡警，他突然出惊，面无人色，那眼神非常可怕，充满了恐怖，阴森森的显出狂人的特色。经医治略有好转后，鲁迅就派人把他送回南方去了。以此为原型的《狂人日记》写得"忧愤深广"，一时间"礼教吃人"成了进步人士和青年的共识。

许钦文自称是鲁迅的"私淑弟子"，他的创作受到鲁迅的扶植与指导，短篇小说集《故乡》描写的多是浙江家乡的人情世态，1926年由鲁迅选校、资助出版，并将其列入"乡土作家"之列。

西三条胡同阶段，大约由于心境、处境及与家眷一起生活多有不便等方面的缘故，日记中未见一次"留饭"的情况，只有1926年6月3日"晚寿山来，同饮酒，并赠以书四种"的记录。除此之外，还有两次专门的请客（后文《要请，就要吃得好——周府治馔》中有所涉及）。

上海时期的留饭

鲁迅在上海定居后，周府留饭的情况很普遍，有时候也从外面叫饭：

> 从福建菜馆叫的菜，有一碗鱼做的丸子。
>
> 海婴一吃就说不新鲜，许先生不信，别的人也都不信。因为那丸子有的新鲜，有的不新鲜，别人吃到嘴里的恰好都是没有改味的。
>
> 许先生又给海婴一个，海婴一吃，又不是好的，他又嚷嚷着。别人都不注意，鲁迅先生把海婴碟里的拿来尝尝，果然不是新鲜的。
>
> （萧红《回忆鲁迅先生》）

这一时期，许广平贤内助的角色发挥得非常好。"来了客人，许先生没有不下厨房的，菜食很丰富，鱼，肉……都是用大碗装着，起码四五碗，多则七八碗。可是平常就只三碗菜：一碗素炒豌豆苗，一碗笋炒咸菜，再一碗黄花鱼。这菜简单到极点。"（萧红《回忆鲁迅先生》）

其中徐诗荃、瞿秋白夫妇、萧红夫妇的留饭值得关注。

1934年1月1日，"下午诗荃来并赠水仙花四束，留之夜饭"。这是很有情趣的事情。

徐诗荃（1909—2000），著名的精神哲学家、翻译家和印度学专家，笔名梵澄，湖南长沙人，被誉为"现代玄奘"，投稿《语丝》时结识鲁迅。1929年8月赴德国留学，在海德堡大学哲学系攻读艺术史专业，研究美术史，练习木刻艺术。代鲁迅购买文学和版画作品，并创作一幅中年鲁迅像，被誉为"中国新兴版画创作第一人"。他牢记鲁迅关于青年应"稍自足于其春华"的教诲，做出了四个方面的学术贡献：有规模地翻译尼采著述；系统地翻译印度哲学古今经典；用英文将中国古代学术精华介绍给印度和西方；以精神哲学重新阐释中国古典思想。正因为他甘于寂寞，从不张扬，在国内，除了哲学、宗教和鲁迅研究等极少数学术领域的人尊敬并崇拜他之外，其他领域的人，从官方到民众，几乎没人知道他，安静得甚是寂寞。

这样一位东方哲学大师真是很有情趣的，拜访朋友时能想到送花。

当然，徐诗荃不是唯一给鲁迅送过花的人。鲁迅在教育部时，他的同僚送过八盆桃花、梅花，云松阁送过两盆月季花。最爱给鲁迅送花的一个是陶璇卿（陶元庆），他自杭州来，赠梅花一束；不仅亲自送花，还让朋友黄行武给鲁迅代为赠花，真是够风雅。另一个是许钦文，一次赠兰花三株，另一次赠橙花一合。此外，内山夫妇也喜欢给鲁迅赠花，除鲁迅生病探视时送花外，有一次还赠了一盆堇花。

"文尹夫妇"即瞿秋白、杨之华夫妇，他们以共产党员的身份与周府打交道显得很特殊，这样记录是为安全计。1931年"左联五烈士"被国民党反动派杀害后，瞿秋白、杨之华夫妇避居在茅盾寓所。但瞿觉得这并非长久之计，便向冯雪峰提出，要他帮助寻找新的安全住处，冯雪峰想到了自己的好友谢澹如。谢澹如接受了冯雪峰的请求，不惜以身家性命做担保，让瞿秋白夫妇住到他家避难。鲁迅与瞿秋白的关系就开始于瞿住进谢家之时。这年夏天，冯雪峰陪同瞿、杨夫妇首次去四川北路拉摩斯公寓（现名北川公寓）拜访了鲁迅。入秋的一个雨天，鲁迅和许广平带着儿子海婴，由冯雪峰陪同一起回访瞿、杨夫妇，鲁迅在其日记（1932年9月1日）中写道："一日雨。午前同广平携海婴访何家夫妇，在其寓午餐。"这是鲁迅日记中首次记载与瞿间的交往。后来为安全计，鲁迅常常用"何先生""维宁"等瞿秋白曾使用过的姓名称呼瞿。同月14日，鲁迅日记有"文尹夫妇来，留之饭"，这是瞿秋白夫妇再次去鲁迅寓所。之后，两人交往频繁。前述内山夫妇曾赠鲁迅一盆堇花，过了两天，鲁迅访瞿秋白，大约没有合适的礼物，就将这盆堇花赠给了瞿秋白的夫人。1935年瞿秋白在福建长汀英勇就义后，鲁迅亲自编成瞿秋白的译文集《海上述林》，以"诸夏怀霜社"名义出版，仅印制了五百部，其中一百部为亚麻布封面，以皮革镶书脊，书名烫金，书口刷金，十分精美；另外四百部为蓝色天鹅绒封面，书口刷靛蓝，书名烫金。无论在书稿编辑上，还是在装帧设计上，鲁迅均投入极大的心力，使此书呈现出无与伦比的考究。"人生得一知己足矣，斯世当以同怀视之。"鲁迅如此用功，显然是为了纪念他与瞿秋白的友谊。

萧军、萧红是20世纪30年代重要的青年作家，历来被人看作是鲁迅的亲传弟子，是鲁迅家里的常客，30年代在上海鲁迅家中吃饭的情况很多。1934年冬，他们在青岛收到自己的文学偶像鲁迅的回信后，乘轮船来到上海，投奔鲁迅。这一年，萧红23岁。他们和鲁迅一家很快就建立了家人般的亲密感情。鲁迅为萧军、萧红安排住处，解决生活困难，还携带他们参加宴会——1934年12月18日，萧军、萧红接到鲁迅的宴会邀请函后激动不已，萧红马上买来一块黑白方格绒布料，连夜动手给萧军缝制一件礼服，以示恭敬而又隆重。在第二天的宴会上，鲁迅特地介绍他们认识叶紫，让叶紫帮助初来乍到的年轻夫妇熟悉和适应上海的生活。萧军、萧红的笔名就是鲁迅帮他们改的，鲁迅说就是"小小红军"的意思。这一阶段，萧军、萧红经常到鲁迅家聊天蹭饭，有时吃完饭，还要去看电影。他们对鲁迅是很依恋的，对于二萧来说，鲁迅差不多是半人半神式的、父亲一样的存在。特别是萧红，与周家关系更为亲近，她在《回忆鲁迅先生》中写道：

"鲁迅先生吃的是清茶，其余不吃别的饮料。咖啡、可可、牛奶、汽水之类，家里都不预备。"

"鲁迅先生喜欢吃一点酒，但是不多吃，吃半小碗或一碗。鲁迅先生吃的是中国酒，多半是花雕。"

"鲁迅先生陪客人到夜深，必同客人一道吃些点心，那饼干就是从铺子里买来的，装在饼干盒子里，到夜深许先生拿着碟子取出来，摆在鲁迅先生的书桌上，吃完了，许先生打开立柜再取一碟，还有向日葵子差不多每来客人必不可少。鲁迅先生一边抽着烟，一边剥着瓜子吃，吃完了一碟鲁迅先生必请许先生再拿一碟来。"

从萧红的描述中可以看到，鲁迅晚年几乎像一个接待办主任，他下午两三点钟起就开始陪客人，陪到五六点钟，客人若在家吃饭，吃过饭又必要在一起喝茶，前一拨客人还没有走，后一拨客人已经来了，于是又陪下去，常常陪到十二点钟。这么长的时间，鲁迅都是坐在藤躺椅上，不断地吸着烟。在留客人吃饭的时候，厨房比较热闹一点，"自来水花花地流着，洋瓷盆在水门汀的水池子上每拖一下磨着擦擦地响，洗米的声音也是擦擦的"。鲁迅喜欢吃竹笋，在菜板上切着笋片笋丝时，刀刃每划下去都是很响的。

到了1936年，鲁迅的身体一日不如一日，吃饭是在楼上单开一桌，由许广平每餐亲手端到楼上去，一个黑油漆的方木盘中摆着三四样小菜，每样都用直径不过二寸的小吃碟盛着，一碟豌豆苗或菠菜或苋菜，菜拣嫩的，不要茎，只要叶，把黄花鱼或者鸡身上最好的肉剔下来，没有骨头没有刺。她希望鲁迅多吃一口，多动一动筷子，多喝一口鸡汤。半个钟头之后，许广平到楼上去取盘子，有时饭菜竟原封未动。这时来访的客人多半就不上楼了，听许广平婉言报告鲁迅的身体状况后就走了。

鲁迅迁住大陆新村寓所后，萧军、萧红是留在周府吃饭最多的人，一段时期甚至也是"唯一"的两个人。1936年4月之后，萧军、萧红也不再在周府留饭，直到当年7月15日，"广平治馔为悄吟饯行"，这是鲁迅逝世前，周府邀请客人在家里吃的最后一顿饭。

要请，就要吃得好

——周府治馔

鲁迅对请客吃饭非常重视，这和他对待看电影的态度相似，即宁缺毋滥。他在给萧军、萧红的信中曾经说："请客大约尚无把握，因为要请，就要吃得好，否则，不如不请。"（《鲁迅全集》第13卷，人民文学出版社1981年版，第52页）

在家里治馔请客，是鲁迅对待请客的最高态度。

鲁迅日记中，治馔请客共有34例。其中北京时期仅6例，上海时期达28例。比如，1934年3月25日，鲁迅为美国朋友伊赛克饯行是请的知味观的厨师"来寓治馔"；1934年12月30日鲁迅请内山、廉田等日本朋友吃饭，请的则是梁园豫菜馆的厨师"来寓治馔"。

北京时期，周府有时准备一顿饭还从两个方向邀请客人，如1925年1月25日是个星期天："治午餐邀陶璇卿、许钦文、孙伏园，午前皆至，钦文赠《晨报增刊》一本。"这显然是鲁迅的客人。与此同时，"母亲邀俞小姐姊妹三人及许小姐、王小姐午餐，正午皆至也"。这则是周母的客人了。

鲁迅1926年8月16日邀请许广平等人吃午饭最值得关注，因为涉及他们共同离开北京这件大事。

鲁迅比许广平大十七岁，1923年秋天，鲁迅在北京女子高等师范学校（1924年更名为北京女子师范大学）讲课时认识了许广平。1925年3月，许广平写信向鲁迅求教，他们之间有了进一步的接触，原本疏远的师生关系才有了突破。由于鲁迅的原配朱安无法给一个伟大而孤独的灵魂提供慰藉和理解，于是许广平取代了她。鲁迅和许广平从一开始的同声相应、同气相求发展到异性间的愉悦与追求，有一个过程。当许广平于当年4月10日署名"小鬼（鲁迅先生所承认之名）许广平"，紧接着4月12日拜访鲁迅在西三条的住所，16日敢用"'尊府'居然探检过了"的戏谑口气后，师生间严肃与庄重的气氛中就产生了一种新的亲昵感情。到了6月25日这一天，旧历端午，鲁迅请许广平等几位女师大学生和俞氏姊妹（俞芬、俞芳、俞藻）吃饭，鲁迅因高兴而稍多喝了一点，于是"拳击了"俞芬、俞芳二姐妹，又"按小鬼之头"，许广平等以为鲁迅喝醉了而"逃"走。此后许广平给鲁迅写信大概很是作了一番文章（信佚），鲁迅则申辩："端午这一天，我并没有醉，也未尝'想'打人；至于'哭泣'，乃是小姐们的专门学问，更与我不相干。特此训谕知之！"（1925年6月28日鲁迅致许广平，见《两地书》）同时对"拳击"俞氏二姐妹作出辩解："该两小姐们近来倚仗'太师母'之势力，日见跋扈，竟有欺侮'老师'之行为，倘不令其喊痛，殊不足以保架子而维教育也。"

足以证明鲁迅和许广平的感情已经相当深厚，竟然担心对方误解，需要澄清了！二人确定恋爱关系后，北京是不能再待下去了，因为鲁迅的妻子和母亲都在北京，维持两个家庭显然多有不便；与周作人失和已经三年，两人有共同的事业，共同的亲人，共同的朋友，处境还是尴尬的；对别人的非议也不能不有所顾忌。许广平后来回忆说："我们在北京将别的时候，曾经交换过意见，大家好好地给社会服务两年，一方面为事业，一方面也为自己生活积聚一点必要的钱。"（《关于鲁迅的生活·因校对〈三十年集〉而引起的旧话》）离开北京正是他们商议的结果。

鲁迅过生日时喜欢邀请客人到家里来。作家李霁野1993年9月回忆说，他1924年翻译《往星中》一书时，曾得到鲁迅先生的帮助。有一段时间，他和韦素园、台静农几乎每周都要去拜访鲁迅一次，每次去，鲁迅都显得很高兴，他谈兴很浓，往往到深夜还不肯让他们离去。

> 有一次，他送我们出门时对我们说："明天你们三人来我家吃晚饭。"当时我们疑惑不解，第二天我们按时赴约了。鲁迅先生说："今天是我的生日，邀你们来家热闹热闹，我妻子特意做了家乡口味的酥鸡，让你们尝尝。"从此我们就知道鲁迅先生的生日是哪一天了。

第二年即1925年的9月25日，我们三人又相偕为鲁迅先生拜寿了。这次是吃炸酱面，先生平日里也喜欢这类饭菜。静农还带去了两瓶山西杏花村酒店出售的汾酒，因我们知道先生偶尔也喝一两杯。

（李霁野《在鲁迅家吃炸酱面》，《李霁野文集》第2卷）

　　1926年8月16日，鲁迅邀请云章、晶清、广平午餐。云章即吕云章，晶清即陆晶清，她们20世纪20年代中期一度活跃于北方文坛，当时就读于北京女子高等师范国文学系，是许广平、刘和珍的同班同学。8月13日，在女师大毕业前夕，吕云章、许广平、陆晶清曾同邀鲁迅共进午餐，同桌有徐旭生、朱遏先、沈士远、尹默等。16日这一天，是鲁迅回邀吕云章、许广平、陆晶清。这可以看作是鲁迅、许广平向吕云章、陆晶清的饯别。鲁迅和许广平离京时，吕云章、石评梅、陆晶清等前往北京站为鲁迅送行。之后鲁迅去了厦门，许广平去了广州。1927年1月11日，鲁迅给许广平的信说："我先前偶一想到爱，总立刻自己惭愧，怕不配，因而也不敢爱某一个人，但看清了他们的言行的内幕，便使我自信我绝不是必须自己贬抑到那样的人了，我可以爱。"思想此时豁然开朗。

　　1927年10月，鲁迅与许广平抵达上海，在东横滨路景云里第二弄二十三号共同生活。

　　鲁迅与许广平选择在上海居住，是因为上海有租界，进退回旋的余地比较大。租界是中国的屈辱之地，在"清党"的特殊时期，却也是安全之地，所以鲁迅将租界二字各取一半，以"且介"命名自己的文集，表达一种既屈辱又苟且偷生的情绪。

　　鲁迅抵达上海后之所以选择先在多伦路景云里居住两年多，

上海大陆新村9号鲁迅故居

是因为三弟周建人当时就在附近宝山路上的商务印书馆工作。

由于景云里环境嘈杂，影响写作，加之鲁迅手头比较宽裕了，1930年，他们便租住在四川北路多伦路口的拉摩斯公寓三楼的一套房子里。房子是内山完造帮助找的，住了有三年。瞿秋白第一次到鲁迅家避难，就住在这里。那天鲁迅不在家，许广平便把大床让给了瞿秋白和杨之华。避难的最后一天，当时负责安全特务工作，也在商务印书馆工作过的陈云来接瞿秋白转移，第一次也是最后一次见到了鲁迅。

1933年4月，鲁迅搬到山阴路上的大陆新村一幢建于1920年代的新式里弄房子，这是先生最后的故居，也是内山完造以书店职工的名义帮助找的。房子共三层，一楼是客厅和饭厅，二楼是主卧和储藏室，三楼是小孩房和客人房。屋内陈设比较高级，不但有抽水马桶，做饭还有管道煤气。

上海时期，周府请客时，就在以上三处寓所，绝大多数都是许广平下厨做饭。

有时是买书、办事遇友人请至家里。如在内山书店遇蒋径三，"值大雨，呼车同到寓"，请客人吃了饭才作别。再如帮助傅东华延医为其子看病后，邀一同帮忙的河清（黄源）"来寓夜饭"。从中可以看出鲁迅古道热肠。

有时是为海婴过生日。鲁迅爱子周海婴生于1929年9月27日，父子二人的生日以阳历算只差两天，父亲的生日往往变成了孩子生日的附属品。海婴一岁时，"治面买肴，邀雪峰、平甫及三弟共饮"。1931年9月25日本是鲁迅生日，"晚治肴六种，邀三弟来饮，祝海婴二周岁也"，庆祝家宴的主角却变成了海婴。三岁时，叫来了三弟一家，"晚三弟亦至，并赠玩具帆船一艘，遂同用晚膳。临去赠孩子们以玩具四事，煎饼、水果各一囊"。1934年海婴过五周岁生日，鲁迅在给母亲的信中奉告："但作少许菜，大家吃了一餐，算是庆祝，并不请客也。"有时也为自己过生日，比如1933年9月22日，"是日旧历八月三日，为我五十三岁生日，广平治肴数种，约雪方夫妇及其孩子午餐，雪方见赠万年笔一枝"。雪方即冯雪峰，这里所记的"万年笔"是日语，即自来水钢笔。鲁迅一向反对铺张浪费，除了母亲六十大寿那一次，鲁迅从未为家人的生日大操大办过，包括自己和海婴周岁生日。

有时是庆祝节日。过中秋，"煮一鸭及火腿，治面邀平甫、雪峰及其夫人于夜间同食"。过除夕，"治少许肴，邀雪峰夜饭，又买花爆十余，与海婴同登屋顶燃放之，盖如此度岁，不能得者已二年矣"，显出了难得的好心情。冯雪峰多次受邀到周府吃饭，也是有原因的。1930年5月鲁迅迁入拉摩斯公寓后，冯雪峰随即迁到鲁迅家西隔壁的地下室。地下室房租便宜，大约15平方米，光线很差。那时他很穷困，常常连车钱都没有，只得向友人告借。住在这里时，冯雪峰晚饭在九、十点钟吃完，然后到鲁迅家谈工作直到深夜。五烈士牺牲后，他与鲁迅编辑出版《前哨》进行纪念；他将瞿秋白介绍给鲁迅，促使鲁迅和瞿秋白共同领导左翼文化运动。可以说，周府家宴，加固了他们的相知相契。

有时是邀请日本友人。"晚治肴八种，邀增田涉君、内山君及其夫人晚餐。""夜邀清水、增田二君饭。""晚治馔，邀水

鲁迅身穿许广平手织毛背心（1933年5月1日摄于上海春阳照像馆）

鲁迅在景云里寓所书房中

（《良友》画报主编梁得所摄于1928年3月16日）

野、增田、内山及其夫人夜饭。""夜治肴六种，邀辛岛、内山两君至寓夜饭。"规模最大的一次，还请来了梁园豫菜馆的厨师到家里做饭："邀内山君及其夫人、镰田君及其夫人并孩子、村井君、中村君夜饭。"鲁迅交往过的日本友人有60余位，在上海密切交往的内山完造、增田涉、清水三郎、辛岛骁、镰田诚一等人，均应邀在鲁迅家里吃过饭。特别是内山书店的职员镰田诚一（1905—1934）英年早逝后，鲁迅还为其写了墓志："君以一九三〇年三月至沪，出纳图书，既勤且谨，兼修绘事，斐然有成。中遭艰巨，笃行靡改，扶危济急，公私两全。越三三年七月，因病归国休养，方期再造，展其英才，而药石无灵，终以不起，年仅二十有八。呜呼，昊天难测，蕙荃早摧，晔晔青春，永闷玄壤，忝居友列，衔哀记焉。一九三五年四月二十二日，会稽鲁迅撰。"

有时是吃团圆饭。1933年5月27日，"晚，治馔邀蕴如及三弟夜饭，阿玉、阿菩来"，"阿玉"即周晔。之所以这一天请弟弟一家夜饭，鲁迅有自己的用意。因为这段时间的上海笼罩着白色恐怖。5月18日晨，鲁迅的战友杨杏佛在上海法租界被国民党特务暗杀，鲁迅也上了暗杀名单。5月20日，鲁迅不顾危险为杨杏佛送葬，其悲愤可想而知。也许是为了放松一下，喘一口气，在生命处于威胁时与亲人团聚一次，因而在这一并非特别的日子里，鲁迅和弟弟全家在一起吃了一顿团圆饭。

有时是为他人饯行。一次是为史沫特莱女士将往欧洲时饯行，一次是为萧红饯行。

萧红与鲁迅夫妇相熟后，经常到周府做客。一次，他们谈得非常高兴，不知不觉忘了时间，萧红离开时已是午夜1点钟以后了。许广平送萧红出来，外面正下着蒙蒙细雨，弄堂里的灯全都熄灭了，鲁迅一再嘱咐许广平一定让萧红坐小汽车回去，并让许广平先付车费。后来，二萧把家搬到北四川路，离鲁迅家住得近了，萧红几乎成了鲁迅家的一员。有时萧红也给鲁迅一家做一些饺子、韭菜合子、荷叶饼之类的北方面食。鲁迅很喜欢北方饭，喜欢吃油炸的东西和硬的东西，就是后来生病的时候，也不大吃牛奶，鸡汤端到旁边，用调羹舀一二下就算了事。萧红回忆说："有一天约好我去包饺子吃，那还是住在法租界，所以带了外国酸菜和用绞肉机绞成的牛肉。就和许先生站在客厅后边的方桌边包起来，海婴公子围着闹得起劲，一会把按成圆饼的面拿去了，他说做了一只船来，送在我们的眼前，我们不看他，转身他又做了一只小鸡，许先生和我都不去看他，对他竭力避免加以赞美，若一赞美起来，怕他更做得起劲。"读来令人莞尔。"饺子煮好，一上楼梯，就听到楼上明朗的鲁迅先生的笑声冲下楼梯来，原来有几个朋友在楼上也正谈得热闹。那一天吃的是很好的。"萧红还做过韭菜合子，又做过荷叶饼，她一提议鲁迅必然赞成，而她做得又不好，可是鲁迅还是在饭桌上举着筷子问许先生："我再吃几个吗？"因为鲁迅的胃不大好，每饭后必吃"脾自美"胃药丸一二粒。

萧红还描述过另一场吃饭的情形，即在楼下客厅后的方桌上吃晚饭。那天很晴，一阵阵地刮着热风，虽然黄昏了，客厅后还不昏黑。鲁迅新剪了头发，桌上有一碗黄花鱼，大概是顺着鲁迅的口味用油煎的。鲁迅前面摆着一碗酒，酒碗是扁扁的，好像用作吃饭的饭碗。

这些都为读者刻画出了一个特别富有人情味的鲁迅形象，让读者看到了鲁迅家庭的和谐、生活的朴素以及萧红与鲁迅全家之间的感情。

1936年夏，萧红只身东渡日本去东京疗养。临行前的7月15日，鲁迅支撑着病重的身体，设家宴为萧红饯行，许广平亲自下厨烧菜。这是周家的最后一顿家宴。据1936年鲁迅日记记述，此时他已"日渐委顿，终至艰于起坐"，后来"竟渐愈，稍能坐立诵读"，但身体仍是一日不如一日了。鲁迅嘱咐萧红："每到码头就有验病的上来，不要怕，中国人就会吓唬中国人。"这是他们的永诀。她走的时候，鲁迅正在生病，三个月后，鲁迅就去世了。这三个月中间，萧红与鲁迅没有任何联系。萧军也觉得蹊跷，很多年后，他跟牛汉说："他们没有任何联系……"

此外，周府还请茅盾、瞿秋白、胡风等人吃过饭。邀请三弟一家的情况最多，饭后还往往去国民大戏院观电影。从这些家宴中，我们大致可以看到鲁迅在上海的晚年生活。

书店、餐厅和漫谈会

——内山书店的多栖角色

内山书店

1913年3月，内山完造被大阪眼药会社参天堂派到上海推销药品，从此在上海居住达35年之久，并在此创办了中国现代作家笔下书香四溢的内山书店。内山完造本人也由此在中国现代文学三十年中成为文化交流与传播的使者。

内山完造生于1885年，日本冈山人，12岁起即在大阪和京都的商店当学徒。来到上海后，内山完造最初推销药品。1916年，内山完造在日本与美喜子结婚后，携夫人同赴上海，并于1917年以美喜子的名义创设了内山书店，并给自己起汉名邬其山。

内山书店初址在上海虹口的北四川路余庆坊弄口旁的魏盛里（现四川北路1881弄），书店最初通过牧师从日本购进一些觉醒社出版的《逆境之恩宠》等基督教福音书出售，第一个月营业额为84元2角，第二个月营业额为120元。在顾客的建议下，增加了岩波书店的哲学丛书等一般性读物，营业额上升到500—600元。在营业额达到1000元时，书店以10元保证金安装了一部电话，鲁迅与内山完造结识后，常通过这部电话拜托内山请日本医生须藤先生为其治病。1922年，内山书店雇了中国少年王宝良等做帮手，王宝良在内山书店一直干了24年。

1924年，内山完造买下了魏盛里临街的一所房子作为独立的书店经营场所。1928年，又将与其相邻的房子买下合并，内部用白灰粉刷一遍后，设了两个出入口，书店里边全部改造为可放书架的格局。由于业务兴盛，1929年5月底内山书店搬迁到了施高塔路11号（现在四川北路2048号）营业，书店的规模也逐渐增大了。内山自己的家也搬到书店后门对面的千爱里3号。1930年左右，内山书店已经有近30名员工了。其中大约三分之二是日本人。这些日本人甚至他们的家属也成为鲁迅的友人。例如镰田寿、镰田诚一兄弟。镰田诚一后来在"一•二八"事变中冒着战火护送鲁迅去租界，诚一回国病逝后，鲁迅还为他写了墓志铭。

内山书店的销售借鉴了推销医药的功夫，以实现创业之初的资本积累，概括起来有以下几种形式：

广告开路。内山完造的老本行是做药品广告，对做书店的广告也很有心得。他在《上海下海》（陕西人民出版社2012年版）一书中记述道，内山书店刚起步时，只敢从东京堂一本一本进新书，慢慢开始两本三本进货。为了吸引读者，就想法告知新书

内山书店

目，办法是分发油印版的"诱惑状"，有些像今日的专送广告，即将日本白纸对半裁开，横式32开，上面写作者，下面写书名，新书旧书加在一起大概数十种，装入信封写上收件人，远处的邮寄，近处的由王宝良送达。对这种标新立异的办法，时人褒贬不一，但内山完造很开心，他认为让客户们互相争辩才能达到广告效应，坚持这样做。寄出"诱惑状"的当天下午店里必定顾客爆满，开始仅仅发出一百张，不久就增加到三百、五百，每周必发一次。1926年，书店营业额已达8万元，其中有四分之一的书是中国人购买的。

诚信为本。内山完造信仰上帝，对中国人、日本人一视同仁，他把这种信仰带到书店经营中，就体现出一种大胸襟，任何人在书店都可以赊账，不但对日本人赊账销售，同时还对中国人和朝鲜人赊账销售图书。店方从来不催账，都由顾客月末主动结账。内山完造将书店的兴衰成败完全交给了顾客，也使顾客对其产生了足够的信任与尊敬。内山完造有意无意地帮助当时的中国进行了公民教育和诚信教育。很多年后，郭沫若、叶灵凤等在回忆与内山书店的关系时都坦承自己还有一笔无法还清的债，那就是在内山书店尚有赊账未清。

服务至上。内山书店已经有了现代企业"顾客是上帝"的理念，书店的书籍全部敞开陈列，读者可随手翻阅；店堂里摆着可供读者休息和看书的长椅和桌子；在书店外的人行道上设有茶缸，免费为过往行人供应茶水，因此受到读者欢迎。而上海其他书店似乎没有这样的意识。比如1928年1月，鲁迅去密勒路看牙医时路过日本堂书店，日本堂是在日本比较著名的书店，但鲁迅看了一圈，并没有发现什么可买的书，后来也就不再去了。

营销策略。1927年，日本国内出现了"一元书"热，日本改造社在预约现代日本文学全集五十册时首先推出以每本一日元的价格每月分送，引起热烈反响。内山书店把握住了这次机会，迅速把"一元书"向在上海的日本人推销，这些人包括教会中的友人，银行、商社、公司中的读书人，上海东亚同文书院的学生。

经过多年发展，内山书店成为日本书籍在华的最大销售点。尤其难能可贵的是，在白色恐怖的20世纪二三十年代，内山书店以其特殊的身份成为中国进步知识分子了解世界的窗口，是一处包围在白色恐怖中的文化自治之所。

值得庆幸的是，内山书店以其日本老板的特殊身份，成为一处进步文化的避难所，书店不仅大量销售马列著作等进步书籍，而且出售当局查禁的进步书籍。于是30年代的上海就出现了这样一种似怪非怪的情况：中国书店买不到的书，可以在内山书店买到；中国书店不敢经售的书，内山书店也能经售。

内山书店不仅是一处图书销售的场所，更是一个文化交流的场所。20世纪二三十年代的上海虹口四川北路是文化界人士居住最集中的地方，这些文化界人士的聚会常常在内山书店。内山完造在这里创立了"文艺漫谈会"，相当于小型沙龙，为文化人的交流提供了条件。漫谈会的形式并不固定，除了大家在店堂里一起聊聊之外，不可避免有时要一起吃顿饭，边吃边聊。现在我们还可以看到1927年7月27日和1930年8月6日两张漫谈会的照片。1927年的漫谈会有郁达夫、佐藤春夫（1892—1964）和内山完造夫妇等。佐藤是日本的著名作家，以艳美清朗的诗歌和倦怠忧郁的小说知名，活跃于大正、昭和时期，获得过日本文化勋章。早年鲁迅曾翻译他的作品，后来佐藤春夫也翻译了鲁迅的《故乡》等作品。1930年的漫谈会，中国方面有鲁迅、田汉、郁达夫、欧阳予倩、郑伯奇等留日回国的"海归派"文学艺术家，日本方面则大多是生活在上海或来沪访问的著名文化人士，除内山外，还有山崎百治、神田喜一郎、石井政吉、升屋治三郎、塚本助太郎、岛津四十起、中岛洋一郎、泽村幸夫，多是作家、学者、医生以及书店人员。其时，参加漫谈会的中日文化界人士就政治、文艺等问题自由交流，形成一种良性的文化互动，在20世纪二三十年代的上海显得极其可贵。

结识与深交

　　鲁迅上海时期最亲密的日本友人便是内山书店的老板内山完造。

　　鲁迅于1927年10月3日从广州抵达上海，开始了在上海的9年战斗岁月。鲁迅到上海后，当天住进旅馆。第三天即10月5日，这天下着雨，鲁迅去三弟周建人居住的虹口景云里看望弟弟，取道北四川路福民医院对面的吟桂路（后改秦关路），这是一条狭窄小街，只有一百多米，穿过去就可以到达横浜路。就在吟桂路

1933年初夏，鲁迅与内山完造合影

的北侧，有一条很短的弄堂，叫魏盛里，开着一家日本书店，叫作"内山书店"。"鲁迅路过这里，一种特殊的敏感，让他迅速发现了这个躲在昏暗小弄堂里的书店，当即买了四本日文书。"（王锡荣语）鲁迅当天日记云："往内山书店买书四种四本，十元二角。"

从此，鲁迅与内山书店结下不解之缘。

第二天，鲁迅就到景云里看房，并决定居住于此。隔一天，鲁迅从共和旅店移入东横浜桥路23号景云里寓。当天下午，他第二次前往内山书店买书三种四本，共花九元六角。

鲁迅第一次邂逅内山书店并买书时，内山完造不在家，后来听夫人说，有个中国人一下子买了好几本书，他就有点好奇。第二次鲁迅买书时，内山老板亲自接待，鲁迅让老板把书送到景云里某某号去，内山趁机让他留下名字，鲁迅就告诉他：我叫周树人。

对于这一细节，内山完造在《我的朋友鲁迅》一书中这样写：

有一天，这位先生自己过来了，从书架上取了很多书后在长椅上坐了下来。他一边喝着我夫人沏的茶，一边点燃了烟，然后用清晰的日语对我说道："老板，请你把这些书送到窦乐安路景云里××路。"我问他："这位先生，怎么称呼您？"他回答道："噢，叫我周树人就好。"我惊呼起来："啊！您就是鲁迅先生吗？我知道您，我还知道您刚从广东回到上海，不过从没见过，失礼失礼。"我和先生的交往就是从这时开始的。

这是两人的第一次见面。此后鲁迅几乎每天都来店里，据内山完造回忆，鲁迅总是"抽着烟飘飘而来，买几本书后，又飘飘而去"。内山完造对鲁迅的印象是："穿蓝长衫的，身材小而走着一种非常有特长的脚步，鼻下蓄着浓黑的口髭，有清澄得水晶似的眼睛的，有威严的，那怕个子小却有一种浩大之气的人。"（《鲁迅年谱》上册，安徽人民出版社1979年版，第364页）

间谍之谣

鲁迅和内山完造的关系当中，有一个比较敏感的话题，那就是内山完造是不是日本间谍。从新中国成立后政府给予内山的政治待遇看，"内山是间谍"完全是无稽之谈——内山完造创建了日中友好协会，任副会长，1959年还应邀到北京参加了新中国成立十周年国庆观礼。

事实上这个话题并不新鲜，20世纪30代的上海小报就曾多次造谣内山完造是日本间谍。2012年，北京联合出版公司出版了何花、徐怡翻译的内山完造作品集《我的朋友鲁迅》，专门谈到了这件事情。此历史"疑案"经当事人叙述后，可以得到一个基本的判断。内山完造在《忆友人》中写道："上海有种叫作'小报'的小型报纸，说我是日本外务省的最高间谍，月薪五十万日元，每年情报费有五百万日元，必要的时候多少钱都出得起。还说我养了很多信鸽，其中最大的一只信鸽就是先生，每月都从我这里收到十万日元的好处费等。当时先生叫我不必在意，谣言之类的要编多少有多少，但真相只有一个。"

一个日本商人和军方来往密切，能量又十分大，这不能不被人猜测。1934年5月，上海《社会新闻》第七卷第十二期便刊登了一篇攻击鲁迅的短文《鲁迅愿作汉奸》，猜测鲁迅的《南腔北调集》在日本出版日译本，说鲁迅骂政府的那些文章在国内挣不到几个闲钱，然而，经过内山完造介绍给日本情报局，便可以得到大笔的钱。过了不久，这份《社会新闻》又于第七卷第十六期刊登了另一篇短文《内山完造底秘密》，造谣内山"在领事馆警察署中找到了一个侦探的任务，每月支二百元的薪水"，说"这个内山书店的顾客，客观上都成了内山的探伙，而我们的鲁迅翁，当然是探伙的头子了"。

对此，鲁迅在《伪自由书·后记》中反击道："这两篇文章中，有两种新花样：一、先前的诬蔑者，都说左翼作家是受苏联的卢布的，现在则变了日本的间接侦探；二、先前的揭发者，说人抄袭是一定根据书本的，现在却可以从别的嘴里听来，专凭他的耳朵了。至于内山书店，三年以来，我确是常去坐，检书谈话，比和上海的有些所谓文人相对还安心，因为我确信他做生意，是要赚钱的，却不做侦探；他卖书，是要赚钱的，却不卖人血：这一点，倒是凡有自以为人，而其实是狗也不如的文人们应该竭力学学的！"

鲁迅与内山完造的关系如何，内山完造又是什么身份，在造谣与反造谣的过程中，事实上已经得到了澄清。

但是有一点必须注意到，那就是鲁迅对内山完造有时恐怕也未必完全信任。一则史料显示，日本共产党员尾崎秀实（1901—1944）寄居在内山书店二楼期间，与鲁迅多次彻夜长谈，但两人使用的却是德语，恐怕也是出于这种考虑。

鲁迅去内山书店买书和吃饭

从1927年10月首次去内山书店购书，到1936年逝世，这九年间，鲁迅去内山书店五百次以上，购书达千册之多。从1932年起，内山书店成为鲁迅著作代理发行店，发行当时被禁售的鲁迅著作《伪自由书》《南腔北调集》《准风月谈》等，并代售鲁迅自费出版的《铁流》等6种文学读物。

内山书店不仅是鲁迅的购书场所和著作代理发行店，在白色恐怖严重时及淞沪抗战时，这里还是鲁迅躲避国民党当局通缉的秘密住所，更是鲁迅和进步人士秘密联络的地方，甚至成了地下组织的联络站——方志敏在南昌狱中的文稿书信，北平与东北地下党等转给鲁迅的信等都由内山书店转交，内山书店不自觉地参与了中国革命的进程。

而这种参与，很多都是借助文艺漫谈会或饭局的形式进行的。

笔者梳理了鲁迅日记中正式记录的与内山完造及内山书店有关的饭局，共有35次之多。实际情况可能要比这多得多。最后一次是1936年2月11日，"午内山君邀往新月亭食鹌鹑，同席为山本实彦君"。

这次饭局主要商谈向日本介绍中国左翼作家及作品事，是鲁迅与内山完造见于记录的最后一次饭局。这次饭局之后，鲁迅病重，内山夫妇通过赠花等形式问病。7月20日鲁迅始可出门，上午即"往内山书店闲谈"。10月12日，"午后往内山书店买《新シキ糧》一本，一元三角"。这是在内山书店买到的最后一本书。10月17日，"下午同谷非访鹿地君。往内山书店"。这是鲁迅最后一次访人，也是最后一次外出，去的仍然是内山书店。

10月18日凌晨，鲁迅突然发病。6时许，他用日文给内山写便信，托他请须藤医生前来诊治。

10月19日凌晨5时25分，鲁迅在大陆新村9号寓所逝世，终年56岁。同日，鲁迅治丧委员会成立，内山为委员之一。

10月22日，在万国公墓举行鲁迅葬礼，内山在葬礼上致悼词。

鲁迅逝世后，内山书店作为代理发售店，继续发售鲁迅作品和他编辑的书籍。

1941年12月，许广平被日本宪兵逮捕，受尽折磨。内山得悉尽全力营救，并由书店担保释放。

1945年8月，日本无条件投降。10月23日，内山书店被国民党当局接收，至此书店停业。

1947年12月，国民党当局强制遣返内山等旅沪日本人归国。

新中国成立后，内山完造一直从事中日友好工作。1959年，中华人民共和国成立十周年纪念，要举行庆典，邀请内山完造来北京观礼。内山便以日中友好协会副会长的身份来华访问。当时他已经七十多岁了，在机场见到许广平，兴奋得像个孩子，又蹦又跳。还对身边的夫人说，自己死了以后一定要埋在上海。巧合的是，这句话说完的第二天，内山完造便突发脑溢血逝世。10月26日，根据内山生前遗愿，他的遗骨安葬于上海万国公墓。至此，两位好友，又 次做了邻居。

1980年，内山书店旧址被上海市政府列为市级文物场所。上海人民为了纪念内山完造和内山书店的贡献，于1981年9月在内山书店原址立石纪念："此店为日本友好人士内山完造所设。鲁迅先生常来店买书、会客，并一度在此躲避国民党追捕，特勒石留念。"

1985年9月7日，在内山完造百年诞辰庆祝大会上，时任中日友好协会会长的夏衍对内山书店给予了高度评价，称其是追求光明的中国知识分子和青年学生了解世界的重要窗口，是联系中日友好和中日文化交流的桥梁。时至今日，这一评价仍不失公允。

教育部公宴

——公务员的官方应酬

　　鲁迅当公务员期间，教育部每年拨一定钱款给各司分头组织聚餐等活动，以联络同事之间的感情，这就是鲁迅日记中所说的"公宴"。

　　1913至1916年，鲁迅参加了社会教育司举行的五场公宴，分别是：

　　1913年4月27日，"晚社会教育司同人公宴冀君贡泉于劝业场小有天饭馆，会者十人"。

　　1914年1月2日，"晚五时教育部社会教育司同人公宴于劝业场小有天，稻孙亦至，共十人，惟许季上、胡子方以事未至"。

　　1914年12月31日，"晚本部社会教育司同人公宴于西珠市口金谷春，同坐为徐吉轩、黄芷涧、许季上、戴芦舲、常毅箴、齐寿山、祁柏冈、林松坚、吴文瑄、王仲猷，共十一人"。

　　1916年1月5日，"赴部办事，午后茶话会并摄景。夜同人公宴王叔钧于又一村"。

前两场公宴的地点"小有天"，是典型的闽式菜馆。

民国时，北京的好多饭馆都是以南式、南菜来号召的。魏元旷《都门怀旧记》说："旧酒馆皆山东人，后则闽、粤、淮、汴皆有之，美味尽东南矣。"过去北京习惯以江浙为南方，不包括湖广，南菜一般指淮扬菜，扩而大之，就是扬州菜、苏州菜，这是所谓南方菜的正宗淮扬帮。比如鲁迅日记中的"南味斋"就是标准的扬州菜。

不属于通常意义上"南味菜"的是卖福建菜的闽式菜馆，比如小有天。

"小有天"的店名是借重当时上海名菜馆小有天的招牌。上海当时的小有天因清道人李梅庵的妙联"道道无常道，天天小有天"而知名，劝业场的小有天，虽是借重上海声名，但在劝业场也算是一家名店了。

光绪三十一年（1905），清政府在北京设立了"京师劝工陈列所"，意在"劝人勉力、振兴实业、提倡国货"，此即"北京劝业场"的前身，为官办的工艺品展销场，承担民族工商业的展示功能。"劝业"二字寄托了一个时代实业图强的希望，第一次给老百姓树立了"国货"的概念，从北京劝业场当年的盛景中，可以看出当年人们对于"中国制造"的信心。当时，"国货"的概念已包括"鼓励发明、提倡专利技术"内涵，并具有"中外合资"理念。不少民族产业纷纷打出了"自信中国造"的旗帜。北京劝业场在建成不到20年的时间里，先后遭遇三次大火，劝业场的人气不降反升，与王府井的东安市场、菜市口的首善第一楼、观音寺街的青云阁并列为"京城四大商场"。

著名作家肖复兴这样描述劝业场："劝业场前后两门，正门在廊房头条，比较宽敞，但我觉得没有后门漂亮。后门立面是巴洛克式，下有弧形的台阶，上有爱奥尼亚式的希腊圆柱，顶上还有拱形阳台，欧式花瓶栏杆和雕花装饰，包子褶似的，都集中在一起，小巧玲珑，有点儿像舞台上演莎士比亚古典剧的背景道具，尤其是夜晚灯光一打，迷离闪烁，加上从前门大街传来的市声如乐起伏飘荡，真是如梦如幻。"

劝业场是20世纪二三十年代北京最时髦的去处，首设箱式电梯、游乐场、开敞式卖场。一楼售卖日用百货商品，以及《论说精华》《尺牍大全》等应用书籍；二楼售卖文物，还有苏湘刺绣和几家画像馆，门口悬挂电影明星胡蝶、袁美云等人的大幅画像；三楼是几家照相馆、理发馆、镶牙馆、广告社，还有弹子房、乒乓球社等；四楼则是一个叫"新罗天"的剧场，经常演出评剧，热闹如庙会。有竹枝词曰："放学归来正夕阳，青年仕女各情长。殷勤默数星期日，准备消闲劝业场。"

京城百姓喜欢逛劝业场，鲁迅、许寿裳、陈师曾、齐寿山、周作人等文人雅士也经常光顾，"小有天"这家福建菜馆，在鲁迅日记中就出现过多次。

1912年9月27日，鲁迅日记云："晚饭于劝业场之小有天……肴皆闽式，不甚适口，有所谓红糟者亦不美也。"虽然红糟不对胃口，但其他名菜比如炒胗肝、高丽虾仁等还是很不错的，因而教育部的公宴也选择在这里举行。1913年4月27日，"星期休息。晚社会教育司同人公宴冀君贡泉于劝业场小有天饭馆，会者十人"。

冀贡泉（1882—1967），字育堂，号醴亭，山西汾阳人，著名法学教育家、社会活动家。清光绪秀才，山西省官费留日生，获日本明治大学法律学士，回国后与鲁迅同为教育部同事。担任过山西司法厅厅长、国民党政府山西省高等法院院长、山西省政府委员兼教育厅厅长等职。1939年赴美国，任《华侨日报》主编。1949年后历任中国政法大学第三部主任、中央法制委员会委员、山西省政协副主席等职。著述颇丰，著有《伦理学》《法学通论》《法律哲理》《中外条约述要》等。

1959年11月，时任中央法制委员会委员、山西省政协副主席的冀贡泉在全国政协的一个晚会上见到了许广平，冀贡泉回忆他和鲁迅在教育部时，是"同司同室"，"同司"是社会教育司，当时由夏曾佑任司长；同室则是两人在社教司一间大屋内辟出一单间同桌办公。许广平见到鲁迅当年的老同事，感慨万端，遂请其写些回忆录做纪念。冀贡泉先生"慨然俯允"，回去后夜不能寐，写成《我对鲁迅壮年的几点印象》一文，发表在《光明日报·东风》上。这是一篇回忆鲁迅北京教育部时期的重要文献。文中，冀贡泉谈到他对"鲁迅壮年"深刻的印象："他整天看书，不把时间浪费在闲谈上"，"不苟言，不苟笑"，他爱提"人定胜天"这句话，"他对民主的态度，是非常热烈的"，"他的生活勤劳朴素"……在冀贡泉心目中的鲁迅，是"直、谅、多闻的益友"，是"望之俨然，即之也温，听其言也厉的君子"。

1912年，冀贡泉在教育部担任了一名部员，从南京到北京，因和鲁迅同为留日学生，时相过从，引为知己。鲁迅日记有三处提及冀贡泉，冀贡泉很受他的影响，常认为工作开始的时候，遇到这样的朋友是一生的大幸。冀回忆鲁迅当年"根本不喜欢同人们攀谈，除非有公事要商量"，但两人"同桌办公"，"恰好我们俩人都喜欢读书，我们每天对面坐下来各读各的书。记得好像他是经常读的一本西文书（德文，他在日本学医，懂德文），津津有味地看，天天如此"。

从鲁迅日记知，1913年4月27日这一天，鲁迅等同人在劝业场小有天饭店"公宴冀君贡泉"。冀贡泉1912年冬任山西省立政法专门学校教务长，1913年2月又升校长，返京不易，旧同事因有公宴之举。鲁迅和冀贡泉交往的时间也就一年多一些，但因思想一致，相处得非常和睦友好。冀贡泉曾介绍一些同乡赴京报考知事，鲁迅欣然为其作保。冀贡泉做律师也是鲁迅出面保结的。同事期间，鲁迅、冀贡泉、许寿裳、齐寿山等人经常相邀到酒店喝酒。鲁迅虽为绍兴人氏，而独喜喝汾酒，冀贡泉多次赠给鲁迅山西名特产杏花村汾酒。

1915年，冀贡泉到了北京，曾在"泰丰楼"招饮鲁迅等人。两日后，鲁迅往冀下榻的"高升店"回访不遇。冀贡泉转任山西大学法科学长，往北京聘请教员时也总是抓紧时间同鲁迅见面。鲁迅日记还记载了1916年7月21日与原教育部同人许寿裳、齐寿山等共宴冀贡泉于京城益昌饭庄等，说明当时鲁迅记念旧同事之情，互相交往密切。

冀贡泉在回顾往事的时候说道，有一次在北京见到鲁迅，先生开玩笑地对他说："你还是办政法学校，造就公、侯、伯、子、男吧。"冀先生说："这正是洪宪在酝酿的时候，他接近蔡子民先生知道消息，我深深地记住了这两句带讽刺的话。"抗日战争时期，他在美国以笔作枪，宣传国内共产党领导的抗日战争的伟大业绩，揭露国民党反动派制造皖南事变的真相，为建立国际抗日统一战线做出了不懈的努力。中华人民共和国成立以后，冀贡泉主持制定了中华人民共和国第一部《婚姻法》并参与了释放日本战俘的工作。

1913年公宴冀贡泉，是社会教育司的第一次公宴。1914年的公宴，仍然安排在小有天。两次公宴在这里举行，说明小有天的闽式菜还是很有号召力。

1914年，社会教育司同人使用公款一共聚了两回，一次是年首，另一次是年尾。

1914年1月2日，"晚五时教育部社会教育司同人公宴于劝业场小有天，稻孙亦至，共十人，惟许季上、胡子方以事未至"。这一天是新年的假期，"稻孙亦至"说明钱稻孙并非社会教育司中人，他当时在教育部编纂处工作，显然属于特邀。有趣的是，这顿饭局之后5天，"午同人以去年公宴余资买饼饵共食之"。所谓"去年公宴余资"，即指先一年拨付用于1914年的公款，亦即5天前公宴的余款。这说明社会教育司的账目管理是很严谨的，而将余资买饼饵共食之的行为，亦令人莞尔。

年尾的公宴是1914年12月31日，"晚本部社会教育司同人公宴于西珠市口金谷春，同坐为徐吉轩、黄芷涧、许季上、戴芦舲、常毅箴、齐寿山、祁柏冈、林松坚、吴文瑄、王仲猷，共十一人。夜黄元生来。张协和送肴饵，受肴返饵"。把1915年的迎新活动提前到1914年的最后一天来进行，这样做的好处，一方面不必占用部员休息时间，另一方面又可以与部里举办的迎新茶话会错开。鲁迅在1914年年末的最后一天，参加了两场饭局（另一场是当天中午在马幼渔家里吃饭），还有人送礼物，且对礼物有取有舍，生活真是非常丰富。

坐中徐吉轩，湖北人，教育部佥事，研究金石、甲骨文字；黄芷涧，湖北人，历任教育部社会教育司佥事、科长；许季上，浙江人，当时任职于社会教育司；戴芦舲，浙江人，历任社会教育司主事、佥事；常毅箴，湖南人，时为教育部社会教育司主事；齐寿山，先后任教育部主事、佥事、视学；祁柏冈、林松坚均为社会教育司佥事，吴文瑄为工作人员，王仲猷为社会教育司第二科主事。此时鲁迅在北京教育部任职已三年多，与本司同人关系融洽，岁末年初共坐欢饮，甚是难得。鲁迅此时也可以说是人情练达，比如元旦后，1月23日，徐吉轩的儿子满月，鲁迅和同事们凑份子祝贺，每人出资一元。徐吉轩也于一周后专门在便宜坊摆下酒宴招饮同事。

社会教育司的最后一次公宴是1916年1月5日，这天是雨雪天气，"赴部办事，午后茶话会并摄景。夜同人公宴王叔钧于又一村"。

教育部自1913年起在元旦过后举行茶话会，鲁迅对此冷眼旁观。1913年1月4日的情形是"上午赴部,有集会,设茗酒果食,董次长演说"。1914年1月5日,"上午九时部中开茶话会,有茶无话,饼饵坚如石子,略坐而散"。1915年1月4日,"赴部办事,十一时茶话会"。1916年教育部的新年聚会共有三项活动:举行茶话会、集体合影、公宴。此时袁世凯称帝已有20多天,全国形势极为混乱,教育总长不忘鼓劲打气,呼吁"始终不懈谋教育上之革新,以培植国家之元气",并借机组织部员商议此后教育应取之方针。由官方组织的节庆活动在集体摄影后继续进行,教育部同事在又一村设宴招待王叔钧。王叔钧原是社会教育司第二科科长,调任四川教育厅长后又转为教育部编审员,同事用公费与之欢聚,其乐融融。

这一年之后,教育部的例行茶话会走向没落。1917年的元旦,鲁迅在故乡绍兴度过。1918年1月4日,鲁迅"上午赴部茶话会",当天,他在写给许寿裳的信中讽刺时任教育总长的傅增湘向部员集体拜年的情形,称其为"女官公","厌厌无生气"。1919年后,日记中再无此类记录,教育部官办的迎新茶话会就此告终。

沪上美食风景

——鲁迅光顾过的上海餐馆

鲁迅56年的人生，最后9年在上海度过。

1927年10月3日，鲁迅和许广平到上海，第一天即往北新书局访李小峰，并柬邀三弟周建人，往陶乐春夜餐。陶乐春是鲁迅在上海光顾的第一家餐馆。

鲁迅在租界林立的上海滩，选择住在日本人密集的虹口区，是很耐人寻味的一件事。陈丹青认为，鲁迅选择上海居住是综合考虑，但内心并不快乐，比如他写于这一时期的杂文集《且介亭文集》，"且介"就是取"租界"两字各半拼成，颇有苦味自况的寓意。

上海时期的鲁迅已是文坛明星，收入高，应酬广，朋友多，还组织了"左联"，饭局自然很多。加之上海地处长江口，是各种美食汇集之地，恰好满足了鲁迅的胃口。于是，上海的很多知名餐馆都留下了这位文豪的足迹。

笔者依据鲁迅日记统计，这9年间，鲁迅先后光顾的餐馆，有记载的至少75家。具体情况如下——

去过3次及以上的有：

东亚食堂37次（其中竟有连续6次前往的记录）；中有天19次；新雅（新亚、新亚茶室、新亚公司、新雅酒楼、兴亚、兴雅）14次；知味观8次（其中一次来寓治馔，另有知味轩2次，无法判断是否属同一酒家）；陶乐春7次；梁国6次（含致美楼，其中一次来寓治馔）；新半斋5次；言茂源4次；万云楼4次；功德林4次；东亚饭店（东亚酒店）3次；南京路饭店（南京饭店、南京酒家）3次；聚丰楼（聚丰园）3次。

去过2次的有：

俄国饭店、兴华酒楼、刘三记、悦宾楼、古益轩、花园庄、同宝泰、会宾楼、乍孙诺夫店、鸿运楼、冠生园、觉林等。

去过1次的有：

五马路川味饭店、美丽川菜馆、川久料理店、大中华、中央研究院食堂、中华饭店、消闲别墅、爵禄饭店、中西食堂、特色酒家、荷兰西菜室、日本饭馆、日本酒店、南越酒家、麦瑞饭店、冠珍酒家、南云楼、全家福、六合馆、共乐春、东兴楼、鼎兴楼、华兴楼、青莲阁、大三元、大雅楼、四如春、四而斋、五芳斋、六三园、杏花楼、明湖春、陶陶居、宴宾楼、新月亭、来青阁、天一楼、都益处、沪江春、快活林、陆羽居、粤店、如园、味雅、良如、桥香、梅园、盛福等。

此外还次数不等往朋友家里吃饭，比如，分别去过内山完造、西谛（郑振铎）、曹聚仁、林语堂、胡风、宋庆龄、李小峰等人的家里吃饭。

鲁迅在上海9年，其间只离开过3次，其中一次往杭州，两次赴北京，其他时间都在上海。日记中所记述的饭局，个别无法确认地点，如许寿裳的长女世瑮与姚君结婚观礼的地方就无法确定。还有一些喝茶、喝咖啡、喝冷饮的活动算不得正餐，如在奥斯台黎饮咖啡、Astoria饮茶、ABC茶店饮茶、北冰洋冰店饮刨冰等，均未计入内。

1936年6月5日鲁迅记："自此以后，日渐委顿，终至艰于起坐，遂不复记。其间一时颇虞奄忽，但竟渐愈，稍能坐立诵读，至今则可略作数十字矣。但日记是否以明日始，则近颇懒散，未能定也。六月三十下午大热时志。"从此没有外出吃过饭。

东亚食堂是鲁迅在上海去得最多的饭馆，第一次去是1927年10月24日，当晚许寿裳来，鲁迅就邀三弟及广平同至东亚食堂夜饭。此后每临时动议外出吃饭，东亚食堂均是首选。可见东亚食堂距离鲁迅住处较近，无论午餐、晚餐都便于前往。因资料缺乏，笔者臆测该处既有价廉物美的大排档，又可治馔请客，如1928年1月19日，"午陈望道招饮于东亚食堂，与三弟同往，阖席八人"。

知味观杭菜馆是鲁迅在上海期间非常重视的菜馆，有重要招待都亲往知味观订菜，或者去饭店吃，或者请厨师来寓治馔。

知味观最早是孙翼斋先生于1913年在杭州创建的，生意清淡时，孙翼斋对自己的点心还是很自信，就写了"欲知我味，观料便知"八个大字贴在门楣上，顾客好奇，蜂拥而至，生意日渐兴隆。早期以经营各式名点为主，辅以杭州名菜的经营，"幸福双""猫耳朵""西施舌"等成为菜馆的传统名点。上海知味观于

1930年开业，原设于芝罘路西藏路口，后迁至福建路南京路口，由杭州老板及名厨创办，以经营正宗的杭州风味为特色，拿手菜有西湖醋鱼、东坡肉、叫化鸡、西湖莼菜汤等。其中的西湖醋鱼也是蒋介石非常喜欢的菜。

上海知味观被老上海称作"海上杭帮第一家"，其历史上最引以为自豪的事情就是和鲁迅的交集。

1932年6月30日，鲁迅第一次前往知味观，但不是去吃饭，而是去提前订菜，可见有重要接待。7月3日是星期天，当晚，鲁迅在知味观设筵宴客，坐中为山本初枝夫人、坪井芳治、清水登之、栗原猷彦、镰田寿及诚一，内山完造及其夫人，并广平共十人。这是鲁迅和许广平在知味观设宴为山本初枝夫人饯行。

山本初枝（1898—1966）是日本进步女歌人，著名短歌作者，在内山书店与鲁迅相识。1931年5月31日，山本初枝的名字首次出现在鲁迅日记里："山本夫人赠海婴以奈良人形一合。"此后，鲁迅家与山本家的接触渐多。6月2日，内山完造在功德林宴请亲友，鲁迅和山本初枝都应邀出席。1932年"一·二八"事变爆发，鲁迅一家和山本初枝母子都到内山书店楼上避难，他们在一起朝夕相处了一个星期。2月6日，鲁迅一家转移到英租界的内山书店分店避难，山本初枝则返回日本。2月底，山本初枝写信给鲁迅问安，在得到鲁迅报平安的回信后，她写了一首短歌，其中有句云："战火分离各东西，鲁迅无恙心欢喜。"1932年6月，山本初枝丈夫山本正雄所在的日清汽船公司解散，山本正雄决定迁回日本，山本初枝就来上海处理搬迁事宜。7月3日，鲁迅在知味观设筵宴客正是为山本初枝送行。

晚宴两天后的7月5日，山本初枝向鲁迅辞行，赠海婴脚踏车一辆，并向鲁迅求字留念。鲁迅后来写了两幅书法，委托内山完造转寄给山本初枝。一幅是《一·二八战后作》："战云暂敛残春在，重炮清歌两寂然。我亦无诗送归棹，但从心底祝平安。"另一幅是著名的《无题》："惯于长夜过春时，挈妇将雏鬓有丝。梦里依稀慈母泪，城头变幻大王旗。忍看朋辈成新鬼，怒向刀丛觅小诗。吟罢低眉无写处，月光如水照缁衣。"

自此，每逢有亲友来沪，鲁迅总喜欢在知味观设宴招待。鲁迅日记载，从1932到1934年三年间，他8次光顾知味观。

鲁迅有连续两天在知味观请客的经历。1933年，鲁迅寓所搬到上海山阴路大陆新村9号不久，为答谢友人的帮助，4月19日，他冒雨亲自前往知味观订座，下午发请柬。22日晚，他在知味观招诸友人夜饭，坐中有茅盾、姚克、郁达夫等共十二人。鲁迅亲笔书写的邀请姚克出席宴会的请帖，至今还完整地保存着。这张请帖是知味观所制，非常精美。第二天是23日，星期天，晚上他又在知味观设宴，"邀客夜饭，为秋田、须藤、滨之上、莒，坪井学士及其夫人并二孩子，伊藤、小岛、镰田及其夫人并二孩子及诚一，内山及其夫人，广平及海婴，共二十人"。

1933年10月23日，鲁迅又一次在知味观请客，日记云："在知味观设宴，请福民医院院长及吉田、高桥二君，会计古屋君夜饭，谢其治愈协和次子也，并邀高山、高桥及内山君，共八人。"福民医院不仅是鲁迅一家经常看病的医院，也是海婴出生的医院，更是在他的推荐下帮助朋友治病的医院。这次宴请日本福民医院院长，是感谢其为张协和之子治好了病。因为这一年夏，鲁迅早年的同学、同事张协和的次子生病，鲁迅不仅托内山完造介绍他住进福民医院，并为其支付了所有医疗费用：7月28日"为协和付其次子在福民医院手术及住院费百五十二元"；9月7日"下午为协和次子付福民医院费二百元八角"。查《鲁迅日记》，直至鲁迅逝世，未见日记中提及张协和向其还钱。鲁迅之为朋友两肋插刀足见一斑。

席间，鲁迅亲自点了叫化鸡、西湖莼菜汤等杭州名菜，还特别向客人介绍了叫化鸡的来历和做法。

知味观叫化鸡的标准做法：采用1500克左右的母鸡为原料，腹中藏有虾仁、火腿等辅料，鸡身用网油包住，外裹荷叶，再用酒瓮泥涂抹，然后上火烧烤三四小时。食用时敲掉泥块，整鸡上桌，色泽金黄，香气扑鼻，举箸入口，肉质酥嫩，味鲜异常。

据说鲁迅的介绍引起了日本朋友极大的兴趣。福民医院院长回国后，在日本广泛宣传杭州菜中的叫化鸡、西湖醋鱼，这些菜肴在日本影响深远。20世纪80年代初期，"日本中国料理代表团"和"日本主妇之友"成员来沪访问时，还指名要到知味观品尝叫化鸡和西湖醋鱼等名菜。（香港《大公报》林炜文）

河南菜也是鲁迅喜欢的菜品，在北京的时候，鲁迅就经常去豫菜名店厚德福。到上海后，又发现了新的豫菜名楼——梁园致美楼。此酒楼实际上是河南菜和北京宫廷菜结合的菜馆，以河南菜为主，由河南开封人岳秀坤等创办，1920年开业，原设于汉口路云南中路口，1980年迁至九江路浙江路附近，以特色的熘鱼焙面、烧托豆腐、干炸鱼带网、陈煮鱼及炸核桃腰等上百道经典豫菜闻名上海滩。鲁迅在上海的最后9年间，最重视的两家饭馆，除了家乡风味的知味观，就是这家豫菜馆子梁园致美楼。

据笔者统计，1934到1935年，鲁迅曾6次在梁园请吃或吃请（含致美楼，其中一次来寓治馔）。有学者认为名人是菜馆最好的广告，鲁迅是沪上名人，到梁园吃饭，"很得老板照顾，甚至上门给鲁迅做家宴"。这是不确的。鲁迅自然是名人，但老板未必就此照顾过他，梁园豫菜馆来寓治馔，是因为鲁迅提前两天已到该馆预订了厨师和菜品，属于该馆上门服务的一项业务，是需要付费的，且换作任何人，只要肯出钱，都能得到该项服务，并不能据此认为鲁迅在上海饮食界影响多么广大。梁园老板或许毫不认识鲁迅亦未可知，倒是他们的后人，将鲁迅当作了梁园的金字招牌，就像朗廷酒店之利用王尔德、丘吉尔等。

1934年12月19日，鲁迅在梁园请客。他非常重视这顿饭，先一天亲往豫菜馆订菜，当天，"晚在梁园邀客饭，谷非夫妇未至，到者萧军夫妇、耳耶夫妇、阿紫、仲方及广平、海婴"。这是宴请刚到上海的萧红萧军夫妇。耳耶即聂绀弩。席间，鲁迅给二萧介绍了在座的茅盾、聂绀弩、胡风、叶紫等左翼作家。不久，"奴隶社"成立，"奴隶丛书"出版，足见这次饭局的非同寻常。

扒猴头是梁园最出名的菜，也是河南名菜，与熊掌、海参、鱼翅并称，鲁迅很喜欢这道菜。鲁迅的好友，著名翻译家、散文家曹靖华就曾从老家河南省卢氏县送猴头菇给鲁迅。1936年8月25日鲁迅日记云："午后靖华寄赠猴头菌四枚，羊肚菌一盒、灵宝枣二升。"都是河南特产。8月27日鲁迅回信给曹靖华:"猴头闻所未闻,诚为尊品,拟俟有客时食之。"之后又给曹靖华回了一封信,大意说猴头菌的味道与一般蘑菇味道不同,南边人简直不知道这个名字。他在书信中还提到:"但我想如经植物学家或农学家研究,也许有法培养。"40多年后,1979年浙江某微生物厂以金刚刺的残渣为培养基,用上海市食用菌研究所驯化的猴头菌种选育出生产周期短、产量高的99号菌株,打入国内外市场。曹靖华很感慨,曾专门撰文说鲁迅的愿望实现了。

功德林是鲁迅在上海期间去过多次的一家饭庄,淮扬风味,由杭州城隍山常寂寺维均法师的弟子赵云韶于1922年创立于上海,鲁迅、柳亚子、沈钧儒、邹韬奋、黄炎培等均为该店常客。饭庄原设于北京东路贵州路口,1932年迁至黄河路南京西路附近,以办佛事和素菜为特色,主要名菜有五香烤麸、功德火腿、素蟹粉、白汁芦笋、罗汉菜等。

鲁迅先后在功德林吃过四次饭。另外,有资料称,1933年萧伯纳来上海访问,宋庆龄在家里宴请他,鲁迅等人出席,吃的也是功德林的素食。

功德林是一家素菜馆,但有趣的是,菜品以素仿荤。鲁迅很不喜欢功德林用豆制品制成的足以乱真的素肉、素鸡、素鱼等,他认为这是饭店借吃素人心中念念不忘吃荤的虚伪,开发出的变异的菜式。

以菜品为材料,居然也能顺手做国民性的剖析,鲁迅大矣哉。

下卷：分部

饯别蔡元培

——肴膳皆素

时间：1912年7月22日

地点：北京陈公猛家

与席：陈公猛、鲁迅、蔡元培、蔡谷卿、俞英厓、

王叔眉、许寿裳等

鲁迅日记1912年7月22日云："晚饮于陈公猛家，为蔡孑民饯别也，此外为蔡谷青（卿）、俞英厓、王叔眉、季市及余，肴膳皆素。"

坐中陈公猛曾在日本早稻田学校攻读经济，民国初年任财政部公债司司长、钱币司司长，1915年任中国银行副总裁、代理总裁，与鲁迅同乡而又同时留学日本，订交既早，相知又深。蔡谷卿是蔡元培之从弟，光复会会员，与鲁迅同期留日，回国后授法科举人，1912年5月与鲁迅等自绍兴至北京。俞英厓时为吉林延吉县长，因事到北京时认识鲁迅。王叔眉（梅）师爷出身，绍兴名流，稍有资产，曾资助革命党活动，经蔡元培介绍，加入中

国同盟会。季市即许寿裳，教育部普通教育司司长，兼任北京大学、北京高等师范学校教授。出席当日饭局者，均为原绍兴籍光复会会员、中国同盟会会员。

蔡元培（1868—1940），字鹤卿，号子民，浙江绍兴人。光绪年间进士，1892年授翰林院庶吉士，1904年组织光复会，任会长，次年加入同盟会。曾数度留学欧洲。1912年出任中华民国首任教育总长，推行教育改革。1916年任北京大学校长，革新北大，开"学术"与"自由"之风。后担任南京国民政府常务委员、大学院院长、监察院院长、中央研究院院长等职。

鲁迅与蔡元培的关系很微妙，是现代文学史上一个有趣的话题。

蔡元培和鲁迅是绍兴同乡，前者比后者大13岁。从某种意义上讲，身为朝廷翰林院学士的蔡元培是后学鲁迅的师长和伯乐，身为教育总长或北京大学校长的蔡元培则是鲁迅的上级。1912年，蔡元培被孙中山力荐为中华民国首任教育总长后，便开始延揽人才。蔡元培对推荐鲁迅的许寿裳说："我久慕其名，正拟驰函延请，现在就托先生代函敦劝，早日来京。"鲁迅从绍兴进教育部后，二人由此结识、订交。鲁迅在致蔡元培的信中，总是恭敬地起于"鹤廎先生左右"，收于"专此敬请道安"，署以"晚周树人谨上"，不敢有一丝一毫马虎。鲁迅被聘为教育部佥事、社会教育司第一科科长，主管科学、美术馆、博物院、图书馆、音乐会、演艺会等事宜。虽然鲁迅在那里上班的最初感受是"枯坐终日，极无聊赖"，但是，在蔡元培的提携下，鲁迅开始了他14年的公务员生涯，这在他的一生中非常重要，倘若"没有沉沦官场的自我省察，没有憔悴京华的人生洞悉，更重要的是，如若没有绝望心情下的魏晋感受，没有勃兴于北京的新文化思潮的托举，没有亦官亦教的双栖经历，就不会有狂人的一声凄厉，又何来《彷徨》的复杂心态，在心灵的废园里将难见疯长的《野草》，更不要提《中国小说史略》。尤其不堪设想的是，文学热情一旦退潮，透支的沙滩上会留下些什么，就怕是什么也不能生长，什么也不可建造"（吴海勇《时为公务员的鲁迅》）。鲁迅借此触摸到了生活的质地。可以说，没有蔡元培的提携，鲁迅的人生也许就得改写。无论在行政隶属关系上，还是在人情世故上，后学鲁迅都有责任有义务为蔡元培效力。

鲁迅为蔡元培出的最大一份力，是受托设计了北京大学的校徽。

北京大学是国内最早设计校徽的大学，这与其悠久的历史和掌舵者的文化抱负不无关系。创立于1898年的北京大学初名京师大学堂，是中国近代史上的第一所大学。1916年12月，蔡元培出任北京大学校长，第二年，即出面请鲁迅设计北大校徽。

1917年的鲁迅和陈独秀、胡适等人相比完全是两种状态，他每天到教育部上班，下班后便躲在绍兴会馆的补树书屋抄写古碑。接受蔡元培委托后，鲁迅便着手设计北大校徽，并于8月7日"寄蔡先生信并所拟大学徽章"。

鲁迅设计的北大校徽造型是中国传统的瓦当形象，简洁的轮廓给人现代的感觉。"北大"两个篆字上下排列，上部的"北"

鲁迅设计的北大校徽

字是背对背侧立的两个人像，下部的"大"字是一个正面站立的人像，有如一人背负二人，构成了"三人成众"的意象，给人以"北大人肩负着开启民智的重任"的想象。徽章用中国印章的格式构图，笔锋圆润，笔画安排均匀合理，排列整齐统一，线条流畅规整，整个造型结构紧凑、明快有力、蕴涵丰富、简洁大气，透出浓厚的书卷气和文人风格。同时，"北大"二字还有"脊梁"的象征意义。鲁迅用"北大"两个字做成了一具形象的脊梁骨，借此希望北京大学毕业生成为国家民主与进步的脊梁。

鲁迅设计的北大校徽被刘半农戏称作"哭脸校徽"，但鲁迅将校徽图样寄交蔡元培后即被北大采用，一直延续到1949年，后由于历史原因长期弃用，20世纪80年代又重新使用。2007年6月，北京大学发布《视觉形象识别系统管理手册》，正式推出修改后的北大校徽标识，这一标识正是在鲁迅设计的校徽图案基础上丰富和发展而来。

蔡元培托鲁迅设计校徽，是对其美术功底与美学主张的信任与首肯。鲁迅设计的北大校徽，突出了"以人为本"的理念，这正是"五四"前夜先进知识分子高举民主与科学大旗，对人的价值、尊严、个性与创造精神进行肯定与张扬的表现。

蔡元培是鲁迅的命中贵人，他无论是在教育部当教育总长，还是在北大当校长，都对浙系人才大力扶持和倚重，先是邀请鲁迅到教育部任职，后来又聘鲁迅在北京大学讲课。老二周作人在北大当文科教授，以及老三周建人在商务印书馆工作，也是蔡元培一手安排的。后来鲁迅离开厦门大学和广州中山大学，带着许广平到上海后，生计都成了问题，也是蔡元培向他伸出了救援之手。

但鲁迅与蔡元培思想上还是存在明显分歧。1926年，蔡元培当了国民党中央监察委员后，倡导"潜心研究与冷眼观察"，与胡适主张趋同，鲁迅在《无花的蔷薇》中点名批评这位"孑公"，并在给江绍原的信中说："其实，我和此公，气味不相投者也。民元之后，他所赏识者，袁希涛、蒋维乔辈，则十六年之顷，其所赏识者，也就可以类推了。"

这样的微词和怨言，很快就被事实击得粉碎。1927年12月，担任国民政府大学院院长的蔡元培主动给鲁迅送来一个大饭碗——中华民国大学院特约著述员，不用上班就可以拿到300元干薪，通过这种形式照顾鲁迅的生活。蔡元培曾在他的《我在教育界的经验》中说过："大学院时代，设特约著述员，聘国内在学术上有贡献而不兼有给职者，听其自由著作，每月酌送补助费。吴稚晖、李石曾、周豫才诸君皆受聘。"一年之后，蒋梦麟任教育部部长时，这一饭碗改名为"教育部编辑费"。

蔡元培主持大学院支付给鲁迅的这笔"补助费"长达四年又一个月，共计14700银圆，可谓一笔巨款。鲁迅正是靠这份补助费大量购书，并有余力资助革命互济会和左联等进步团体。

可能是出于对蔡元培关照的感激与追随，1933年1月6日，鲁迅和周建人兄弟双双加入由蔡元培、宋庆龄发起组织的中国民权保障同盟。

中秋招饮

——圆月寒光皎然如故乡焉

时间：1912年9月25日

地点：北京许铭伯家

与席：许铭伯、许寿裳、鲁迅

鲁迅日记1912年9月25日云："阴历中秋也。……晚铭伯、季市招饮，谈至十时返室，见圆月寒光皎然，如故乡焉，未知吾家仍以月饼祀之不。"

在鲁迅关于旧历中秋的日记中，感情色彩最浓的记录，便是这一条。这是鲁迅北上的第一个中秋，这一年，老母依然在绍兴，故乡远不可及。此时此刻，饮酒夜归，"见圆月寒光皎然，如故乡焉，未知吾家仍以月饼祀之不"，思乡之情，油然而生，令人泪奔。

坐中许铭伯（1867—1921），名寿昌，字铭伯，浙江绍兴人，许寿裳的长兄，曾任财政部佥事、盐务署会办等职。鲁迅1912年5月5日到北京，宿于长发店，当夜便"至山会邑馆访许铭伯先生，得《越中先贤祠目》一册"，在许铭伯的安排下，次日便移入山会邑馆。由于是老乡，又是兄长，鲁迅与之过从甚密，特别是每逢节日，许铭伯均要邀其吃饭或"致肴二品"，共叙乡情。

坐中季市，即许寿裳（1883—1948），字季茀，浙江绍兴人。传记作家、教育家，许铭伯的弟弟，鲁迅在教育部的同事和至交。

这天是阴历中秋，许氏兄弟招饮，以共泯思乡之情。

鲁迅是深刻思念故乡的。他的思乡成果，就是1926年所写的10篇回忆散文，最后由北京未名社结集，以《朝花夕拾》之名出版。陈丹青称《朝花夕拾》中的文字"温润出神"。这些文字，确实带着含泪的微笑，如琥珀一般晶莹剔透，心情的纹路都显示得一清二楚。只有写这些文字时，鲁迅才从峻急犀利和淳厚沉郁中走出来，显示出了客子的身份。

但鲁迅对于故乡的感情，在此后数年中经历着非常微妙的变化，及至后期，特别是母亲随他离开故乡后，鲁迅与绍兴，几乎到了交恶的地步。（见本书《传叔祖母治馔饯行》一文）

1917年中秋，鲁迅在京城绍兴会馆与友人聚，当天的日记写道："烹鹜沽酒作夕餐，玄同饭后去。月色极佳……"读来亦令人神往。

许铭伯、许季市兄弟与鲁迅多年交情甚笃，经常给鲁迅送食物，中秋节尤其如此。1914年中秋节，"许季市贻烹鹜一器"。1915年中秋节，"晚季市致鹜一器，与工四百文。夜月出"，这一年照例是吃了一只鸭子。1918年中秋节，"晚铭伯先生送食物二器"。1919年中秋节，"晚铭伯先生送肴二品"。

1930年中秋节，"煮一鸭及火腿，治面邀平甫、雪峰及其夫人于夜间同食"。

鲁迅日记里的中秋，多次出现烹鹜（也就是食鸭）的记载，秋日鸭肥，中秋食鸭是多地风俗，鸭的做法也多，如川西地区的烟熏鸭子，南京的桂花鸭，福建的槟榔芋烧鸭，南通的八宝鸭子，台湾的高雄鸭，成都的卤鸭子，等等。从时令来讲，每年中秋前后，盐水鸭色味最佳，这是因为鸭在桂花盛开季节制作，鸭肉会带有桂花的香气，故美其名曰"桂花鸭"。《白门食谱》载："金陵八月时期，盐水鸭最著名，人人以为肉内有桂花香也。"

中秋期间吃鸭子，无论是清爽可口的盐水鸭，脆香美味的烤鸭，浓油赤酱的酱鸭，还是鲜美的八宝鸭，都深受人们喜爱。鸭属水禽，鸭肉性寒凉，具有滋阴养胃、清肺补血、利水消肿的功效，可补内虚，消毒热。秋季吃鸭肉，可消除秋燥。鲁迅至少四次在中秋节期间吃鸭肉，两次是许氏兄弟关照赠送，两次是自己烹煮，足见其对节令的重视。

1931年中秋节，鲁迅在日记中写道："传是旧历中秋也，月色甚佳，遂同广平访蕴如及三弟，谈至十一时方归。"鲁迅携夫人在中秋之夜走亲访友，谈兴甚浓，兄弟情谊可见。

1934年中秋节，鲁迅发表在《中华日报·动向》上的《中秋二愿》披露了自己的两个心愿：一、从此不再胡乱和别人攀亲；二、从此眼光离开脐下三寸。这是对当时文坛用"性"做卖点的反击。

1936年的中秋节是9月30日，也是鲁迅的最后一个中秋节。其时鲁迅的病情已经很重，距他逝世只有20天时间了。当天他抱病校对完《海上述林》下卷的书稿，又写信、撰文，还接待了不少来客。这一天他"似发微热"，对于月亮只字未提。忆及1912年"圆月寒光皎然，如故乡焉，未知吾家仍以月饼祀之不"的思乡之情，不禁使人怅然若失！

劝业场之聚

——闽肴不甚适口

时间：1912年9月27日

地点：北京劝业场之小有天

与席：董恂士、钱稻孙、许季黻、鲁迅

鲁迅日记1912年9月27日云："晚饮于劝业场上之小有天，董恂士、钱稻孙、许季黻在坐，肴皆闽式，不甚适口，有所谓红糟者亦不美也。"

劝业场，又叫劝工场，为清末民初京城首幢大型综合商业楼，始建于1905年，在正阳门西南侧，前门在廊房头条，后门在西河沿，主要以经营商业百货为主。

有关劝业场及小有天饭馆，邓云乡先生在其所著《鲁迅与北京风土》一书中有一段介绍，基本交代清楚了有关情况：

这是专门卖福建菜的，肴皆闽式，而非"南式"，店名"小有天"，是借重当时上海名菜馆小有天的招牌。上海当时的小有天因清道人李梅庵的妙联"道道无常道，天天小有天"而名闻遐迩。而劝业场的小有天，自然是小巫见大巫了。不过它在当时的北京也出过点小风头，也算劝业场的一家名店了。劝业场是一家西式建筑的商场，前门在廊房头条，后门在西河沿，当时新建起来没有多少年。这一带原来的房舍是庚子（1900）义和团烧大栅栏老德记药房时连带着全部烧光了的。重建起来的三层楼商场，一楼是鞋帽百货等各种铺子，二楼、三楼是照相馆、镶牙馆、台球房、茶楼、饭馆等。小有天地方并不大，虽然红糟不对先生的口味，但却另外有些名菜，如炒胘肝、高丽虾仁等，的确是不错的，因而欣赏者还是大有人在，经常在这里举行宴会。

（邓云乡《鲁迅与北京风土》）

坐中董恂士（1877—1916）时任教育部秘书长、次长，钱稻孙（1887—1966）1912年在教育部工作，与鲁迅、许寿裳交往密切，许季黻即许寿裳（1883—1948），是鲁迅、周作人的同学、至交。四人都是浙江人氏，在教育部共事。其中董恂士是领导。鲁迅、钱稻孙、许寿裳三人职位相当，交情莫逆。1912年8月，鲁迅、钱稻孙、许寿裳被时任中华民国临时大总统的袁世凯指定研拟国徽图案，3人合作设计图样，钱稻孙画出图例，鲁迅执笔说明书，8月28日完成，1913年2月发表。

这次饮酒，属日常聚会，并无专门主题。唯其如此，更显出浙江籍学人日常交游之紧密。

小有天是福建饭馆，但鲁迅并不喜欢闽式饭馆，说它"肴皆闽式，不甚适口，有所谓红糟者亦不美也"。红糟产于福建，在红曲酒制造的最后阶段，将发酵完成的衍生物，经过筛滤出酒后剩下的渣滓就是酒糟（即红糟），经人们"废物利用"做成食品添加物。红糟一直是江南人氏调制红糟肉、红糟鳗、红糟鸡、苏式酱鸭、红糟蛋及红糟泡菜等食品的原料，有难能可贵的天然红色素，以隔年陈糟、色泽鲜红、具有浓郁的酒香味为佳，具有降低胆固醇、降血压、降血糖及防癌等特殊功能。

小有天饭馆虽然并不起眼，闽肴对鲁迅来说也不可口，但教育部社会教育司同人似乎比较青睐此地。

鲁迅日记载，1913年4月27日，"晚社会教育司同人公宴冀君贡泉于劝业场小有天饭馆，会者十人"。

1914年1月2日，"晚五时教育部社会教育司同人公宴于劝业场小有天，稻孙亦至，共十人，惟许季上、胡子方以事未至"。

小有天之外，鲁迅还在劝业场玉楼春饭店吃饭、广福楼饮茗：1915年1月16日，"晚约伍仲文、毛子龙、谭君陆、张协和五人共宴刘济舟于劝业场玉楼春饭店"；1913年12月27日，"午后往交通银行为社会教育司存款。遇季市、协和，遂同赴劝业场广福楼饮茗，将晚散出"。

劝业场是综合市场，除了吃饭，鲁迅还常往此处理发、买书、买古玩。如，1912年11月30日，"购景泰窑磁瓶一双，文采为双龙云物及花叶，皆中国古式，价银五元"。另外的时间，还买过两个不倒翁、牙粉、肥皂等物，并且访得章太炎先生著

《文始》一册，银一元五角。《文始》一书"总集字学、音学之大成"，不仅开创了科学的汉语字源学，而且也是其音韵研究成果的集中体现和综合运用，是章氏音韵研究的代表之作。太炎自谓《文始》"一字千金"，弟子黄侃譬之梵教"最后了义"。鲁迅去劝业场访得此书，说明劝业场书市还是极有品位。

一个有意思的现象是，鲁迅对与福建有关的人事物似乎总有一些看法。他不喜欢福建菜，对住在绍兴会馆附近的闽客没有好感，及至到厦门任教，那种冲突更是直接暴露了出来。

鲁迅对厦门的第一印象很不好。富人居住的市区，到处是洋房别墅、酒吧菜馆，而郊外及居民区野草丛生、荒坟累累。鲁迅引用来过厦门的一个荷兰人的话说："中国全国就是一个大墓场。"鲁迅曾到学校后山的丛冢中留影数张，把自己描绘为"在草木丛中，坐在一个洋灰的坟的祭桌上，像一个皇帝"。

鲁迅对厦门人的印象也不好，说厦门"大概因为和南洋相距太近之故罢，此地实在太斤斤于银钱，'某人多少钱一月'等等的话，谈话中常听见"。因为鲁迅"没有一点架子，也没有一点派头，也没有一点客气，衣服也随便，铺盖也随便，说话也不装腔作势"，这使得他经常遭到一些势利的厦门人的冷眼，就连中国银行的职员为他支取400大洋薪水的汇款单时，都怀疑汇款单的真假。

鲁迅对厦门大学的印象更是十分糟糕，在给许广平的信中形容厦门大学是"硬将一排洋房，摆在荒岛海边上"。

当时厦门大学的校长是林文庆，教授们"唯校长的喜怒是

厦门大学鲁迅纪念馆（作者摄于2011年12月21日）

伺"，"盛行妾妇之道，'学者'屈膝于银子面前之丑态，真是好看，然而难受"（鲁迅致韦素园信），这都让鲁迅无法接受。他和林文庆的矛盾很快公开化，在厦门大学任教三个多月后，鲁迅终于不堪排挤和打击，于1927年1月离开厦门。

对福建人事物的许多不良印象沉淀到一定程度，8年后，鲁迅居然写了一篇只有三句话的杂文，集中讽刺福建人氏，这在鲁迅个人论战史上是十分罕见的。

这篇文章就是1935年4月20日以"越山"的笔名发表在《太白》半月刊第二卷第三期"掂斤簸两"栏的杂文《"天生蛮性"》，全文是：

> "天生蛮性"
>
> ——为"江浙人"所不懂的
>
>
> 辜鸿铭先生赞小脚；
>
> 郑孝胥先生讲王道；
>
> 林语堂先生谈性灵。

无论是前清遗老辜鸿铭，还是伪满总理郑孝胥，或者天生蛮性林语堂，此处并列，不无讽刺、鄙夷。鲁迅的这一态度，当然反映着他一贯的战斗文风，但从他刻意归纳和放大闽人的"天生蛮性"可知，似乎也有一些与自己经历相关的地域偏见在里头。

乡党同席

——略涉麻溪坝事

时间：1913年3月24日

地点：北京厚德福

与席：何燮侯、马幼舆、陈于龛、鲁迅、王幼山、
王叔梅、蔡谷青（卿）、许季市

1913年3月24日鲁迅日记云："晚何燮侯招饮于厚德福，同席马幼舆、陈于龛、王幼山、王叔梅、蔡谷青、许季市，略涉麻溪坝事。"

何燮侯（1878—1961），浙江诸暨人，是中国教育史上享有卓越声誉的伟大教育家，第二任北京大学校长。但在蔡元培、严复、马寅初、蒋梦麟等历任校长的盛名笼罩下，何燮侯的大名一直不为世人所知。

何燮侯1905年毕业于日本东京帝国大学工科采矿冶金系，获工学学士学位，是第一位在日本大学毕业的中国留学生。1912年5月，京师大学堂复学并更名为国立北京大学，12月，何燮

侯因筹办京师大学堂有年，熟悉大学事务，受命接任北京大学校长。但由于与教育总长产生分歧，又不满袁世凯政权的独裁，1913年11月，何燏侯辞去北京大学校长一职，回诸暨枫桥花明泉老家隐居，北大校长由胡仁源接任。

何燏侯担任北大校长时，正值北大逐步走向正规大学的关键时期，设置学科、兴建校舍、筹集经费、整顿风纪、改革学制、保全学校，都需要何燏侯奔走出力。何燏侯此间以校长之力，延揽了许多人才到北大任教，为后来北大广开民主校风埋下了伏笔。据沈尹默回忆，他与马裕藻、沈兼士、钱玄同，都是由何燏侯与胡仁源延揽进入北大的。同时，何燏侯自律甚严，廉洁奉公，在旧式官场中极为难能可贵。

何燏侯与鲁迅相识，应在日本留学期间。

何燏侯是中国派遣的首批留日学生，他以浙江"求是书院"（浙江大学的前身）高才生的身份，于1898年4月到达日本。鲁迅比何燏侯小3岁，东渡日本的时间是1902年4月，比何燏侯晚4年。

1912年5月，鲁迅随教育部迁往北京，任教育部社会教育司第二科科长，从此便与何燏侯有了来往，最早的一条记录见于鲁迅日记1912年5月12日。这一天是星期天，何燏侯上门拜访日本留学时的同学加老乡。鲁迅日记载："星期休息。午前何燏侯来，午后去……"同年8月31日，董恂士招饮，两人同时出席，鲁迅日记载："晚董恂士招饮于致美斋，同席者汤哲存、夏穗卿、何燏侯、张协和、钱稻孙、许季市。"

1912年12月，何燮侯担任北大校长后，虽然公务繁忙，但与浙江老乡仍保持着密切交往，不时"招饮"鲁迅诸人。除文中所述1913年3月24日的招饮外，同年8月18日，鲁迅从绍兴探亲回来不久，何燮侯便宴请了鲁迅等人："晚何燮侯以柬招饮于广和居，同席者吴雷川、汤尔和、张稼庭、王维忱、稻孙、季市。"有为鲁迅接风洗尘之意。二人不但相晤对饮，且有书信往来，可见情谊非同一般。

　　此次饭局，坐中几乎均为浙江人氏，故可以"略涉麻溪坝事"。

　　麻溪坝工程是一起由来已久的水利纠纷，是萧山与绍兴围绕麻溪坝废留而发生的，有着远及明朝的历史原因。

　　麻溪坝是明代浙江萧山的一大水利工程，位于进化镇鲁家桥村，始筑于明代成化年间，由当时的绍兴知府戴琥营筑土坝，截断麻溪之水，让坝外的麻溪水不再排流到西小江，而是向西排流到浦阳江流域。当时坝内为绍兴管辖，坝外为萧山管辖。

　　明弘治九年（1496）间，由于连日大雨，爆发了山洪，堤坝附近山体滑坡，洪水漫过堤坝，被溺死的村民有三百余人。这次大水灾，引发了萧山与山阴两地村民一场筑坝与废坝的激烈争论，但一直没有结果。

　　明万历年间，萧山知县刘会对坝的险要地段，用石块重修，并开霆洞，每到旱季，就通过霆洞把堤内之水引到堤外进行灌溉。这可谓是一种顾全两地冲突的折中办法，但仍然没有从根本上解决问题。清乾隆《萧山县志》对此加以赞颂："石坝（指麻溪坝）以内无江水冲入，悉成沃壤矣。迄今一百六十余年无小患者，皆麻溪坝之利。"可是山阴那边由于堤坝拦截，水患不断，一直主张废除堤坝。为此，明代儒学家、绍兴人刘宗周写下了《天乐水利图议》：上策，移麻溪坝至茅山；中策，扩麻溪坝下霪洞；下策，塞麻溪坝下霪洞。对此，有人持反对态度。

两地的争议，直到民国初年经多次呈请，还是议而不决。民国二年（1913）春夏之交，洪水大发，山阴境内田地房屋淹没，塘堤即将决口，附近村民忍无可忍，男女老幼扛着锄头铁耙掘坝。后来经乡贤汤寿潜出面调解，1914年才改建麻溪坝为桥，从而解决了自明朝中期以来400多年的两地水利纠纷，麻溪又重新归属了西小江水系。

何燮侯以北大校长身份于1913年3月24日在厚德福招饮鲁迅等人时，席中诸人虽然身在京华，却依然心系家乡水利工程，游子之情，可谓在焉。

厚德福创建于清光绪二十八年（1902），原址在前门外大栅栏街内，由一家创立于烟馆的"衍庆堂饭庄"易主而来，是北京第一家专做豫菜的饭馆，以"五味调和、质味各异、鲜香清淡、汤汁考究"等独特风味在晚清民初北京美食业占据一席之地。

厚德福的大股东是梁芝山，他是文学大师梁实秋的祖父，官至四品，从广东卸任回京后，投资创办了厚德福。

梁实秋在《雅舍谈吃》中多次谈到厚德福饭庄的逸闻和名菜、名点："厚德福饭庄开业之际，正逢帝制瓦崩，民国初建，在袁世凯当国之时，他喜欢用河南菜看待客，久而久之，一些官宦也投其所好，竞相效仿，使得厚德福名声鹊起，生意日盛。原有的、那不大的小二楼接待不了那接踵而来的食客，但是风水关系老址决不迁移，而且不换装修，一副古老简陋的样子数十年不变。为了扩充营业，先后在北平的城南游艺园、沈阳、长春、黑龙江、西安、青岛、上海、香港、重庆、北碚等处开设分号。陈掌柜手下高徒，一个个的派赴各地分号掌勺。这是厚德福的简史。"

文中的"陈掌柜"即厚德福的掌柜河南杞县人陈莲堂，对豫菜很有研究，能做一手地道正宗的豫菜。账房先生是他的同乡，姓苑，世人惯称苑二爷。

厚德福最拿手的菜是烹制熊掌，京城闻名，此外，还有铁锅蛋、两做鱼、核桃腰子、罗汉豆腐等。"铁锅蛋"是陈莲堂创制的名菜，又称"铁碗烧鸡蛋"，以鸡蛋、虾仁、海参丁等为原料，用特制的铁锅精心烹制而成，特点是味鲜、质嫩、香艳、可口，风味独特，堪称一绝，得到了广大顾客的青睐。河南籍人氏更把这里奉为美食的天堂，经常前来光顾。民国时，厚德福生意更加兴隆。民国十五年（1926），北京《晨报》曾这样介绍厚德福："京中豫菜馆之著名者为大栅栏之厚德福，菜以'两做鱼''瓦块鱼''红烧淡菜''鱿鱼卷''鱿鱼丝''拆骨肉''核桃腰子'；'盘子'以'酥鱼''酥海带''风干鸡'为佳。其面食因系自制，特细致。月饼亦有名……厚德福在项城东海当国时，京中汴人多，名誉益盛。所制月饼有枣泥、豆沙、玫瑰、火腿，味极佳，且能致远，与南方茶店所制者，迥不相同。"

文中"项城"指河南项城人袁世凯,"汴人"指河南人。

中原文化发达,河南人主持的厚德福具有非常浓厚的人文色彩,如有道菜名叫"杜甫茅屋鸡",得名于大诗人杜甫及其名诗《茅屋为秋风所破歌》;"司马怀府鸡"则与三国时河南怀府人氏司马懿有关;"鹿邑适量狗肉"来源于王莽追刘秀的传说;"包府玉带鸡"则是为赞颂包拯包青天清廉正直而起;等等。

厚德福还有卖元宵等小吃的传统,他们不仅在店堂里卖,而且把小吃摆在外面,派专人吆喝。厚德福的吆喝声非常悠长洪亮,能将声音传出老远。有一则故事,大约可以证明厚德福元宵名气之大。

袁世凯是河南项城人,也是厚德福的常客,得势后,经常把饭局开到厚德福,客观上照顾了该饭馆的生意。据传,"称帝"后的袁世凯有一次在大栅栏附近听见厚德福卖元宵,"元——宵,元——宵"的吆喝声却如同"袁——消,袁——消"。他勃然大怒,下令将厚德福卖元宵的人拘捕起来,还命令谁也不许再提"元宵"二字,将元宵的名字改为"汤圆"。

但历史的发展是有其规律的,不得人心的袁世凯不久被迫宣布"取消帝制",忧惧而亡。于是,一首歌谣在京城流行开来:"大总统,洪宪年,正月十五吃汤圆。汤圆、元宵一个娘,洪宪皇帝命不长。"

顾养吾招饮

——促成《炭画》出版

时间：1914年1月16日

地点：北京醉琼林

与席：鲁迅、钱稻孙、教育部许姓秘书、高等师范学堂董姓教授等

1914年1月16日鲁迅日记云："晚顾养吾招饮于醉琼林，以印二弟所译《炭画》事与文明书局总纂商榷也。其人为张景良，字师石，允代印，每册售去酬二成。同席又有钱稻孙，又一许姓，本部秘书，一董姓，大约是高等师范学堂教授也。"

顾养吾，清华学堂教师，曾与另外10位教员胡敦复、朱香晚、华绾言、吴在渊、顾珊臣、周润初、张季源、平海澜、赵师曾、郁少华等一起成立了"立达学社"，以研究学术、兴办学校为职志，清华学堂教务长胡敦复当选为社长。

顾养吾在鲁迅日记中只出现过两次，第一次是1913年12月8日，"顾养吾赠《统计一夕谈》一小本，稻孙绘画"。盖以其以

统计工作为业也。一本关于统计业务的书，却邀请中华民国国徽图案的绘画者钱稻孙配画，民国风雅于此可见。

这次饭局是顾养吾做东，介绍周作人翻译的《炭画》给文明书局总纂张景良，并且谈了一些出版的细节，比如，售出的每本书码洋的20%归出版社等。

文明书局是中国最早的出版机构之一，1902年由廉泉、俞复、丁宝书等集股创办，俞复任经理。书局初设上海南京路，后迁至福州路辰字354号，与商务印书馆毗邻。书局开办之初即出版《蒙学课本》七编，由丁宝书执笔，赵鸿雪绘图，杜嗣程缮写，有"书、画、文"三绝之称，是中国最早配有插图的小学教科书，在中国近代教科书出版史上有重要意义。商务印书馆成立之前，该局是中国近代编辑出版教科书最多的出版机构，所出笔记小说丛书《说库》(60册)、《清代笔记丛刊》(160册)、《笔记小说大观》(500册)等亦颇具影响。1932年并入中华书局，见证了中国近代出版业的兴起和繁荣，是近代教育和出版发展史上的一面镜子。

这次饭局之后，在鲁迅的运作下，周作人翻译的波兰显克微支中篇小说《炭画》由文明书局出版发行。此书书名由陈寅恪兄长陈衡恪题写。但鲁迅对这本书的印制质量不太满意，1914年4月27日日记云："午后稻孙持来文明书局所印《炭画》三十本，即以六本赠，校印纸墨俱不佳。"

《鲁迅全集》1981年版第十卷第472页在注释《炭画》时，注为"一九一四年四月北京文明书局出版"，此处"北京"应订正为"上海"。

周作人译介《炭画》不是偶然的。

1908年之前，中国以译介外国政治小说为主。1908年以后到新文化运动之前，言情、侦探小说使翻译文学的主流发生转变，显克微支的作品便在此时被介绍进国内，最早是1906年《绣像小说》第68和69期刊登的显克微支作品的第一个中文译本《灯台守》，接下来才是周作人和鲁迅对显克微支作品的翻译。

鲁迅和周作人于1909年在日本东京神田印刷所出版的《域外小说集》第一集和第二集中分别收入了显克微支的三篇小说——《乐人扬珂》《天使》和《灯台守》，其中除《灯台守》中的诗歌是由鲁迅翻译的，其他均为周作人所译。之后1921年上海群益书社重印版所增加的篇目中还有周作人翻译的显克微支作品《酋长》，接下来便是1914年上海文明书局出版的周作人译显克微支中篇小说《炭画》。

1906至1914年，在国内，周作人翻译显克微支作品数量最多。他本身是文学研究会的发起人之一，《语丝》周刊的创办人之一，所以他的翻译影响着中国文学史的书写。

《炭画》这篇小说写的是一个穷苦农民的年轻妻子如何为环境所迫，出卖自己的肉体以求她的丈夫得以免除兵役的故事。周作人想通过对《炭画》的翻译让中国民众能够面对现实，认清中国现状。在1921年重印版的《域外小说集》序中，鲁迅说："我们在日本留学时候，有一种茫漠的希望：以为文艺是可以转移性情，改造社会的。因为这意见，便自然而然地想到介绍外国新文学这一件事。"这是周氏兄弟翻译显克微支作品最主要的原因。

在《炭画》的序文中，周作人也说："因为我相信中国的村自治必定是一个羊头村无疑。"可见周作人期望通过翻译显克微支的作品来达到反映并改善中国现状的目的，因为他相信在当时中国与波兰的国情是颇为相似的。

周作人本是学海军的，对文学很少接近的机会，后来因为热心民族革命问题去听章太炎先生讲学，那时候章先生正鼓吹排满，他讲学也是为此。后来又因留心民族革命文学，便得到和弱小民族的文学接近的机缘，如芬兰、波兰、印度等国的，有些是描写国内的腐败情形，有些是描写亡国的惨痛，这些都对他影响很大。周作人也有如下论述："其时显克微支的历史小说《你往何处去》及《火与剑》三部作正风靡一世，勃阑兑思却说他的短篇更好，举出《炭画》为代表作，其次有《天使》与《灯台守》。我很高兴能够把这三篇与《乐人扬珂》以及《酋长》都翻译成中文……"可见，周作人选择翻译显克微支的中短篇小说有一部分原因是受了勃阑兑思的影响。

鲁迅对周作人翻译的影响不言自明。鲁迅期待通过《域外小说集》的出版激发民众的爱国热情，使民众勇于抵抗外邦强大势力的入侵。在各国作家中，鲁迅对显克微支又颇为推崇："因为所求的作品是叫喊和反抗，势必至于倾向了东欧，因此所看的俄国、波兰以及巴尔干诸小国作家的东西就特别多……记得当时最爱看的作者，是俄国的果戈里和波兰的显克微支。"

具体到日常翻译工作，鲁迅更是带了一个好头。周作人说："大概我那时候很是懒惰，住在伍舍里与鲁迅两个人，白天逼在一间六席的房子里，气闷得很，不想做工作，因此与鲁迅起过冲突，他老催促我译书，我却只是沉默的消极对付，有一天他突然愤激起来，挥起他的老拳，在我头上打上几下，便由许季弗（寿裳）赶来劝开了。"可见是鲁迅的督促催发了周作人。

但《炭画》的影响实事求是地讲并不大。这本书共印了一千本，但"光阴荏苒，七八个年头忽已过去，市面上《炭画》一书久已绝迹"（《关于》），这表明其销量并不如意。那时在民众的阅读经验中，短篇小说要么是情节流畅完整吸引人，要么是梁启超式的那种政治小说，周作人翻译的显克微支小说从写作手法上完全超出了民众的审美期待，读者的缺失必然导致市场的萎缩。《序》中还道："我看这写的译文，不但句子生硬，'诘屈聱牙'，而且也有极不行的地方，委实配不上再印。"这是周作人采用古文，推崇直译所造成的。"即使人名和地名，也是直接的音译，而不是改用中国人名地名，此外，他又加入著者小传，并把小说中的一些典故，加以括弧注解，一些不太重要的资料，以及'未译原文'，都录在书末的'杂识'中，这种种做法与较早时候的风尚很不相同"。这样不但导致读者的减少，也不符合国情和民情，必然会影响到译本的销量。

还有一个重要的原因是周氏兄弟当时都不出名。1914年，周树人只是教育部的一个普通科长，周作人仅仅是浙江省立第五高级中学的英文教员而已。所以，译本的销量不理想，也就可以理解了。

同陈师曾至益昌饭

——画是好的，印章也不坏

时间：1915年3月8日

地点：北京宣内大街益昌

与席：鲁迅、陈师曾、钱稻孙、汪书堂

1915年3月8日鲁迅日记云："午后同陈师曾、钱稻孙至益昌饭，汪书堂亦至。饭毕同游小市。"

益昌是一家番菜馆，即西餐馆，在宣内大街上，离教育部近，且比较干净，价钱也公道。这类馆子当时在北京并不多，有点洋派，"桌上总是雪白的台布，再摆上亮晶晶的刀叉，菜牌子上还要写两个外国字"（邓云乡《鲁迅与北京风土》）。

鲁迅第一次去益昌是1913年11月4日和钱稻孙去的，"食牛肉、面包，略饮酒"。此后又多次去，1914年3月26日又与钱稻孙去了，"约定自下星期起，每日往午食，每六日银一元五角"，因是西餐，比较考究，比在海天春包饭贵了五分钱。大概菜不错，鲁迅和同事还轮流请个小客，如1914年12月12日，"午后邀仲素、寿山、芦舲、季上至益昌饭"。又过了一周，"午同稻孙至益昌饭"。

鲁迅的饭局中，一般"同"是一齐去吃，各人出各人的钱，AA制；"邀"则是请客。

1915年的这次饭局，用了"同"字，可见是一顿费用自理的工作餐。

陈师曾（1876—1923），江西义宁人，名衡恪，字师曾，号槐堂。湖南巡抚陈宝箴之孙，诗人陈三立长子，陈寅恪之兄，"诗书画印"才擅四绝。

陈师曾与鲁迅是南京水师学堂的同学，东渡日本的同行，教育部的同事，两人有着深厚的友谊，鲁迅日记中陈师曾出现了75次之多。

1898年，22岁的陈师曾考入南京江南陆师学堂附设的矿务铁路学堂，和鲁迅成为同班同学。三年后，鲁迅、陈师曾于1902年同去日本东京弘文学院学习，鲁迅是公费，陈师曾是自费。东京弘文学院是一所专门为中国留学生补习日语的学校，鲁迅与陈师曾同住一个寝室。据室友沈瓞民记载："有时商量推敲文字，渴求新知；有时共抒雄图，志在光复；有时浊醪痛饮，高歌狂论。都算得风姿英发。"

1912年，应临时政府教育总长蔡元培的邀请，鲁迅赴南京任教育部部员，接着随教育部北抵北京，任金事兼社会教育司第一科科长。1914年，陈师曾也受聘到北京任教育部编审员，从此他们在一起共事了十年。陈师曾生于1876年，比鲁迅大五岁。

他们在教育部共事期间关系密切，但工作方面的合作似乎只有一次，即1914年6月2日，"与陈师曾就展览会诸品物选出赴巴拿马者饰之，尽一日"。这个展览会全名叫全国儿童艺术展览会，会址设在教育部礼堂等处，展出字画、刺绣、编织、玩具等，鲁迅作为社会教育司第一科科长，直接负责这项工作，展出期间还常到那里值班。展出结束之后，教育部派鲁迅、陈师曾等再次对展品进行审查，从中选出104种，参加为庆祝巴拿马运河建成而在美国旧金山举行的巴拿马太平洋万国博览。

鲁迅和陈师曾之间的私交，最多的是共同游览古玩市场，购买碑帖拓本、古钱币等。1914至1923年间，陈师曾和鲁迅先后17次一起"游小市""往留黎厂"（即琉璃厂），另有18次互赠文物。如鲁迅赠陈师曾《百喻经》一册，《建初摩厓》《永明造象》拓本各一份，《会稽故书杂集》一册，嵩岳石人顶上"马"字拓本一枚，"徂徕山摩厓"一份，《三老碑》一枚，《张奢碑》一枚，竟（镜）拓一枚等。陈师曾则赠鲁迅从泰山得来的三叶虫僵石一枚，文曰"周"的小铜印一枚，"'后子孙吉'专拓本二枚"，《爨龙颜碑》拓本一枚，印泥半合（盒），"古专拓片一束十八枚"，《强独乐为文王造象》新拓本一枚，"好大王陵专拓本一枚"等。

北京前期，鲁迅在抄古碑、辑故书、读佛经，而当时陈师曾的诗书画印俱佳，在社会上已经有了名气。

书法方面。鲁迅对陈师曾的书法是很重视的，早年在日本留学时，就请陈师曾给他和周作人翻译的《域外小说集》题写书名。那是1909年，周氏兄弟得到蒋抑卮的资助，在日本东京翻译出

鲁迅的印章

版了两册《域外小说集》。设计封面时，鲁迅引入了篆体。因为他认为"篆字圆折，还有图画的余痕"。为此，他特地找到同乡好友、著名书画家陈师曾题写了小篆书名，书名依照《说文解字》右起横写："或外小说亼。"书法显得圆润秀挺，下端标第几册，极优美。"或"是"域"字的篆书简体，"亼"是篆书"集"字。20世纪初，用文言文翻译的小说《域外小说集》的出版是一缕曙光，在鲁迅的文学事业及中国现代翻译史上均有十分重要的地位。胡适在《五十年来中国之文学》中说周氏兄弟译的《域外小说集》比林纾译的小说"确是高得多"，对此书在翻译史上地位的论述，显得平正而公允。

有时鲁迅也请陈师曾写对联，如1916年，"上午铭伯先生来觅人书寿联，携至部捕陈师曾写讫送去"。许铭伯是许寿裳的大哥，这天他让鲁迅找个人写副寿联，鲁迅就到单位逮着陈师曾让他写了送去。一个"捕"字，显示了他们之间亲密无间的关系。

绘画方面。陈师曾绘画的名声很大，鲁迅日记里赠画的记载也不少。周作人后来开玩笑说，师曾给鲁迅刻过好几块印章，也有几张画，"大家都想慢慢地再揩他的油"。许寿裳说过，"鲁迅的爱好艺术，自幼已然，爱看戏，爱描画；中年则研究汉代画像；晚年则提倡版画"。尽管鲁迅对传统的国画评价并不高，他不满于"古人作画，除山水花卉外，绝少画社会事件"，但还是十分喜欢陈师曾的画。当时北京大学校长蔡元培聘请鲁迅为中文系讲师，陈师曾也兼任北京高等师范学校、美术专门学校国画教授。鲁迅以1918年的白话文小说《狂人日记》开创了中国现代文学史新局面，陈师曾则在批评和纠正"美术革命"口号的偏颇和谬误，肯定文人画的价值，并响亮地提出文人画的四大要素：第一人品，第二学问，第三才情，第四思想。陈师曾的山水花卉，虽然学石涛、吴昌硕，但能博采众长为己所用，并将西洋画法融入自己的创作之中，因而他的画能自辟蹊径，卓尔成家，起到了开一代风气的作用，梁启超评之曰："陈师曾在现在美术界，可称第一人。"

鲁迅也向陈师曾索讨书画：1914年12月10日，"陈师曾为作山水四小帧，又允为作花卉也"。1915年2月2日，"午后陈师曾为作冬华四帧持来"。1915年4月8日，"托陈师曾写《会稽郡故书杂集》书衣一叶"。1921年1月10日，"午后从陈师曾索得画一帧"。1928年鲁迅出版《朝花夕拾》时，陈师曾已经去世，鲁迅给李霁野写信，托他在琉璃厂买几张花样不同的陈师曾的信笺，"我想选一张，自己写一个书名，就作为书面"（鲁迅致李霁野信），后因没有合适的，最后才使用了陶元庆设计的封面。

制印方面。鲁迅的很多印章如著名的"会稽周氏收藏""会稽周氏""俟堂"等，都是请陈师曾所制，有时也支付报酬。

1915年8月11日，"师曾为二弟刻名印一，放专文，酬二元"。9月3日，"托师曾刻印，报以十银"。9月8日，"陈师曾刻收藏印成，文六，曰'会稽周氏收藏'"。9月29日，"陈师曾为刻名印成"。1916年4月26日，陈师曾赠"周树所藏"印一枚，为示感谢，5月8日，鲁迅"赠师曾家藏专拓一帖"。1919年1月4日，陈师曾为刻一印，文曰"会稽周氏"。11月31日，陈师曾贻

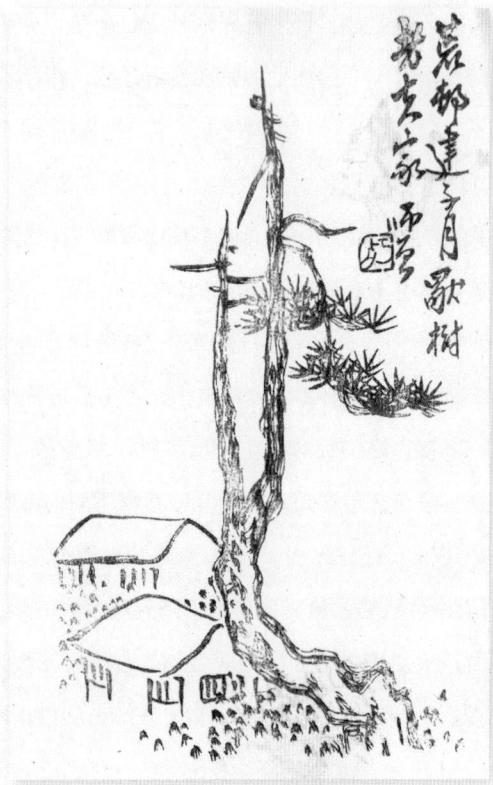

陈师曾作木版水印笺纸

印章一方，文曰"俟堂"。这是从陈师曾"槐堂"的号名引申而来。鲁迅还编辑了《俟堂专文杂集》。对于"俟堂"的含义，许寿裳曾专门问过鲁迅："我听到这里，就明白了这'俟'字的意义，那时部里长官某颇想挤掉鲁迅，他就安静地等着，所谓'君子居易以俟命'也。"3月29日，"托师曾从同古堂刻木印二枚成，颇佳"。

鲁迅和陈师曾在收藏拓片时，两人之间也有买卖：陈师曾先后卖给鲁迅以下拓片：1916年5月31日，"上午陈师曾示《曹真残碑》并阴初出土拓本二枚，'诸葛亮'三字未凿，云仿古斋物，以十元收之"；1918年5月29日，"师曾持《黄初残石》拓片，凡三石，云是梁间楼物，欲售去，因收之，直券廿"；1918年11月20日，"午后师曾持梁文楼所藏拓本数种来，言欲售，因选留《贾公阙》一枚，元公，姬氏墓志残石拓本各一枚，共券十六元"。仅此三项，便花去46元。与此同时，陈师曾也给鲁迅介绍别人的拓片：1918年5月11日，"晚以师曾函往朱氏买专拓片，并见泉二，复云拓片未整理，泉收也"；过了两天，"上午师曾交朱氏所卖专拓片来，凡六十枚，云皆王树枏所藏，拓甚恶，无一可取者"。可见二人在收藏拓片方面，交涉还是比较深的。

但是值得注意的是，陈师曾给鲁迅卖了三次拓片并介绍了两次拓片生意后，两人的关系突然淡了许多。1919年全年，仅有1月4日陈师曾为刻"会稽周氏"印一处记录，1920年全年没有记录，1921年全年仅有1月10日"午后从陈师曾索得画一帧"的记录，1922年全年日记散佚无法判断，直到1923年9月10日"师曾母夫人讣至"，及12月12日陈师曾本人讣至，才冷淡地记录了两处。

另外，鲁迅与陈师曾既为同学，又为同事，一生有记载的共饭仅有三场。这充分说明，周、陈二人的交往，并不如想象中那么热烈，可能由于艺术主张的不同，专业的不同，喜欢当中也包含和隐藏着不喜欢。特别是笔者注意到，陈师曾拿到拓片就卖给鲁迅，价钱很高，还介绍别人很糟糕的拓片给鲁迅，两人间多了一层商业关系。商业关系迟早伤害感情，艺术主张不同仅在其次。从鲁迅日记看，周、陈二人的疏远恰是从陈师曾给鲁迅出售了几次拓片之后开始的。

陈师曾去世后，1933年，鲁迅和郑振铎编印《北平笺谱》，选用陈师曾的山水花鸟画笺三十二幅。鲁迅在《序》中说："及中华民国立，义宁陈君师曾入北京，初为镌铜者作墨合，镇纸画稿，俾其雕镂；既成拓墨，雅趣盎然。不久复廓其技于笺纸，才华蓬勃，笔间意饶，且又顾及刻工省其奏刀之困，而诗笺乃开一新境。盖至是而画师梓人，神志暗会，通力合作，遂越前修矣。"这段文字密不透风，在书面语境中对陈师曾评价很高，那是鲁迅聪明，知道该怎样对一个去世了的人说话——其实此前鲁迅对陈师曾的口头评价是很中性的，据徐梵澄回忆，鲁迅曾说陈师曾的画"是好的"，其刻图章也"不坏"，这更加能表露鲁迅的心思。鲁迅后来能按期购买出版的《陈师曾先生遗墨集》，当属纪念逝者之举，毕竟他的画"是好的"。

1923年9月17日，年仅48岁的陈师曾突然去世。梁启超在其追悼会上的演说中说："师曾之死，其影响于中国艺术界者，甚于日本之大震。"吴昌硕挽曰："朽者不朽。"鲁迅得知这一消息时已到年底，鲁迅日记1923年12月12日云："陈师曾赴来，赙二元。"赴，古同"讣"，讣告。

对于陈师曾的死，说法众多。黄濬记为"师曾之殁，为骤患腹疾"。鲁迅记为"不料他因看护老太爷的病传染了伤寒，忽然去世了"。邓云乡先生则说，陈师曾的学生告诉他，因陈三立生病，陈师曾回南京照顾，后来陈三立好了，陈师曾却染上伤寒，又误以为是疟疾，吃了金鸡纳霜，结果与世长辞。陈三立则撰文称，陈师曾原本身体就比较弱，恰逢继母俞淑人病重，俞淑人平时最喜欢陈师曾，"淑人屡举其行谊为诸弟率，所最笃爱者也"，故陈师曾不离左右照料，致身体透支。俞淑人去世后，陈师曾冒雨送葬，遂一病不起，竟然不治。以上说法中，陈三立所言似更可信。

陈师曾的弟弟陈寅恪与鲁迅也有过来往，鲁迅日记中有这样的记载："赠陈寅恪《域外小说》第一、二集，《炭画》各一册。"但陈寅恪后来从不对外提起鲁迅，据陈晚年说，鲁迅后来名气越来越大，成为"民族魂"，陈寅恪担心被人们误会为"无聊之徒，谬托知己"。

祭孔归途觅一小店晚餐

——为鞠躬之诸公当听差

时间：1915年3月10日

地点：北京一小店

与席：鲁迅、钱稻孙

1915年3月鲁迅日记云：

"十日，赴孔庙演礼，下午毕，同稻孙觅一小店晚餐，已归寓。"

"十六日，夜往国子监西厢宿。"

"十七日，黎明丁祭，在崇圣祠执事，八时毕归寓。息一日。"

1912—1926年，鲁迅是一名公务员，负责文化、艺术等方面的工作，其间干过很多大事：设计民国国徽和北大校徽，参与筹建京师图书馆，筹设历史博物馆，清查文物，领导美术调查处工作，调核清宫古物，选展品赴巴拿马博览会，等等。

在此期间，鲁迅对袁世凯主张的祭孔是很反感的，但作为教育部的科长，他只得随部参加活动。

1915年3月10日，鲁迅和钱稻孙在孔庙"演礼"（相当于排练）结束后，找了一家小店吃晚餐，然后才回家。

这次便饭只有鲁迅和钱稻孙两个人，又是在孔庙"演礼"结束后，显然有许多关于祭孔的议论，话里话外，以及此后文里文外，自然也就透着对主张祭孔的袁世凯的态度。

钱稻孙（1887—1962），浙江吴兴人，在日本上中学，在意大利完成本科学业，1912年到教育部工作，和鲁迅是同事。鲁迅日记中最早出现他的名字是1912年7月19日，"下午与季市访蔡子民不遇，遂至董恂士家，与钱稻孙谈至晚才返"。董恂士是钱稻孙姐夫，时为教育部次长，鲁迅也知道他们是姐夫和小舅子的关系，因此时间坐得比较长。

在北京的饭局江湖中，钱氏父子是很有名气的，他们二人是广和居的常客。钱家是出人物的家族，其叔钱玄同以巨谈名世，钱稻孙则以好酒闻名。据资料载，1931年浦江清在清华宴客，坐中有叶公超、俞平伯、朱自清等人，已是前辈的钱稻孙十几大杯下肚后还意犹未尽，诸客散尽后，又与赵万里、浦江清彻夜卧谈，熄灯后又继之以烛。吉川幸次郎这样回忆钱喝酒细节："那晚，在喝了许多杯之后，他又说：拿大杯来！佣人拿来杯子后，他说：不是这种，去拿更大的那种。结果佣人拿上一种十分精致的大杯，我们俩又一起喝了不少绍兴酒。"

有关鲁迅和钱稻孙共同作为工作人员参加的祭孔，钱稻孙回忆说：

袁世凯要当皇帝，想恢复"礼乐制度"，所以就又恢复祭孔。祭孔的组织不太清楚，不过服装很特别。祭孔前要演礼，就是练习。赞礼也要有一定的句法。为了祭孔，袁世凯还特别印了祭孔典礼书，发给各个部员学习。现在首都图书馆里有一本《文庙词典考》，就是记载怎么祭孔的。当执事是很苦的，穿着很怪的服装，从别的殿一次一次把祭品端来供礼，端时要"举案齐眉"，不然看不见路。祭孔就跟唱戏一样，我们不乐意去，但也得去。

（1961年鲁迅博物馆访问钱稻孙）

1913到1924年间，鲁迅在教育部担任社会教育司科长。每年在成贤街国子监举行的祭孔仪式——"丁祭"，鲁迅基本上都受指派前往。鲁迅日记里第一次记载的祭孔是1913年9月28日："昨汪总长令部员往国子监，且须跪拜，众已哗然。晨七时往视之，则至者仅三四十人，或跪或立，或旁立而笑，钱念劬又从旁大声而骂，顷刻间便草率了事，真一笑话。闻此举由夏穗卿主动，阴鸷可畏也。"这位提出祭孔的"汪总长"就是汪大燮（1860—1929），此公9月15日就任总长，28日就命令祭孔，他的后几位继任者继续实行了多年，到1924年才停止。夏穗卿（1865—1924））则是当时社会教育司司长，鲁迅的顶头上司，鲁迅在日记中一般尊称为"夏司长""夏先生"，并且在当时教育部内部新旧势力的争斗中是站在夏穗卿一边的，但祭孔这种愚昧庸陋的举动，还是令鲁迅吃惊反感，所以说他"阴鸷可畏也"。

1914年9月，袁世凯率各部总长及文武官员穿着古怪的祭服在北京孔庙隆重举行祭孔大典，鲁迅牵于职务曾去充当执事，这就是鲁迅后来所说的"敝人当袁朝时曾戴了冕帽，献爵于至圣先师的老太爷之前"（1918年7月5日致钱玄同书）。鲁迅从袁世凯的这一举措中看出其人已经不满足于当总统而要当皇帝了。

1914年祭孔后，鲁迅认为这是"荒陋可悼叹"的举动。1915年3月的祭孔连续三天，15日"赴孔庙演礼"，这是预演，16日"夜往国子监西厢宿"，这是准备第二天一早的祭孔，因为太早，从他住的宣武门外赶到东北角的国子监，赶不上仪式，所以要提前一天住在那里。17日就有"黎明丁祭，在崇圣祠执事，八时毕，归寓"。当时的祭孔，由教育部主持其事，仪式很隆重，分别在国子监的各个部位依此操礼，还要穿上古怪的专用祭祀服。教育部会事先发布公告，公布各司各科什么人在什么部位执行任务，每次得好几十人参加。鲁迅基本上每次都是被安排在"崇圣祠"执事，这是祭祀最核心的部位。

以后，每年春秋两季都要开演一场滑稽的祭祀剧。1915年9月11日"午后往孔庙演礼"，12日"夜就国子监宿"，13日"黎明祭孔，在崇圣祠执事，八时讫，归寓"。几乎与1914年一样。此后每年情形雷同，到1923年3月祭孔结束后还出了一件事，当月25日记："黎明往孔庙执事，归途坠车落二齿。"这一年鲁迅42岁，两颗门牙磕掉了，为祭孔做了牺牲。

鲁迅在他的文章里也提过祭孔之事：

袁世凯也如一切儒者一样，最主张尊孔。做了离奇的古衣冠，盛行祭孔的时候，大概是要做皇帝以前的一两年。自此以来，相承不废，但也因秉政者的变换，仪式上，尤其是行礼之状有些不同：大概自以为维新者出则西装而鞠躬，尊古者兴则古装而顿首。我曾经是教育部的佥事，因为"区区"，所以还不入鞠躬或顿首之列的；但届春秋二祭，仍不免要被派去做执事。执事者，将所谓"帛"或"爵"递给鞠躬或顿首之诸公的听差之谓也。

（鲁迅《从胡须说到牙齿》）

鲁迅对袁世凯的态度有一个从"袁总统"到"总统"再到"袁项城"最后直呼其名的过程。

鲁迅向袁世凯当面汇报过一次工作，时间是1912年12月26日，积雪厚尺余，仍下不止。鲁迅早起，匆匆赶赴铁狮子胡同，跟随总长范源濂去见总统。袁世凯自3月10日正式接任临时大总统后，想培植自己的势力，岁末年尾提拔一批干部，这天要接见各部荐任官。荐任官就是"拟提拔任用的领导干部"，由诸部总长推荐，大总统任命，彼此见见面，加深印象，将"皇恩浩荡"的意思传达出去。鲁迅的佥事之职亦属荐任，故也在召见之列，相当于任前谈话。

不知在外面等了多久，终于轮到了，鲁迅等一批拟提拔的干部由范源濂总长率领进去，见到了大总统，并且还谈了谈教育工作："述关于教育之意见可百余语，少顷出。"可见接见是一阵儿

周树人的"教育部佥事"任命状

的事情。日记中的记录也很简略，没有因为受到了总统的接见就发个特长的专版："12月26日，积雪厚尺余，仍下不止。晨赴铁师子胡同总统府同教育部员见袁总统，见毕述关于教育之意见可百余语，少顷出。向午雪霁，有日光。"

当时林冰骨也是受到接见的教育部佥事，据他回忆："袁贼那天的说辞虽然空洞冗长，但除去反复说他以前在北洋大臣任内，曾编辑教科书数种来自我夸耀外，对于民国的新教育的方针和宗旨，便毫无认识。在座的我同鲁迅先生他们，也只好相视一笑。"

事实上，鲁迅对袁总统的态度还是比较积极的，至少没有恶感。这大约起因于他的教育部佥事委任状是总统颁发的——1912年11月2日，鲁迅收到袁总统委任状："任命周树人为教育部佥事，此状。"

鲁迅的日记中一般不记录所谓国家大事，但和袁总统有关的消息却有数条。比如——

1913年10月10日："国庆日休假。上午雨止。寄许季上信，又自寄一信，以欲得今日特别纪念邮局印耳。午闻鸣炮，袁总统就任也。"自己给自己寄了一封信，就是想得到"双十节"纪念邮戳，顽皮中透着郑重，也折射出他对新生共和的期待与厚望。中午听到了袁世凯正式任职的礼炮，也满怀热情地记了一笔，"袁总统"之谓，近乎恭敬了。

1914年9月16日，"以总统生日休假一日"。看来皇帝的诞辰需要普天同庆。休假绝非坏事，鲁迅这条记录虽然并无感情色彩，能特意记录下来，至少也是当作福利对待的。

1916年6月6日，袁世凯死，北洋政府给予高规格的礼遇，规定北京各机关除公祭外，还要按日轮班前往行礼。6月15日，鲁迅等五人被派往行祭，为此，前一天下午他还"向虞叔照借衣"，也就是借入祭者所穿的大礼服。6月28口，"袁项城出殡，停止办事"。鲁迅对袁世凯称谓，从"袁总统"到"总统"再到这里的"袁项城"，停止称呼职务而改称其出生地，是已经把袁世凯本人当作了一位与纷繁世界无关的人。

袁世凯死后，随着全国形势的发展以及鲁迅自己身份、处境的变化，他对袁世凯当政时的一些事情有了新的看法。1933年4月12日，鲁迅以何家干的笔名在《申报·自由谈》发表了一篇《〈杀错了人〉异议》，其中写道："袁世凯在辛亥革命之后，大杀党人，从袁世凯那方面看来，是一点没有杀错的，因为他正是一个假革命的反革命者。"

至此，鲁迅对袁世凯的态度等于有了一个定论。

高阆仙招饮同和居

——"行不违其所学"的上司

时间：1915年9月29日

地点：北京同和居

与席：高阆仙、鲁迅、齐如山、陈孝庄及其他同事

1915年9月29日鲁迅日记云："晚高阆仙招饮于同和居，同席十二人，有齐如山、陈孝庄，余并同事。"

这位高阆仙是鲁迅的顶头上司高步瀛。

鲁迅在教育部社会教育司的前几年，在司长夏穗卿的领导下工作，鲁迅日记中作"夏司长"，是敬称。这位夏司长年届50，比鲁迅大16岁，好酒，已到了摆资格、吃老本、混日子的地步。鲁迅常去他家汇报工作，并常被逮住喝酒，鲁迅也有吃不消逃席的经历，如1913年5月11日："上午得戴芦舲简招往夏司长寓，至则饮酒，直至下午未已，因逃归。"夏司长对鲁迅等下属，既一同饮酒，又携游神庙、逛商家店铺，经常至晚方散。吴海勇先生认为这就是夏司长的御下之术，"貌似同下属打成一片，其实

不免公私不分，强人所难"。因夏司长私欲强烈，鲁迅在致许寿裳的信中，曾称他的这位司长为"老虾公"。1913 年 9 月 28 日，鲁迅见证了一场祭孔闹剧，他在日记中写道："闻此举由夏穗卿主动，阴鸷可畏也。"在日记中如此态度鲜明地评论自己的上级，鲁迅的憎恶程度可以说无以复加。1924 年，夏司长因纵酒无度，得肝硬化去世。11 年之后，卖文沪上的鲁迅从夏穗卿旧诗中抄出一联书赠友人："帝杀黑龙才士隐，书飞赤鸟太平迟。"此联前句言焚书，后句言坑儒，本应简单明了，但读起来却非常晦涩。联后附有题跋："此夏穗卿先生诗也，故用僻典，令人难解，可恶之极！"鲁迅以此表达了对他的老上司不满又不屑的态度。

但鲁迅对他的另一位上司高步瀛却是另外的态度。

高步瀛（1873—1940），字阆仙，又署阆轩，私谥贞文，河北霸县人。著名文选学家、历史学家、教育家。他的知友齐宗颐（寿山）曾说："阆仙的渊博，可举一件事说明。李善注《文选》，号一代书簏，还有不知缺疑之处。阆仙作《李注义疏》，却都把李崇贤而不知者注出，你就可想见了。"

高步瀛 1915 年 8 月任教育部社会教育司司长，提倡推行阳历，编写新戏，改良旧剧，设历史博物馆，创通俗图书馆、通俗讲演所等，并亲自撰写和倡导语体文。鲁迅日记中，对高步瀛不称"高司长"，一律称其字"高阆仙"，可见私交甚好。笔者认为，这和高步瀛的学术成就很高不无关系。至于顶头上司的身份，则在其次了。

1915 年 9 月 29 日，高阆仙在同和居招饮，参加者多为教育

溥杰所题"同和居"匾额

部的同事，颇有庆祝高阆仙由教育部审查处主任升任司长之意。

他们聚餐的同和居饭庄是北京较早经营鲁菜的老字号，开业于清道光二年（1822），原址在西四南大街北口、西四牌楼西南角的一座四合院内。民国初年，掌柜牟文卿请御膳房的袁祥福帮厨，袁祥福凭"三不沾"等宫廷名菜使同和居有了名气。饭庄主营的山东福山帮菜以烹制海鲜见长，烤馒头、三不沾和糟熘系列是名震京城的"三绝"。鲁迅多次光顾同和居，最早的一次是1912年9月1日，鲁迅同许寿裳、钱稻孙从什刹海归来，路过同和居，在这里吃午饭："午饭于西四牌楼同和居，甚不可口。"可能所点之菜不合口味。1925年，鲁迅住在阜成门内西三条，与西四牌楼仅一公里之遥。2月12日，鲁迅与语丝社成员王品青、章衣萍、李小峰、孙伏园等在家里会谈后同往同和居吃饭。1932年鲁迅回京探亲，原未名社成员台静农、李霁野专程从天津赶来与鲁迅先生见面，邀请鲁迅在同和居共饮。西四牌楼的同和居现已拆除建成街头公园，据资料载，这一老字号现在北京有七家分店。

高步瀛初任社会教育司司长时，鲁迅对上司也有不恭敬的时候，如在通俗教育研究会的小说股会议上，高步瀛奉命督促鲁迅尽快做出编译宣传封建礼教的海外小说的会议结论，被鲁迅硬生生顶了回去。高司长是传达落实领导的指示精神，鲁迅没有给面子，他居然并不为忤。此后他们的私交是很不错的。1920年4月10日，高阆仙母亲过生日，鲁迅"送公份三元"。这是为上司之母进贺仪。半个月后的4月25日，星期休息，"晚赴高阆仙招饮于江西会馆"。当为高阆仙的谢孝宴。5月2日也是一个星期天，"上午以高阆仙母八十寿辰，往江西会馆祝，观剧二出而归"。可见高阆仙为庆祝母亲的寿辰办了两次宴席，且第二次动了戏班子。

鲁迅日记中还记载了高阆仙赠送给自己的许多书籍，如《吕氏春秋点勘》《吴氏平点淮南子》《论衡举正》等。同时，鲁迅也常将其珍爱之书赠予高阆仙，足见二人已超越普通的上下级关系了。特别值得一提的是，1925年8月，由于段祺瑞执政府非法解散北京女子师范大学，鲁迅坚决支持学生们的正义斗争，被教育总长章士钊免去佥事职务。高阆仙作为鲁迅的直接领导，14日中午到鲁迅家进行慰问，毫不避嫌。这也是"民国风度"的见证。

高步瀛任教育部社会教育司司长时，鲁迅是该司第一科科长。在此期间，鲁迅先后发表了《狂人日记》《阿Q正传》等小说，名噪一时；而高步瀛此时获得"学行醇谨，粹然河北大儒"的评价。虽然在政治、教育等一些观点上，鲁迅与高步瀛不尽相同，但鲁迅对高步瀛的学问和人品极为敬佩，给予了高度赞扬和评价。国民党迁都南京后，杨杏佛被刺死，高步瀛知友齐寿山与杨至交，遂辞职回到北平居住，曾因事到南方，见到鲁迅先生，鲁迅总是向齐寿山询问高先生的情况，尝对寿山说："当我们同在北京相处时，也不感到阆仙怎么样。现在，我们都分散了，总令人常常想到阆仙。阆仙是个行不违其所学的人。"

可以说，高阆仙先生与他的下属、绍兴周树人在教部同僚，比案削牍，十有余年，气谊弥深，结契无忤。据高阆仙的女儿高淑芳回忆："（父亲）对于部内工作，或同人品格，从未向家人道过只字片语，举世共知之鲁迅，官名周豫材（树人），在其属下任科长十余年，我在家中，即从来不曾听到提过此人……周氏与我父亲同寅多年，虽各人见解不同，间有龃龉，惟彼此友谊不恶，而周氏对于我父亲也颇敬惮。"这是高步瀛、鲁迅二人关系的最客观的写照。程金造先生则这样评述："（高阆仙）先生有脾气，个性强，而周树人鲁迅先生，一般人也认为个性强。当高先生任社会教育司司长，鲁迅先生在社会教育司任佥事时，就有人猜想，二人必有冲突，不能团结。而事实却是相反，两人相处甚好。"

夏司长"阴鸷可畏、可恶之极"，高司长"行不违其所学"，鲁迅在饭局内外对待他的两位上司的不同态度，足见他更加看重一个人的人品和学养。

唱平湖调、刊刻佛经为母祝寿

——令人欢喜赞叹的孝心

时间：1916年12月13日

地点：鲁迅绍兴老家

与席：鲁迅、母亲及绍兴老家中人

鲁迅是现代文学史上有目共睹的孝子。由于父亲去世早，鲁迅的孝心，都倾注在母亲身上。

1918年鲁迅在北京西城八道湾11号购置了一套住房，并亲自返回绍兴，把母亲和全家接到了北京，让母亲住最好的一间屋子。鲁迅出入家里，总能做到"出必告、返必面"，并为母亲买回各种点心。1926年鲁迅南下厦门、广州、上海后，将母亲托付给他的学生、同乡许羡苏照看；发妻朱安也一直在母亲身边履行义务。从1930年3月起，鲁迅和母亲开始通信，还经常把近照寄给母亲。鲁迅逝世之前，六年多时间共给母亲写了116封书信。

特别值得一书的是，1916年，鲁迅专门刊刻了佛经，并请了唱平湖调的艺人在周家新台门唱戏，以祝贺母亲六十大寿。

这一年鲁迅在教育部供职，12月是母亲六十大寿。鲁迅先寄回60元钱，生日将临时，又特意从北京赶回绍兴，为母亲祝寿。祝寿自然要摆筵席，要祀神祭祖，周家新台门自然宾客满桌。鲁老太太从小爱看社戏，爱听平湖调，为了让母亲高兴，鲁迅还特意邀请平湖调演员来家里演唱。这一天全家热闹非凡，是鲁老太太最高兴最欣慰的一天。鲁迅日记1916年12月13日载："旧历十一月十九日，为母亲六十生辰。上午祀神，午祭祖。夜唱'平湖调'。"

绍兴平湖调又称"越郡南词"，简称"绍兴平调"，是流行于浙江省绍兴及其周围地区的一种传统曲艺形式，因所唱主要曲调为平湖调而得名。相传这一曲艺初创于明代初期，成形于清代初期。绍兴平湖调的表演方式为一人自弹三弦说唱，以唱为主，间有说白。2006年，该曲艺经国务院批准列入第一批国家级非物质文化遗产名录。当年鲁迅请平湖调艺人唱戏，也为保护传承非物质文化遗产尽了绵薄力量。

为了给母亲祝寿，除了唱平湖调，鲁迅还专门出资刊刻了佛教名典《百喻经》。孝敬父母的方式可以多种多样，但像鲁迅这样通过刊刻佛典广为结缘的例子，在现代作家中独树一帜。

《百喻经》又名《百句譬喻经》，是佛教寓言集，原名《痴华鬘》，是印度高僧天竺大乘法师伽斯那所撰，共讲故事98则，号称"百喻"，是一部充满了哲理的书，语言精练古朴，故事多从生活中来，可读性很强。《百喻经》原无单刻本，在浩如烟海的经藏里不易见到，因此流传并不广。鲁迅之所以在浩渺的佛教典籍中选择刊刻《百喻经》，即是为了广为流布此经的一个发愿。

鲁迅并不是佛教徒，却是研究佛教文化的高士。据许寿裳回忆，"民三以来，鲁迅开始看佛书，用功很猛，别人赶不上"。民三即1914年，这一年鲁迅请购《选佛谱》《三教平心论》等佛教书籍达80余种。此外鲁迅还买了大量的寺碑、庙碑、塔铭等佛教碑帖，并曾用十三个晚上抄录《法显传》一万二千九百余字。佛籍为鲁迅提供了许多养料，鲁迅总能在佛籍中寻找到某种精神，从《法显传》中，他就看到了"舍身求法"的精神，并在1936年撰写《中国人失掉自信力了吗？》一文中认为，那些埋头苦干的人、拼命硬干的人、为民请命的人、舍身求法的人，就是中国的脊梁，有力地驳斥了"中国人失掉了自信力"的论调。鲁迅是从文艺、哲理的角度研究佛经的，把佛经当作记录人类思想发展的史料看待。1928年，鲁迅到杭州游西湖，知客僧向鲁迅大谈佛学，反被鲁迅说倒。

鲁迅为什么刊刻《百喻经》呢？六朝佛经翻译极盛，在思想内容和文章体式上，对后世影响极大。鲁迅向来爱好魏晋文章，他把《百喻经》当作一部寓言集看待，这是他刊刻《百喻经》的美学出发点。他编印《百喻经》只取经义中的譬喻部分，而去掉了"说法"部分。同时，鲁迅的母亲笃信佛教，为母亲寿辰刊刻佛经以为功德，这则是鲁迅刊刻《百喻经》的精神动力。

鲁迅刻印《百喻经》动手早，在母亲60寿辰前两年就已经开始着手了，委托的是金陵刻经处。1914年7月29日鲁迅日记载：

《百喻经》书影

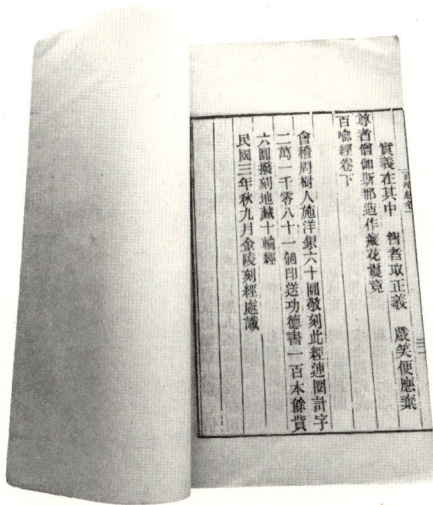

"会稽周树人施洋银六十圆敬刻此经"

"托许季上寄金陵刻经处银五十元，拟刻《百喻经》。"金陵刻经处系晚清学者、佛学家杨仁山先生（1837—1911）于1865年开办，是一所专门刻印佛经古籍的刊行所，以刻工精良著称，至今尚在。许季上是鲁迅在教育部的同事。许氏为佛教徒，精梵文，曾在北京大学讲授过印度哲学，与刻经处有谊。许季上曾送给鲁迅一部《等不等观杂录》，就是金陵刻经处创始人杨仁山的著作；他又曾赠给鲁迅《劝发菩提心文》《大唐西域记》《金刚经嘉祥义疏》《梦东禅师遗集》等书，多为金陵刻经处的印刷品。托许季上与金陵刻印处联系刻经，可谓稳妥。

1914年10月7日，鲁迅"午后寄南京刻经处印《百喻经》费十元"。1915年1月11日，"《百喻经》刻印成，午后寄来三十册"。《百喻经》当时只刻印了100部，前后汇款洋银60元，余资6元刻了《地藏十轮经》。这个刻本为线装一册，每半页10行，一行20字，共56页。书后附录："会稽周树人施洋银六十元，敬刻此经，连圈计字二万一千零八十一个，印送功德书一百本。余资六圆，拨刻地藏十轮经。民国三年秋九月金陵刻经处识。"鲁迅捐资刻版的《百喻经》原版共三十块，两面刻字，上面涂有灰色香墨，解放后仍完好地保存在南京金陵刻经处。"文革"前，每年都要利用原版为读者加印二三百部，功德广布，后人受益。

《百喻经》刻成后，鲁迅将其用来赠送亲友。如赠许季上10册、周作人6册、许寿裳4册、钱稻孙3册，戴芦舲、汪书堂、季自求、陈师曾、蒋抑之、陈公猛、朱造五、夏司长、汤总长、梁次长各1册。1916年12月鲁迅回绍兴省亲，为母亲祝寿，自然也带了这部佛经。

1926年5月，鲁迅又出资赞助王品青校点《百喻经》，自己亲自作了题记，以原书名《痴华鬘》，交上海北新书局出版。书为线装，用蓝泥精印，天地宽阔，钱玄同题签，极其典雅。全书分为上下两卷，合为一集，可视作《百喻经》的另一印本。鲁迅为母亲祝寿刻印《百喻经》时，没有评论过此书。十多年后，他为王品青校点的《痴华鬘》作了题记，可看作是当年刻印《百喻经》的一个补充说明，显得意义非凡。鲁迅说："佛藏中经，以譬喻为名者，亦可五六种，惟《百喻经》最有条贯。"又说："王君品青爱其设喻之妙，因除去教诫，独留寓言，又缘经末有'尊者僧伽斯那造作痴华鬘竟'语，即据以回复原名，仍印为两卷。"鲁迅把这部书作为佛教文学来看，虽说都是佛家的寓言，但"智者所见，盖不惟佛说正义而已矣"。这部"除去教诫，独留寓言"的佛教文化经典为当时的中国文坛增添了一道异彩。现在要想找一本王品青校点、鲁迅作序的《痴华鬘》，实非易事。

《百喻经》自1915年起始有单行本，成为一部独立的经书。后来北新书局又正式出版了《痴华鬘》，这部藏经楼中的宝典才为更多的人所熟知。这是鲁迅所做的功德，也是现代文学史上"钦崇慈亲，孝心肃祇"的典范，后人每一提及，莫不欢喜赞叹。

烹鹜沽酒作夕餐

——与钱玄同的合与离

时间：1917年9月30日

地点：北京绍兴会馆

与席：鲁迅、钱玄同等

1917年9月30日鲁迅日记云："朱蓬山、钱玄同来。张协和来。旧中秋也，烹鹜沽酒作夕餐，玄同饭后去。月色极佳。"

这是中秋之夜绍兴会馆的一顿聚餐，涉及两个有意味的话题：一是鲁迅笔下的月光和月色；二是鲁迅与钱玄同的合与离。

民国"首席"气象记录师鲁迅笔下的月色和月光

鲁迅日记中，天气状况营造了一种特殊的氛围。比如："大雪竟日"，"晨微雪如絮缀寒柯上，视之极美"，读之亦美；"风颇大，风挟沙而昙，日光作桂黄色"，看来民国初年的北京城就已经有雾霾、沙尘暴光临了；"昙。风。午大雨一阵，午后霁。晚细雨，夜大雨"，把一天之中的天气变化都记了下来，职业气象观察员也未必会如此敬业；"大风撼屋，几不得睡"，北京的大风，如夜狗吠月，笔者也多有领教；"小风。脱裘"，地气涌动，天气越来越热了；"大风而雪，草地及屋瓦皆白"，这是1933年的记录，非常写意，在后期日记中十分罕见。

笔者认为，鲁迅堪称民国"首席"气象记录师。如果快速阅读鲁迅日记中完整的一年，春夏秋冬、风雨雷电依次从眼前徐徐而过，地气冷了又热了，热了又冷了，时光飞逝，节气变易，天增岁月人增寿、万事万物新生又老去的感觉非常明显，给人一种奇妙的阅读体验。笔者认为，鲁迅热心于记录气象，与其国内学矿、留日学医的"理工科"出身不无关系。他翻译科幻小说，撰写科学论文，作文合乎理性且不堕入虚妄，人文精神中富含科学精神。日记中随手记录的气象，既可视作私人趣味，也可看作是对"观象授时"的重视，对四季轮回的敏感，对岁序更替的审视，这些，都渗透在鲁迅的生命哲学中。

鲁迅很留意月光，日记中对月色有着唯美的记述。

1912年8月22日，这一天，鲁迅（当时还是周树人）被任命为教育部金事。"晚钱稻孙来，同季市饮于广和居，每人均出资一元。归时见月色甚美，骤游于街。"大约是职位刚刚落实，饭碗得到保障，心情畅快，于是和许寿裳、钱稻孙在广和居AA制吃了一顿晚饭后，看到月色如此之美，可不能辜负好时光，便欣然"骤游于街"。同年9月25日是阴历中秋，"晚铭伯、季市招饮，谈至十时返室，见圆月寒光皎然，如故乡焉，未知吾家仍以月饼祀之不"。此时，周树人先生显然想家了。但1913年的中秋节就看不到这一景象，因为他去同乡蔡谷卿家里吃饭，饭毕欲归无车，走到宣武门外才叫上车，"途次小雨，比到大雨。今日是旧中秋也，遂亦无月"，透着一些遗憾。等到本文谈论的1917年的中秋节时，"烹鹜沽酒作夕餐，玄同饭后去。月色极佳"。既有鸭肉吃，又沽酒而饮，月色如此之美，大龄单身汉鲁迅没有理由不惬意。1926年9月21日，"旧历中秋也，有月"，这一天，移至厦门大学任教的鲁迅在月光下干什么呢？林语堂给国学院中人送了一筐月饼，鲁迅和他的同事们做游戏，"投子六枚多寡以博取之！"还真是童心未泯。1931年9月26日，"传是旧历中秋也，月色甚佳，遂同广平访蕴如及三弟，谈至十一时而归"。"佳"字足见其内心之惬意，想来是夜心怀宽畅，谈兴未息，如苏轼在黄州般"见月色入户"，便"欣然起行"，找周建人夫妇谈天。周家老大、老三月夜长谈，与其失和的老二在哪里呢？不禁使人唏嘘。

除此之外，有关月亮的记述还有："夜微雨，旋即月见。""微雨终日，夜月出。""午后雪止而风，夜见月。""大风。朗月。"总之都是很美的。

1915年2月27日："大风，霾。午后同汪书堂、钱稻孙之益昌饭。……夜风定月出。""风定月出"，寥寥四字，当时情景可见。

1918年8月18日，"下午往铭伯先生寓。晚大雷雨一阵。少顷月出"。雨后月出，自然很美。

1924年6月11日，周氏兄弟绝交，鲁迅携妇搬至砖塔胡同暂居，下午往八道湾宅取书及什器时，被周作人夫妇追打、辱骂。过了几天，6月16日是小雨，下午雾，"整顿书籍至夜。月极佳"，心情似乎始见开朗。

和日记中留意月色相照应，鲁迅作品中常见月色出现，且构成了作品中不可剥离的环境气氛。值得注意的是，鲁迅日记中的月色是美好的，回忆类散文中的月色也是美好的，唯有小说中的月色是冰冷、凄清的。

"今天晚上，很好的月光。"这是鲁迅经典之作《狂人日记》的第一句话，中国现代文学就这样开头了。鲁迅用"很好的月光"开启了中国新文学的第一页。此后的《药》则是这样开头的："秋天的后半夜，月亮下去了，太阳还没有出，只剩下一片乌蓝的天；除了夜游的东西，什么都睡着。"营造出一种惊悚、恐怖的氛围。

与小说中冰冷、凄清的月色不同，鲁迅回忆类散文中所写月色都非常美好。如《故乡》："深蓝的天空中挂着一轮金黄的圆月，下面是海边的沙地，都种着一望无际的碧绿的西瓜，其间有一个十一二岁的少年，项带银圈，手捏一柄钢叉，向一匹猹尽力的刺去，那猹却将身一扭，反从他的胯下逃走了。这少年便是闰土。"这是作者记忆中的故乡和记忆中的闰土，反衬出心目中的故乡与现实故乡之间的巨大反差，是现代文学史上最为唯美抒情的片段之一，显出了一种温情的含着泪光的思乡之情，读之使人无限向往。

鲁迅在日记中记述月色，是无意识的；但在小说、散文中写月亮、月色，却是小说氛围的一部分，绝不是闲笔。他对于月色的留意，实在是一个意味深长的话题。

鲁迅与钱玄同的合与离

1917年是文学革命发生的一年，在中秋节的这次饭局中，出现了怕狗的钱玄同。正是钱玄同将鲁迅带到了《新青年》的酒桌上。

包括这次在内，鲁迅与钱玄同在饭局上相遇共8次。

中国现代文学史上，鲁迅与钱玄同的关系十分微妙。二人之间的过从关系，用钱玄同的话讲，"头九年（1908—1916）尚疏，中十年（1917—1926）最密，后十年（1927—1936）极疏，——实在是没有往来"。鲁迅与钱玄同的微妙关系一方面反映着章太炎门下弟子的内部分化，另一方面则反映着两种文化思想和文化人格的相得与疏离。

鲁迅与钱玄同都是浙江人，在日本留学时又都受教于章太炎，所以既是同乡又是同门。浙籍章门弟子在"五四"新文化运动中异军突起，得风气之先，最初比较团结凝聚，但由于各人性情与阅历的差异，相互之间的交往也深浅不一。随着时局的变幻，章门弟子内部便发生了分化，尤以鲁迅与钱玄同的分道扬镳为代表。

鲁迅与钱玄同最初相识于民元前在《民报》社听讲，但关系尚不密切，"仅于每星期在先师处晤面一次而已，没有谈过多少话"（钱玄同《我对于周豫才君之追忆与略评》）。据许寿裳在《亡友鲁迅印象记》中记述鲁迅等在东京听讲时的情形说："谈天时以玄同说话为最多，而且在席上爬来爬去。所以鲁迅给玄同的绰号曰'爬来爬去'。"鲁迅在致周作人的信中，还戏称钱玄同为"爬翁"。1913至1916年，鲁迅日记中与钱玄同有关的记录仅15处，其中收函复函7次，不期面遇于厂甸，章太炎、沈尹默、马幼渔寓所计5次，同席共饭2次，钱玄同专程拜访鲁迅只有1次。1913年，钱玄同索要周氏兄弟的《域外小说集》，还要通过钱稻孙转达信件和转带书籍，可见二人关系尚疏，基本属于君子之交。

　　随着"五四"运动的兴起，鲁迅与钱玄同在思想上产生了较多共鸣，交往也随之密切起来。1917至1919年三年，鲁迅日记中与钱玄同有关的记录高达108处，钱玄同每隔三五天就到绍兴会馆与鲁迅夜谈，常常"至夜分去"，甚至中秋沽酒共饭。"夜钱玄同来"几乎是这三年鲁迅日常生活的一部分。鲁迅说："那时偶或来谈的是一个老朋友金心异，将手提的大皮夹放在破桌上，脱下长衫，对面坐下了，因为怕狗，似乎心房还在怦怦的跳动。"文中金心异即钱玄同，因林琴南小说《荆生》以金心异影射钱玄同，鲁迅拿来即用。从此时开始，鲁迅对钱玄同的称谓，也从中规中矩的"钱中季"变为"钱玄同"或直呼"玄同"，钱玄同还偶尔为周作人代领薪水捎至周宅，显示着二人关系之密切。

在密切的交往中，钱玄同认为"周氏兄弟的思想，是国内数一数二的，所以竭力怂恿他们给《新青年》写文章"。《新青年》创办伊始，应者寥寥，"然而那时仿佛不特没有人来赞同，并且也还没有人来反对，我想，他们许是感到寂寞了"(鲁迅《呐喊·自序》)。正是在钱玄同的鼓动下，鲁迅才从隐居了近八年的绍兴会馆走出来，答应钱玄同写文章，这就意味着鲁迅答应了参加新文化运动和20世纪初的思想启蒙运动，从而通过呐喊，"聊以慰藉那在寂寞里奔驰的猛士，使他不惮于前驱"。鲁迅以一篇《狂人日记》投身文坛，从此一发不可收，成为新文化运动的旗手。"如众所知，这篇《狂人日记》不但是篇白话文，而且是攻击吃人的礼教的第一炮，这便是鲁迅、钱玄同所关心的思想革命问题，其重要超过于文学革命了。"(周作人《知堂回想录》)对于这段历史，在《自叙传略》中，鲁迅说："初做小说是在1918年，因为我的朋友钱玄同的劝告，做来登在《新青年》上的。这时才用'鲁迅'的笔名。"如果没有钱玄同的鼓动，鲁迅的创作也许要推迟很多年，中国新文学的第一页也许将重新书写，所以钱玄同无疑是鲁迅横空出世的催化剂。

　　鲁迅与钱玄同密切交往期间，前者对后者直白的文风予以肯定："玄同之文，即颇汪洋，而少含蓄，使读者览之了然，无所疑惑，故于表白意见，反为相宜，效力亦复很大。"这是知遇之言。这一时期，在二人共同参与编辑《新青年》的过程中，在彻底地不妥协地反对旧文化、提倡新文化的战斗中，鲁迅和钱玄同往来甚密，意气相投，堪称战友。

但随着新文化运动的落潮，二人的关系开始疏远。1929年鲁迅回北京省亲，遇到钱玄同，竟至于无话可说，并在给许广平的信中这样评价钱玄同："胖滑有加，唠叨如故，时光可惜，默不与谈。"1930年2月，鲁迅致友人信说："疑古玄同，据我看来，和他的令兄一样性质，好空谈而不做实事，是一个极能取巧的人，他的骂詈，也是空谈，恐怕连他自己也不相信他自己的话，世间竟有倾耳听者，因其是昏虫之故也。"1933年，鲁迅和郑振铎合作编辑《北平笺谱》，郑提议请钱玄同题签，鲁迅不同意，写信说："我只不赞成钱玄同，因其议论虽多而高，字却俗媚入骨也。"同年底，鲁迅给台静农的信中这样谈论钱玄同："盖此公夸而懒，又高自位置，托以小事，能拖延至一年半载不报，而其字俗媚入骨，无足观，犯不着向悭吝人乞烂铅钱也。"与此同时，钱玄同也在此期的日记中多次对鲁迅多有不敬："购得鲁迅之《三闲集》与《二心集》，躺床阅之，实在感到他的无聊、无赖、无耻"；"购得新出版之鲁迅《准风月谈》，总是那一套，冷酷尖酸之拌嘴，骂街，有何意思"。当北师大学生邀请鲁迅讲演时，他更声明："我不认识有一个什么姓鲁的"，"要是鲁迅到师大来讲演，我这个主任就不再当了！"对此，鲁迅回应说："钱玄同实在嚣张极了！仿佛只有他研究的那东西才是对的，别人都不对，都应该一齐扑灭！"可见新文化运动后，鲁迅和钱玄同已在精神理想和实际行动上分道扬镳了。

　　鲁迅和钱玄同的疏离，既与个人性情、阅历及人脉关系有关，也与思想状况有关。在人脉关系上，二人矛盾重重。鲁迅对胡适、陈源等"正人君子"向来不满，而钱玄同却一贯与他们交好。1924年，鲁迅说："风闻有我的老同学玄同其人者，往往背地里褒贬我，褒固无妨，而又有贬，则岂不可气呢？"这是怀疑钱氏在"正人君子"面前议论他。钱玄同则认为鲁迅多疑："鲁迅往往听了人家几句不经意的话，以为是有恶意的，甚而至于以为是要陷害他的，于是动了不必动的感情。"鲁迅对顾颉刚素无好感，而钱玄同则积极支持顾颉刚"疑古"，甚至还为此改名为"疑古玄同"。1929年，鲁迅与钱玄同会面，即当众讽刺钱玄同的名片是四个字的"疑古玄同"，此时恰逢顾颉刚前来，众人皆尴尬不已，鲁迅在致许广平的信中作了如下描述："少顷，则朱山根（指顾颉刚——笔者注）叩门而入，见我即踯躅不前，目光如鼠，终即退去，状极可笑也。"言下之意，无疑是将钱玄同与顾颉刚视为一路人而一并排斥。周氏兄弟失和后，钱玄同仍与周作人过从甚密，尤其是当周作人1934年发表《五秩自寿诗》后，钱玄同等人纷纷唱和，这在鲁迅看来，未免"多近于肉麻"："北平诸公，真令人齿冷，或则媚上，或则取容，回忆五四时，殊有隔世之感。"

在思想上，二人也存在巨大分歧。鲁迅说："《新青年》的团体散掉了，有的高升，有的退隐，有的前进，我又经验了一回同一战阵中的伙伴还是会这么变化。"这是对钱玄同"退隐"书斋、忙于"整理国故"，"忘记了《新青年》时代的精神而成了学者了"表示不满。同时，钱玄同反对开设"辩证法"一课也激起了鲁迅的愤慨。钱玄同有"人到四十就该枪毙"的高论，他本人过了四十，还厚着脸皮活下去，鲁迅便作诗讽刺曰："作法不自毙，悠然过四十。何妨赌肥头，抵当辩证法。"与此相对应，钱玄同则讽刺鲁迅是"左翼公""左公"，并针对鲁迅倡导的大众语运动实行"鸣金收兵""坚壁清野"的措施，以示不予合作。凡此种种，无不反映着二人之间的矛盾已经公开化。

值得庆幸的是，鲁迅与钱玄同毕竟师出同门，涵养深厚，他们的矛盾也仅限于私交，在学识造诣方面仍能惺惺相惜。1935年，已与钱玄同分裂的鲁迅在谈及"桐城谬种"和"选学妖孽"时充分表彰了钱玄同当年提出这一名目的历史功绩。而钱玄同在鲁迅去世后更是对鲁迅不吝赞誉，显示出了比鲁迅更加博广的胸怀：他评价周氏兄弟的《域外小说集》思想超卓，文章渊懿，取材谨严，翻译忠实，文字雅驯，与林纾所译之小说绝异；他评价《中国小说史略》条理明晰，论断精当，"实可佩服"。钱玄同甚至摈弃二人间的私怨，无私地称赞鲁迅"治学最为谨严，无论校勘古书或翻译外籍，都以求真为职志"，"这种'暗修'的精神，也是青年们所应该效法的"，"他读史与观世，有极犀利的眼光，能抉发中国社会的痼疾……这种文章，如良医开脉案，作对症发药之根据，于改革社会是有极大的用处的"。

鲁迅与钱玄同之间道义相交，是非清楚，其切磋精神和宽广胸襟，显示了章门弟子的深厚修为和同门情谊，以及不以人废言的学术公心，真令后人景仰。

半农邀饮

——爱与憎恶交织不言弃

时间：1918年12月22日

地点：北京东安市场中兴茶楼

与席：鲁迅、周作人、刘半农、徐悲鸿、钱秣陵、

沈士远、君默、钱玄同等

1918年12月22日鲁迅日记云："星期休息。刘半农邀饮于东安市场中兴茶楼，晚与二弟同往，同席徐悲鸿、钱秣陵、沈士远、君默、钱玄同，十时归。"

刘半农（1891—1934），名复，江苏江阴人。历任北京大学教授、北平大学女子文理学院院长等。

鲁迅与刘半农是"五四"新文化运动的主将与干将，二人友谊深厚，但也误会频频，爱与憎恶交织又不言弃。

1918年2月10日是旧历除夕，刘半农到绍兴会馆拜访周家兄弟。鲁迅日记中第一次出现了刘半农的名字："晚刘半农来。"一月后，刘半农发表《丁巳除夕》诗，提到在北方度过第一个除

夕夜的情景：

> 除夕是寻常事，做诗为什么？不当它除夕，当作平常日子过。这天我在绍兴县馆里，馆里大树颇多。风来树动，声如大海生波。静听风声，把长夜消磨。主人周氏兄弟，与我谈天：欲招缪撒，欲造"蒲鞭"。说今年已尽，这等事，待来年。夜已深，辞别进城。满街车马纷扰，远远近近，多爆竹声。此时谁最闲适？地上只一个我，天上三五寒星。

　　这段话词语生动，很耐读。此前刘半农与陈独秀、李大钊等相约写同题诗，在《新青年》上发表。因刘半农见到周氏兄弟时已是除夕，所以，周氏兄弟说"今年已尽，这等事，待来年"。

　　此后，刘半农与鲁迅交往日益密切。

　　刘半农到英国留学前，鲁迅与之共餐计3次。

　　第一次是1918年12月22日，刘半农邀鲁迅饮于东安市场中兴茶楼，坐中有徐悲鸿、钱玄同等人，十时始归，看来谈兴很浓。

　　第二次是同年12月26日，他们再次聚在一起，"晚往东板桥马幼渔寓，吴稚晖、钱玄同及二弟俱先在，陈百年、刘半农亦至，饭后归"。

　　第三次是1919年3月29日，在前门外西车站，鲁迅又与刘半农、陈百年、刘叔雅、朱逷先、沈士远、尹默、钱玄同、马幼渔等十人共饭。

　　鲁迅说刘半农是《新青年》里的一个战士。"他活泼，勇敢，很打了几次大仗。"其中最著名的一仗是与钱玄同演双簧戏。此事发生在1918年3月，钱玄同化名王敬轩在《新青年》上攻击新文化，刘半农则回以万余言的《复王敬轩书》，痛加嘲骂，引起外界关注。罗家伦曾说："当时刘半农……狗血喷头地把这位钱玄同先生的化身'王敬轩'骂一顿。这封信措辞轻薄，惹引了不少的反感。后来新青年社中人，亦甚感懊丧。"周作人也说："这封信发表了之后，反响不很好，大家觉得王敬轩有点可怜相，刘半农未免太凶狠了。"文学史家最初并不重视此事，直到1935年，郑振铎在《中国新文学大系》序言中对此事加以褒扬后，才被视作新文学运动的标志性事件而逐渐传奇化。

刘半农早年写过侦探小说，后向《青年杂志》(《新青年》前身)投稿，结识陈独秀，1917年因《我之文学改良观》一文，被蔡元培看重，破格聘为北大预科国文教授。《新青年》初期作者少，胡适不催不写；鲁迅消沉拖拉，在钱玄同再三催促下才勉强完成《狂人日记》；钱玄同爱催别人，自己却很少交稿；沈尹默只答应，绝对不写；倒是刘半农属于快手，故发稿较多，《新青年》一度每期都有他的文章，可见是很活泼的。"但半农的活泼，有时颇近于草率，勇敢也有失之无谋的地方。但是，要商量袭击敌人的时候，他还是好伙伴，进行之际，心口并不相应，或者暗暗的给你一刀，他是决不会的。"鲁迅还说："假如将韬略比作一间仓库罢，独秀先生的是外面竖一面大旗，大书道：'内皆武器，来者小心！'但那门却开着的，里面有几枝枪，几把刀，一目了然，用不着提防。适之先生的是紧紧的关着门，门上粘一条小纸条道：'内无武器，请勿疑虑。'"半农却是令人不觉其有"武库"的一个人，所以鲁迅"佩服陈胡，却亲近半农"。

鲁迅亲近刘半农，能与他多谈闲天，一多谈，刘半农就露出了缺点。几乎有一年多，他没有消失掉的从上海带来的才子必有"红袖添香夜读书"的艳福的思想，好容易才给鲁迅他们骂掉了。可见刘半农曾经是鸳鸯蝴蝶派，后来"跳出"了。

刘半农虽然打了几次大仗，但他中学未毕业，学历低，发言草率，常被讥为"浅"。鲁迅并不讳言半农浅："半农确是浅。但他的浅，却如一条清溪，澄澈见底，纵有多少沉渣和腐草，也不掩其大体的清。"这也是坦率之言。正是因为被鲁迅等人打击批评，刘半农才要坚决留洋，他在北京大学资助下得以赴英。英国物价高，加上他带全家留洋，难以维持，一年后不得不转到较便宜的法国去继续学业。刘半农在留学过程中只给鲁迅寄了一张明信片。鲁迅说："我最懒于通信，从此我们就疏远起来了。"其实鲁迅是最勤于通信的人，曾在两年间给周作人写过400余封信。

1925年秋天，刘半农回国后，与鲁迅交往较少，但仍是朋友，之后两人有三次共餐的记录。1926年春天，刘半农为重印《何典》，请鲁迅写序。《何典》是清代张南庄编著，运用俗谚写成，带有讽刺而流于油滑的章回体小说，共十回，刘半农将此书标点重印。鲁迅在短序中说：

> 我看了样本，以为校勘稍迁，空格令人气闷。半农的士大夫气似乎还太多。至于书呢？那是：谈鬼物正像人间，用新典

一如古典……难违旧友的面情，又该动手。应酬不免，圆滑有

方，只作短文，庶无大过云尔。

　　鲁迅是章门弟子，古文功底极强，傲视同辈，对刘半农的校
点自然极不欣赏，"校勘稍迁，空格令人气闷"的句子中，批评
的意思很浓厚，"难违旧友的面情"，应酬的意思很浓厚，这令刘
半农深感不快，后给鲁迅赠书时，刻意不题字，双方有了隔阂。
鲁迅在《忆刘半农君》中也承认这批评使"半农颇不高兴了"。

　　1926年6月，成舍我请刘半农担任《世界日报》副刊主编后，
刘半农专门拜访鲁迅，请他写稿，得到鲁迅的同意。鲁迅专门为
他写了《马上日记》，分四次刊完。这一阶段两人交往密切。刘半
农也将刚印好的《茶花女》和《扬鞭集》各一本寄赠鲁迅，用墨笔
题"迅兄教正复"五字。"复"即他自己的名字。鲁迅投桃报李，
1927年1月，在广州托未名社的韦素园送《坟》一册给刘半农。

　　1927年，张作霖坐镇北京，氛围肃杀，"语丝派"中俞平伯、
章衣萍、钱玄同等先后南下，只剩周作人、刘半农，刘半农建议
停刊。鲁迅知道后，极为不满，在私信中说：半农不准《语丝》
发行，实在可怕，不知道他何从得到这样的权力的。还说刘半农
"狄克推多"（指独裁）得骇人。

　　刘半农此时并不知情，还在推荐鲁迅候选诺贝尔文学奖。当
时，因发现楼兰古城而名扬世界的瑞典探险家斯文·赫定准备赴
中国西北科考，刘半农闻讯后立刻联络北大、清华等机构，创
"中国学术团体协会"，抵制赫定单独考察，要求成立联合考察

队，且受协会控制。刘半农出面谈判十余次，斯文·赫定最终接受了一个被国人戏称为"倒过来的不平等条约"——为笼络刘半农，斯文·赫定请他推举一名中国作家候选诺贝尔文学奖。斯文·赫定是瑞典学院和瑞典皇家科学院的双料院士，有诺贝尔奖提名权。刘半农想推举鲁迅，请台静农致书鲁迅。1927年9月25日，鲁迅给台静农写信，予以婉拒："九月十七日来信收到了。请你转致半农先生，我感谢他的好意，为我，为中国。但我很抱歉，我不愿意如此。"

鲁迅当年的心思很难猜，他内心深处并不承认刘半农的文学及学术成就，由他推举自己，非己所愿；加之这个推举名额是用同意斯文·赫定到中国西北科考换来的，鲁迅并不买账，这后来被魏建功解读为"严正而又坚决地拒绝了帝国主义阴谋分子斯文·赫定的'诱惑'"。赫定一生只行使过5次提名权，3次与中国相关，即提名赛珍珠、胡适和林语堂。

《语丝》在北京被张作霖禁止后，李小峰请鲁迅在上海编辑《语丝》。1928年2月，刘半农在《语丝》4卷9期上发表"杂览之十六"《林则徐照会英吉利国王公文》，他在按语中说，林则徐被英人俘虏，"明正典刑，在印度异尸游街"。这是他搞错了。事实上，林则徐被罢职后，发配新疆伊犁充军，1850年病逝。鲁迅在第14期《语丝》上选登了一篇极平和的纠正刘半农先生的"林则徐被俘"之误的来信，指出了这个错误以后，刘半农就不再有片纸只字。

这次误会后，两人关系进入了"无话可谈"的低谷。1928年

8月4日晚，李小峰及夫人在上海万云楼请客，客人有鲁迅、许广平、周建人、刘半农、沈尹默、郁达夫、张友松、林语堂及夫人。这次饭局就是鲁迅在《忆刘半农君》一文中提及的："五六年前，曾在上海的宴会上见过一回面，那时候，我们几乎已经无话可谈了。"(1934年文) 关于这次饭局，鲁迅给章廷谦写信说："沈刘两公，已在小峰请客席上见过，并不谈起什么。我总觉得我也许有病，神经过敏；所以凡看一件事，虽然对方说是全都打开了，而我往往还以为必有什么东西在手巾或袖子里藏着。但又往往不幸而中，岂不哀哉。""沈刘两公"指沈尹默、刘半农。

之后，鲁迅对刘半农的仕途非常关注，每一提及，必流露讽刺。如1928年9月19日，鲁迅给章廷谦写信："半农长豫，傅斯年白眉初长师范，此在我辈视之，都所谓随便都好者也。"此处"半农长豫"指传说中刘半农要任河南教育厅厅长。1930年4月28日，南京政府教育部任命刘半农为国立北平大学女子文理学院院长。鲁迅先已风闻，3月21日夜给章廷谦写信说："半农玄同之拜帅，不知尚有几何时？有枪的也和有笔的一样，你打我，我打你，交通大约又阻碍了。"

鲁迅一直对刘半农略有微词，但半农的忠厚，还是使他感动。1932年11月20日，鲁迅到北平探望母亲，刘半农打算去看鲁迅，后被别人劝阻了。"这使我很惭愧，因为我到北平后，实在未曾有过访问半农的心思。"

鲁迅晚年，在他看来，"半农渐渐的据了要津，我也渐渐的更将他忘却"。但从报章上看见他禁称"蜜斯"之类，却很起了反感；又看见他"不断的作打油诗，弄烂古文"，回想先前的交情，也往往不免长叹。

禁称"蜜斯"，指刘半农出任北平大学女子文理学院院长后，禁止女生去营业性舞场，且反对互称"蜜斯"，理由竟是"吾人口口声声呼打倒帝国主义之口号，而日常生活中尚将此不需要之帝国主义国家语言中译来之名词引用，诚不知是何种逻辑"，令舆论大哗，刘亦黯然辞职。

"作打油诗，弄烂古文"，指胡适回北大任文学院院长，正逢40岁生日，胡适特别说明不过生日，刘半农、赵元任等人依然联名送贺诗。4年后，周作人50岁生日，自题两首白话诗，被林语堂发表，结果又是一番众人应和，刘半农写了5首，鲁迅讽为"群公相和，则多近于肉麻"。

凡此种种，均让鲁迅不满，所以他写道："我爱十年前的半农，而憎恶他的近几年。"

鲁迅虽写文章批评刘半农，却一直是化名，不肯亮明身份，说明对二人的关系还是抱着希望，不愿意弄到公开冲突的地步。1935年6月，刘半农携助手前往内蒙古等地调查方言，染上了"回归热"，回京后被庸医所误，等送到协和医院，已难回天。刘半农去世后，鲁迅写了诚恳忠厚的纪念文章，称"现在他死去了，我对于他的感情，和他生时也并无变化"，"我愿以愤火照出他的战绩，免使一群陷沙鬼将他先前的光荣和死尸一同拖入烂泥的深渊"。

鲁迅与刘半农的交往，爱与憎恶交织不言弃。民国学人，格局是很大的。

传叔祖母治馔饯行

——故乡的山水渐渐远离了"我"

时间：1919年12月19日

地点：鲁迅绍兴老家周子传太太家

与席：鲁迅母亲、鲁迅、周建人、传叔祖母及其家人

1919年12月19日鲁迅日记云："晚传叔祖母治馔饯行，随母往，三弟亦偕。"

这是鲁迅回故乡变卖祖屋，接母亲到北京，离开绍兴前，"传叔祖母"治馔饯行。

这个饭局牵扯到两个问题：一个是传叔祖母的身份问题，以及她在鲁迅作品中扮演的角色；另一个是鲁迅对待故乡的态度。

"传叔祖母"是什么人？

传叔祖母是周子传的夫人，鲁迅的堂祖辈，姓陈，也是鲁迅《朝花夕拾》中出现的"衍太太"的原型。

据张能耿、张款著《鲁迅家世》介绍，周子传生于1852年6月27日，与周氏兄弟的祖父周福清是同一个祖父的堂兄弟，比

周氏兄弟的父亲周伯宜大8岁。因为周子传在周氏同辈中排行第25位，所以人称周子传的夫人为"廿五太太"。

传叔祖母为鲁迅及家人饯行，显然是族中之人礼节性的招待，但这并没有因此改变鲁迅对传叔祖母的态度。

1919年11月21日，鲁迅与周作人一家正式搬入八道湾新房。26日，鲁迅就向教育部"上书请归省"，要去老家处理房产，接母亲到北京。接下来整个12月份，鲁迅一直在途中及绍兴：

12月1日，晨至前门乘京奉车，午抵天津换津浦车。2日，午后到浦口，渡扬子江换宁沪车，夜抵上海，寓上海旅馆。3日，晨乘沪杭车，午抵杭州，寓清泰第二旅馆。4日，上午渡钱江，乘越安轮，晚抵绍兴城，即乘轿回家。

从5日开始，鲁迅每天应酬老家亲房邻居。5日下午传梅叔来。8日收理书籍。9日下午心梅叔来。17日夜方叔出殡。

此处"方叔"是鲁迅的堂祖周子传及其夫人的独生子周鸣山，鲁迅和他保持了终生的友谊。周鸣山谱名凤岐，小名方，周氏兄弟称之为"方叔"，是周氏家族到南京水师学堂学习洋务的第一人，被开除后回到绍兴一家学堂任英文教师，又因为与一个人称翠姑奶奶的中年寡妇私通，被校方以有伤风化为名开除教职，妻子去世后便娶翠姑奶奶为妾。周鸣山后来在绍兴南街施医局做事，因痔疮久治不愈，鲁迅1919年7月17日的日记中还有"为方叔买膏药二枚，寄三弟转交"的记录。

也就是说，传叔祖母12月17日为儿子周鸣山办完出殡之事，中间仅仅隔了一天，12月19日就张罗着为鲁迅一家饯行，这实

绍兴鲁迅故居

在超出了许多人的经验判断。传叔祖母显然并没有因儿子去世之事受到影响，而她的饯行，显然也并没有得到鲁迅的好感，怪不得在鲁迅的作品中，她会以"衍太太"的形象出现。

1926年10月7日和8日，正在厦门大学任教的鲁迅，一连写下两篇忆旧文章《父亲的病》和《琐记》。在《父亲的病》中，鲁迅第一次提到"衍太太"："早晨，住在一门里的衍太太进来了。她是一个精通礼节的妇人，说我们不应该空等着。于是给他换衣服；又将纸锭和一种什么《高王经》烧成灰，用纸包了给他捏在拳头里……'叫呀，你父亲要断气了。快叫呀！'衍太太说。"在这篇文章中，鲁迅把教唆自己"犯下对于父亲的最大的错处"的罪责，加在了"衍太太"头上。到了《琐记》中，他又对"衍太太"实施了全面清算。这篇文章采用了先扬后抑、欲取姑予的"战法"，开篇先对这位叔祖母高度评价："衍太太现在是早经做了祖母，也许竟做了曾祖母了；那时却还年青，只有一个儿子比我大三四岁。她对自己的儿子虽然狠，对别家的孩子却好的，无论闹出什么乱子来，也决不去告诉各人的父母，因此我们就最愿意在她家里或她家的四近玩。"

然后，才写了两件令他极度不满的事：

> 但我对于她也有不满足的地方。一回是很早的时候了，我还很小，偶然走进她家去，她正在和她的男人看书。我走近去，她便将书塞在我的眼前道，"你看，你知道这是什么？"我看那书上画着房屋，有两个人光着身子仿佛在打架，但又不很

像。正迟疑间，他们便大笑起来了。这使我很不高兴，似乎受了一个极大的侮辱。

这是写"衍太太"用春宫图侮辱他。

另一件是写父亲故去之后，"我也还常到她家里去，不过已不是和孩子们玩耍了，却是和衍太太或她的男人谈闲天。我其时觉得很有许多东西要买，看的和吃的，只是没有钱。有一天谈到这里，她便说道，'母亲的钱，你拿来用就是了，还不就是你的么？'我说母亲没有钱，她就说可以拿首饰去变卖；我说没有首饰，她却道，'也许你没有留心。到大厨的抽屉里，角角落落去寻去，总可以寻出一点珠子这类东西……'大约此后不到一月，就听到一种流言，说我已经偷了家里的东西去变卖了，这实在使我觉得有如掉在冷水里……"

这是写"衍太太"用流言蜚语污蔑他，甚至把她当成了逼迫自己背井离乡到南京去学习洋务的罪魁祸首。鲁迅的回忆中显然掺杂了怨恨的成分。

需要特别说明的是，《琐记》中第一次提到的"她正在和她的男人看书"和第二次谈到的"和衍太太或她的男人谈闲天"，所说的并不是同一个"男人"。前一个男人是"衍太太"的丈夫周子传，后一个是与她有通奸嫌疑的侄子辈的男人周衍生。

周衍生小名五十，生于1854年12月19日，比周子传小两岁，比周伯宜大6岁，是周伯宜的同辈堂兄，也就是鲁迅和周作人兄弟的堂伯父。

另据周建人在《鲁迅故家的败落》(湖南人民出版社1984年版)一书中介绍，周子传夫妇连同周衍生、周伯宜都是有鸦片烟瘾的人。1893年周福清科场案发生后，周子传连夜带着500块大洋的巨款到会稽知县俞凤冈的衙门里行贿，遭拒绝后又连夜赶回，因路上受到惊吓而一病不起，不久便离开了人世。在叔叔辈的周子传去世之后，独身未娶的周衍生便住进周子传家，与子传太太发生了私情。鲁迅所谓的"衍太太"，就是周衍生太太的意思，这是作为晚辈的鲁迅，为周子传太太所起的"绰号"。

鲁迅的祖父周福清对这件事十分反感，周作人在《鲁迅的故家·后记》中说："介孚公（即周福清）向来是欢喜谈论人家的短长的，因之往往谈到衍太太的那一件事，一而再的谈论不已。"并且周福清还与人发生争论，本族中有人认为他们近在咫尺，年龄相近，而又正是一鳏一寡，虽然有乖伦常，却也是人情，何必一再的刺刺不休呢？介孚公听了大不以为然，于是反驳说道，那么猪八戒游盘丝洞也是合乎情理的了。祖父的态度对于鲁迅肯定会有很大影响。

鲁迅是由于小说情节的需要把衍太太搬到了父亲去世的现场。但据周建人晚年回忆，父亲去世前，让鲁迅大叫"爹爹"的是长妈妈，而不是被鲁迅称为"衍太太"的"子传奶奶"："善知过去未来的长妈妈突然催促我大哥：'大阿官，叫呀，快叫呀！'……我记不清我们哭了多久，总之，很久很久，祖母来了，也哭，子传奶奶、谦叔、谦婶、玉田叔祖母统统都来了，他们都再三劝慰我的母亲。"

由此可见，"衍太太"这个人物身上，被鲁迅赋予了太多个人的感情色彩，类似于一个不太光彩的反面角色。这都是鲁迅离开故乡很久之后的事了。

传叔祖母饯行的这天晚上下着雨，但没有资料显示席间发生了什么事。之后，鲁迅继续整理行装。21日晚"心梅叔来。夜理行李粗毕"。22日"与三弟等同至逍遥溇扫墓，晚归"。23日雨，"午后画售屋押"。这是变卖新台门周宅。24日，"下午以舟二艘奉母偕三弟及眷属携行李发绍兴，蒋玉田叔来送。夜灯笼焚，以手按灭之，伤指"。接母亲鲁瑞和妻子朱安及三弟周建人一家到北京居住，离开故乡的当天还受了伤，鲁迅的心情肯定是十分郁闷的。本月29日，鲁迅和母亲一行到了北京，从此再没有回过老家。1927年10月后，鲁迅和许广平一直生活在上海，上海距离绍兴200公里左右，即使在交通不算发达的民国，这点距离也不足以成为鲁迅不回绍兴的理由，其中的原因颇值得玩味。

鲁迅对故乡的感情是很复杂的，他的那份爱始终有所保留，这与艾青"大堰河，我的保姆"以及贺敬之"几回回梦里回延安，双手搂定宝塔山"那种热情呼告式的爱截然有别。他既回忆着绍兴，又避讳着绍兴；既梦魂牵绕着故乡，又时刻警惕着故乡，甚至诅咒说："神赫斯怒，湮以洪水可也。"（鲁迅致许寿裳信）这使得鲁迅与绍兴之间构成了一种紧张的对峙。

周作人在其回忆录中说，鲁迅不愿意说自己是绍兴人，人家问他籍贯，回答说是浙江。周作人认为，绍兴人不喜欢"绍兴"这个名称的原因有三。第一是不够古雅。绍兴古名于越，秦汉时称会稽，绍兴之名则迟至南宋才有。第二是不够光彩。绍兴作过南宋的临时首都。1131年，宋高宗赵构改年号为"绍兴"，并把越州改名为绍兴，用这个吉祥的字面寄托"绍祚中兴"之意，里外透着一股自欺欺人的意味。第三是绍兴人满天飞。《越谚》载"麻雀豆腐绍兴人"的俗语，谓三者到处都有，实际上是到处被人厌恶，即如在北京，绍兴人便很不吃香，因此人多不肯承认是绍兴人。

笔者认为，鲁迅最初并不讳言绍兴。绍兴历史上曾出过勾践、西施、王充、王羲之、陆游、徐渭等杰出人物，鲁迅曾经辑录有关这些先贤的故事，名为《会稽郡故事杂集》，以为"供其景行，不忘于故"。他很喜欢明末文学家王思任的一句话，就是："会稽乃报仇雪耻之乡，非藏垢纳污之地。"（明人张岱《王谑庵先生传》，见《琅嬛文集》，岳麓书社1985年版，第195页）对于这个以民风强悍著称的故乡，青年时代的鲁迅也大有溢美之词："于越故称无敌于天下，海岳精液，善生俊异，后先络驿，展其殊才；其民复存大禹卓苦勤劳之风，同勾践坚确慷慨之志……"鲁迅曾用过一个叫"戛剑生"的笔名，显然是对绍兴血气精神和强悍民风的一种崇尚及一种呼应。当然，鲁迅的赞美也是清醒的赞美，他同时批评绍兴在后来的历史演变中是"世俗递降，精气播迁，则渐专实利而轻思想，乐安谧而远武术"（《〈越铎〉出世辞》），这种批判展示了鲁迅的眼界。

鲁迅对故乡从最初的赞美，到理性的批判，再发展到与之交恶，这一细微却也合乎情理的变化，是通过他与故乡的三次重要的离别实现的。概言之，他每一次远离故乡，都伴着一种无声的撕裂心灵的创痛，故乡于他，终于是越来越远了。

第一次离乡是鲁迅父亲病逝、家道衰败后。他饱尝了从小康坠入困顿后人们的欺侮和世俗的冷眼，于是选择了当时被认为是异端的路——学洋务。

第二次离乡是他作为"海归"派人才从日本回到绍兴，担任师范学校校长后。这一时期，鲁迅在故乡要面对的不是人们的冷眼，却是代表着封建余孽的旧式包办婚姻。鲁迅和朱安在形式上的结合与其说是婚姻，不如说是鲁迅对于母亲的孝道。辛亥革命后，他便应国民政府教育总长蔡元培的邀请，第二次离开故乡到教育部工作，离开了他的旧式婚姻，离开了一种樊篱式的文化语境。他不愿提及故乡，因为那儿有他的难言的要时时逃避才能安静下来的隐痛，这种痛，是困扰着"五四"知识分子的婚姻问题的冰山一角。

第三次离乡即是这次变卖绍兴老屋后。而变卖老屋，用鲁迅自己的话讲，是"为族人所迫"——1919年初，鲁迅在给许寿裳的信中说："仆年来仍事嬉游，一无善状，但思想似稍变迁。明年，在绍之屋为族人所迫，必须卖去，便拟挈眷居于北京，不复有越人安越之想。而近来与绍兴之感情亦日恶，殊不自至（知）其何故也。"可见，就是从这个时候开始，鲁迅彻底放弃了"越人安越"的想法，而放弃的原因，就是信中所说的"在绍之屋为族人所迫，必须卖去"。其时，鲁迅故居周家新台门经全族商议出售给东邻朱某，鲁迅最后一次回家就是处理此事。

鲁迅的故乡绍兴

1919年12月初，鲁迅从北京回到绍兴，卖掉了老屋，带着母亲、朱安和三弟建人及其眷属永远离开了绍兴，在难言的痛楚中，他这样写：

　　　　老屋离我愈远了；故乡的山水也都渐渐远离了我，但我却并不感到怎样的留恋。我只觉得我四面有看不见的高墙，将我隔成孤身，使我非常气闷；那西瓜地上的银项圈的小英雄影像，我本来十分清楚，现在却忽地模糊了，又使我非常的悲哀。

　　卖掉老屋，接走老母，定居北京，鲁迅与故乡的情感脐带被割断了，这是与故乡的永诀，也是真正意义上的交恶，为何至于如此，连他自己都"殊不自至（知）其何故也"。从此以后，鲁迅就再没有回过绍兴，他成了一个没有故乡的人，他的精神的根基忽焉其上，忽焉其下，无从着落，此情此境，怎不令人长歌当哭！

　　正是在这样的现实境遇下，鲁迅的创作，处处显出一种失落感和无家可归感，在"五四"前后的作品中，他笔下的故乡形象，充满了冷寂与荒凉。如《孔乙己》《明天》中的S城和鲁镇是沉寂和冷酷的，《故乡》中的小城是荒凉萧索的，《论照相之类》中的小城是蒙昧、盲目排外、仇视一切新事物的，《随感录·五十六》中的小城是落后的，等等。

　　随着时间的推移，鲁迅渐渐淡忘了那个现实中让他不快的故乡，他的后期作品中充满了对故乡温馨的回忆。在《忽然想到》

中，鲁迅透露了自己情感变化的原因："旧家庭仿佛是一个可怕的吞噬青年的新生命的妖怪，不过在事实上，却似乎还不失为到底可爱的东西，比无论什么都富于摄引力。儿时的钓游之地，当然很使人怀念的，何况在和大都会隔绝的城乡中，更可以暂息大半年来努力向上的疲劳呢。"1926年2月21日至11月18日，鲁迅创作了10篇回忆自己童年、少年和青年时代生活的散文，它们大多是以故乡为背景的忆旧之作，后集成《朝花夕拾》出版，成为中国现代文学史上回忆性散文的扛鼎之作，百草园、三味书屋、鲁镇等鲁迅笔下的绍兴地名，便有了现代文学发轫之初的某种符号意义。

在和故乡交恶后，鲁迅要极力构筑一个属于他的精神故乡。他在《朝花夕拾·小引》中说："我有一时，曾经屡次忆起儿时在故乡所吃的蔬果：菱角，罗汉豆，茭白，香瓜。凡这些，都是极其鲜美可口的；都曾是使我思乡的蛊惑。后来，在我久别之后尝到了，也不过如此；惟独在记忆上，还有旧来的意味留存。他们也许要哄骗我一生，使我时时反顾。"

鲁迅的思乡，是一个无家可归者的精神寻根，而他的失乡，则暗合着中国传统文人的宿命。

午宴买宅时赠物者

——周府的堂会

时间：1920年3月14日

地点：鲁迅八道湾11号新宅

与席：买宅时赠物者，共二席，十五人

鲁迅在北京时，有时别人请他到家中坐席饮宴，如1914年4月30日记云："晚徐吉轩招饮于其寓，同席者齐寿山、王屏华、常毅箴、钱稻孙、戴螺舲、许季上。"

后来鲁迅也在家中设宴请友人，则显得比较隆重，如1920年3月14日记云："午宴同乡同事之于买宅时赠物者，共二席，十五人。"

这是鲁迅感谢他乔迁八道湾新居时给他赠送过东西的15个人。

1919年7月10日，鲁迅约徐吉轩往八道湾看屋；8月19日买罗氏屋成，11月4日收房屋讫，开始装修；11月21日，黄道吉日，"上午与二弟眷属俱移入八道湾宅"。

鲁迅宴请的同乡同事都是什么人？给他送了什么物品？

查阅鲁迅日记可知，从1919年8月鲁迅准备买房到11月下旬迁入八道湾11号宅，同乡同事给鲁迅赠物的情况如下：

宋子佩、潘企莘、李遐卿合送椅子四个；陶书臣赠铁制什器五件；宋子佩赠茶一包；许诗荸来并致铭伯先生及季市所送迁居贺泉共20元。

这是乔迁之前的情况。其中许铭伯、许寿裳和鲁迅关系特殊，似乎各贺10元，是仅有的以钱币作贺者。

乔迁新居后，赠物者主要是教育部同事，共有两拨，另加一人：1月10日晚，（教育部）本司同事九人赠时钟一、灯二、茶具一副；1月17日上午，同僚送桃、梅花八盆；2月19日除夕夜，徐吉轩送广柑、苹果各一包。

此外只记录来访而未注明是否送物者分别有：

潘企莘、陶书臣、钱玄同、蒋抑之、孙伏园、李遐卿（2次）、赵之远、许诗荃、张协和、陈百年、朱逷先（2次）、沈尹默、钱稻孙、刘半农、马幼渔、宋子佩、蒯若木等，达17人。

以上数种情况综合分析，可以列出两个大名单：

第一个名单：

教育部同事，许铭伯、许寿裳、陶书臣、宋子佩、潘企莘、李遐卿、徐吉轩。

第二个名单：

钱玄同、蒋抑之、孙伏园、赵之远、许诗荃、张协和、陈百年、朱逷先、沈尹默、钱稻孙、刘半农、马幼渔、蒯若木。

则参加"午宴同乡同事之于买宅时赠物者"之15人必从上述两个名单中产生。

还有一个很明显的问题是，鲁迅是1919年11月21日迁入八道湾11号的，为什么直到第二年的3月14日才请客答谢呢？

第一个原因是，这中间的1919年12月份，鲁迅回了一趟老家。此年12月1日，鲁迅即去老家绍兴接老母，变卖祖宅，12月24日"以舟二艘奉母偕三弟及眷属携行李发绍兴"。29日到八道湾宅。第二天起即分送人情，如送铭伯先生火腿一只，笋干一篓，送徐吉轩两当二件、龙眼一篓，送戴螺龄笋干一篓，送齐寿山龙眼一篓。

第二个原因是，到了旧历年底，春节即将来临，人人团聚，不是请客的时机。鲁迅一家也于2月19日旧历除夕"晚祭祖先。夜添菜饮酒，放花爆"。团聚之乐跃然纸上。

第三个原因非常隐蔽，那就是鲁迅手头拮据。鲁迅所买八道湾11号四合院，前后三进，房子二十多间，总价3500块大洋。除了房款，还付给房产中介175块大洋的佣金，办房产证时缴给政府180块大洋的契税和印花税，安装自来水时向自来水公司缴纳初装费115块大洋。房款、佣金、税费、自来水初装费，合计约4000块大洋。不得已，托齐寿山向人借款500块大洋，为期3个月，月息"一分三厘"。此时的鲁迅虽然时不时在琉璃厂买一些碑拓，但那都是小钱，事实上他是很穷的。为了请客，鲁迅3月4日从齐寿山处借了50元钱，接下来两日游厂甸买墓志花去6元。3月14日请完客后，30日又从戴螺龄处借了100元，一直到

4月10日，收到三月份上半月工资120元后，马上给戴螺舲还了100元，剩下20元对付日子。

某学者研究发现，鲁迅举家入住修葺一新的八道湾后，前来祝贺的"人很少，门前冷清"。这倒也罢了，说明该学者研究不深入。但是依据3月14日"午宴同乡同事之于买宅时赠物者，共二席，十五人"而得到"蔡元培、钱玄同等未到席"的结论，就不那么令人信服了。你以为摆一桌饭想请谁就请谁啊？15人中有没有钱玄同暂且不论，蔡元培是什么身份？北大的校长！鲁迅此时是什么身份？不过是教育部的一个小科长（相当于处长），直到此年8月份，他才是北大的讲师，打个零工，讲授中国小说史。身份差距太大，鲁迅乔迁新房，是不可能去请北大校长的。

鲁迅在家中请客，是很重大的一件事。15个人吃饭，两大桌，饭菜由谁来治？这是个问题，依靠周作人及其日本老婆显然不现实。近读邓云乡先生《鲁迅与北京风土》中有关堂会与请帖的章节，令人眼前一亮，这个问题迎刃而解。

邓先生说，当年北京人在自己家中或会馆中请客，有一个行话叫作"堂会"，饭庄派人去应这种生意叫作"走堂会"。当时北京大小饭馆，都管外送，小到提着食盒送炒饼、豆腐汤，三四十个铜圆的生意，大到几桌酒席，挑了大圆笼、行灶到顾客家中现烧，结算下来几十块银圆。贵贱虽大有悬殊，但送到家中的原则却是一样。那时鲁迅一家独住一所四合院子，在家中设席宴请是有条件的。鲁迅虽未记明是用谁家的菜，"但是用饭庄子的菜则是肯定的"。并且邓先生推测，寓所离西四不远，很可能是用同和居的菜吧。这是三四天前就订好了的。晚上六七点钟上席，下午三四点钟饭庄子的伙计就挑着大圆笼来了。菜肴之中，冷荤都已摆好盘，往上一端就可以了。热炒都已切好、拼好、配好，只要一下炒勺，旺火一翻身就可上桌。这就是当时饭庄子"走堂会"的情况。那时北京的中等饭庄子，如广和居、同和居、东兴楼之类，除去门市生意而外，外送酒席是很大的一笔生意，每天都有，城里的所谓"大宅门"，三天两头是有这种饭局的。

当然这只是一桌、两桌的小饭局；如果红白喜事、娶亲过寿的大局面，那就是另外的情况了。

发送请帖又是一大讲究。当时正式宴会，都要预先发请客帖子，谚语道："三日为请，两日为叫，当天为提来。"所以帖子要在三日前发出，不然便为失礼。这一点鲁迅就很注意，他3月14日请客，3月9日上午，提前5天就把帖子发出去了。这种帖子都是纸店印的现成的空白帖子，填好日期、地址、姓名，按时发出去即可。如果是红白喜事，发的帖子多，还可以向小印刷所订印。《同治都门纪略》引《都门杂咏》云："台光红帖印千张，喜网拉来如许长。夜半起来看天色，盼晴早到汇元堂。"这是清代的情况，后来到民初，基本上与此相同。发帖子多，目的是想多收份子钱。其中"台光"二字，是请柬的专门词语。

邓云乡先生还将民国年间的帖子格式附录如下：

谨订于某月某日×午×时，假座本宅，洁樽恭候

台光

某××□□谨订

地址：某街某巷××号

如果是在饭庄子中请，那"假座本宅"就可改为"假座某某楼饭庄"；如果是请全家，则"台光"二字就改为"阖第光临"。请柬上不写被请人姓名，帖子外面还有封套，被请人姓名写在封套上。

邓云乡先生还言：

为了表示对客人的尊敬，在请帖以外有的还要附一份"知单"，将所请客人的姓名，一一开列在"知单"上面，以便客人知道被请的还有什么人。被请的人，要在"知单"上签名，方法是在自己的姓名下面写一"知"字或"敬陪"二字。如被请的人年龄、地位大多高于自己，则应签"敬陪末座"四字，以示礼貌。

遥想鲁迅当年府中答谢同事同乡的情况，差不多即是如此。

海甸停饮大醉

——独撑八道湾的苦闷

时间：1921年5月27日

地点：北京海甸（海淀）

1921年5月27日鲁迅日记云："清晨携工往西山碧云寺为二弟整理所租屋，午后回，经海甸停饮，大醉。"

1920年底至1921年夏，是鲁迅非常辛苦的一个时期，因为家眷刚来北京，费用日繁，教育部却拖欠工资，侄儿重病出院不久，鲁迅支撑家庭的压力非常大。1920年7月—12月及1921年鲁迅大部分日记都作"无事"，非常简约，盖为生活所拖累。

鲁迅对他的两个弟弟，情感是有偏重的。从鲁迅日记中可知，自1912年5月鲁迅进京，至1917年4月周作人进京前，鲁迅关于周作人的记录是周建人的6倍多。周作人入京后至1923年7月兄弟失和，其记录也是周建人的近4倍。

鲁迅和周作人家庭境况一样，遭遇却大不相同。周作人自幼身体偏弱，父母对他便比较放任，而长子鲁迅却承担了许多的责任。家道衰落后，鲁迅成了家里的支柱。他从日本回国，是"因为我的母亲和几个别的人很希望我有经济上的帮助，我便回到中国来"。"几个别的人"中便包括周作人及其日本妻子羽太信子。1919年，周家全家迁居北京，从看房到买房修房，一切事宜皆由鲁迅奔波。许广平回忆，鲁迅"到处奔走另找房子，在多次看屋以后，最后才找到了八道湾罗姓的。紧接着便是修理房屋，办理手续。鲁迅又兼监修，又得向警署接洽，议价、收契，家具的购置、水管装置等事务，都落在他一个人身上"。而周作人则在这年3月底请假回绍兴携妻儿东渡日本探亲去了。直至房屋修缮将完工时，周作人全家才"恰到好处"地归来。全家同住八道湾大院时，经济上出现问题，也都是鲁迅出面去筹措。他们的母亲曾说："老二有一个比他大4岁，而且聪明能干又负责的哥哥，家里一切事情都由哥哥承担了。"

鲁迅对周作人的事业和生活照顾得细致入微。周作人的工作，也是鲁迅谋来的。

1917年，鲁迅36岁，在教育部供职。周作人32岁，在绍兴县的浙江省立第五高级中学当英文教员，同时担任绍兴县教育会长之职。兄弟二人一南一北，书信往返，倒也相安无事。

1916年12月蔡元培任北大校长。此前，蔡元培赴欧，鲁迅和他五年没有联系。现在老上司入主北京大学，鲁迅首先想到的是在北大为二弟周作人谋一份职。在周作人进京之前，鲁迅日记中六次提及蔡元培，其中1月10日和18日两次拜访蔡。3月8日致蔡之信直接商谈周作人北上教学之事：

鹤顺先生左右：

　　前被书，属告起孟，并携言语学美学书籍，便即转致。顷有书来，言此二学均非所能，略无心得，实不足以教人，若勉强敷说，反有辱殷殷之意。虑到后面陈，多稽时日，故急函谢，切望转达，以便别行物色诸语。今如说奉闻，希鉴察。专此，敬请道安。

晚周树人谨上，三月八日

　　鲁迅对蔡元培毕恭毕敬，自称"晚生"。从信中可知，北大方面想让周作人教言语学和美学，但周作人认为"均非所能，略无心得，实不足以教人"。经与蔡元培沟通，蔡同意聘任周作人。鲁迅马上给周作人写信，敦促他即刻北上，稍后又汇去旅费"兴业汇券"九十元。

　　1917年4月1日，周作人到达北京，住绍兴会馆内鲁迅之补树书屋。是夜，兄弟二人长谈。鲁迅日记载："夜二弟自越至……翻书谈说至夜分方睡。"周作人日记也载："至四时睡。"经过多次协商，周作人在北大国史编纂处谋得一份工作，一员大将留在了北京新文场。

　　周作人在国史编纂处刚刚工作了二十余天，可能是水土更易等原因，开始出麻疹，发烧生病，鲁迅怕他受风，一切方便之事全在室内，然后由鲁迅去倒入院中的茅厕。甚至连给蔡元培的假条，都由鲁迅代写：

鹤庼先生左右：

谨启者：起孟于前星期发热，后渐增。今日延医诊视，知是瘖子。此一星期内不能外出受风，希赐休暇为幸。专此，敬请道安。

晚周树人谨状，五月十三日

后来鲁迅以此为素材，写成小说《弟兄》。

1917年9月4日，周作人收到了北京大学的正式聘书，上面写着："敬聘周作人先生为文科教授，兼国史编纂处编辑员。"并言定教授月薪初级为240元，随后可以加到280元。担任的课程是欧洲文学史与罗马文学史，分别为每周三学时，共六学时，还需现编讲义。

周作人从地方中学教员一下升为中国最高学府的教授，颇有些不知所措，只得事事仰仗兄长。他白天把讲义草稿写好，晚上交鲁迅修改，第二天再誊清稿件，交学校油印备用。一年后，周作人计草成希腊文学要略一卷、罗马文学一卷、欧洲中古至18世纪文学一卷，合成一册《欧洲文学史》，作为北京大学丛书之三，由商务印书馆出版。这是周作人的第一部学术著作，也是兄弟友情的一个纪念。周作人教学之外，还参加了"改良文字问题"与"小说研究"课题的研究，并作了《日本近三十年小说之发达》的讲题，报告正式发表后，产生了很大影响。通过自己的学术与教学活动，周作人逐步为北京大学的同行所承认。

周作人进入北大，是其人生的一大转机。这一方面是鲁迅多方留意、积极物色的结果，也是蔡元培大胆举贤的结果。周作人晚年对此不忘，《知堂回想录》中竟有七篇专门忆述蔡，足见蔡在周心中的分量。蔡元培对周氏三兄弟都有奖掖之恩，但相较于鲁迅后期对于蔡元培的微词和怨言，周作人对蔡元培的怀念和评判，堪称公允。这种差异恐怕是亲自为二弟向蔡元培谋职的鲁迅自己也无法预料到的。

1920年底，周作人的右肋又患了肋膜炎，这对鲁迅而言更是雪上加霜。所谓"肋膜炎"，鲁迅1921年致信宫竹心，说"肋膜炎是肺与肋肉之间的一层膜发了热，中国没有名字，它们大约与肺病之类并在一起，统称痨病。这病很费事，但致命的不多"。

为周作人治病的医疗费用甚剧，鲁迅的经济负担极其之重。这年的3月16日，他才收到先一年11月下半月工资150元，入不敷出。本月29日，鲁迅从齐寿山处借钱50元。同日，周作人病势恶化，移住山本医院。

此后一个月，鲁迅的窘境非常明显：

4月1日，向许寿裳借款100元；4月5日，向齐寿山借款50元；4月7日，竟然卖掉了所藏《六十种曲》一部，得40元；4月12日，竟然不得不贷款："下午托齐寿山从义兴局借泉二百，息分半"；4月27日，久旱逢甘霖，收到了先一年12月上半月工资150元，但只顾得上给齐寿山还20元；4月29日，为了取区区34元代课费，还专门往女高师跑了一趟。

周作人从山本医院出院后，因人多嘈杂的八道湾不适宜疗养，鲁迅甚是着急，亲自去西山碧云寺为他寻找休养的房间。5

1922年，鲁迅（后排左一）与周作人（前排左一）同框

月27日清晨，鲁迅携工往西山碧云寺，租定碧云寺内般若堂西厢房，作为周作人的养病处。这天整理完毕，午后经过海甸停饮，一时大醉，当为借酒浇愁。

6月2日周作人到香山碧云寺休养，9月21日返寓。鲁迅曾先后借款700元用作医疗费用。其中碧云寺三个多月的租金是100元，7月18日和9月17日各付50元。有零有整，似为友情价，或者一口价。这其中的6月11日对鲁迅而言是个欢畅的日子，他一次性收到当年1月、2月两个月工资共计600元，不仅马上还掉了义兴局的200元贷款和6元利息，还为直隶水灾捐款15元，付煤钱27元，此后一段时间再没有向别人借钱。

碧云寺位于海淀区香山公园东北角。元皇庆元年（1312），仁宗皇帝重修香山大永安寺，并更名为"甘露寺"。至顺二年（1331），耶律阿勒弥创建碧云庵。一直到明正德十一年（1516），御马监太监于经修缮碧云庵，并改庵为寺。

周作人在碧云寺养病期间，潜心研读佛经，以消遣苦闷。鲁迅此前和此后也经常给他买佛经，并在星期天到西山探望。现存有鲁迅此段时间写给周作人的17封信，鲁迅对周作人关切之深一望可知。"汝身体何如，为念"这样的字眼比比皆是。大夫要求每天早中晚散步三次，鲁迅则嘱咐"我想昼太热，两次也好"。"散步之程度，逐渐加深，以不疲劳为度。""汝之所谓体操，未知是否即长井（日本医护人员）之所谓深呼吸耶，写出备考。"周作人附近住了一位"疑似肺病之人"，鲁迅便劝慰他不要紧张，但也不要到那人窗下。在周作人休养的三个月中，鲁迅患小恙数次，却从不向家人说起，只是自己吃点药，休息两天，但对周作人的关切远胜对自己的关切。

休养期间的周作人潜心研读佛经，在一些文章里也经常引用佛理，如《山中杂信》《胜业》《吃菜》《入厕读书》《谈戒律》《释子与儒生》等。

他在《山中杂信》中写道："近日天气渐热，到山里来往的人也渐多了。对面的那三间房，已于前日租去，大约日内就有人搬来。般若堂两旁的厢房，本是'十方堂'，这块大木牌还挂在我的门口。但现在都已租给人住，以后有游方僧人来，除了请到罗汉堂去打坐以外，没有别的地方可以挂单了。""般若堂里早晚都有和尚做功课，但我觉得并不烦扰，而且于我似乎还有一种清醒的力量，清早和黄昏时候的清澈的磬声，仿佛催促我们无所信仰、无所归依的人，拣定一条道路精进向前。"字里行间，有着冷静的咏叹，还是很励志的。当然，他之所以能如此咏叹，是因为前面有一个为他奔波的哥哥。

周氏兄弟失和前，周作人一直生活在鲁迅的庇护之下。鲁迅自己承受着艰辛和痛苦，为周作人搭出遮风挡雨的温室，使他成名成家。鲁迅的好友许寿裳曾说，鲁迅"对于作人的事，比自己的还要重要，不惜牺牲自己的名利统统来让给他"。可以说，没有鲁迅的帮助，周作人日后很难取得如此大的成绩。

和孙伏园饮酒甚多谈甚久

——副刊的起首老店

时间：1922年1月27日（除夕）

地点：北京八道湾周宅

与席：鲁迅、孙伏园

据许寿裳手抄本《鲁迅日记》，1922年1月27日，"晴，雪。旧除夕也，晚供先像。柬邀孙伏园、章士英晚餐，伏园来，章谢。夜饮酒甚多，谈甚久"。

除夕之夜邀请孙伏园"饮酒甚多，谈甚久"，足见鲁迅与孙伏园非同寻常的关系。

孙伏园与鲁迅是绍兴同乡，1911年，孙伏园在初级师范学堂读书时，鲁迅正是这个学堂的堂长（校长），两人是师生关系。到北京后，孙伏园与鲁迅交往甚密，两人亦师亦友。鲁迅去西安、厦门、广州，孙伏园也一路随行。甚至鲁迅定做衣服，孙伏园也会陪同。1924年6月30日，"午访孙伏园，遇玄同，遂同至广和居午餐。下午同伏园至门匡胡同衣店，定做大衫二件，一夏布一羽纱，价十五元八角，又至劝业场一游"。1942年4月，上海作家书屋出版孙伏园的《鲁迅先生二三事》，所收文章生动翔实，不溢美，不隐恶，坦白诚实，非常好读。在孙伏园的眼中，鲁迅是一个卓越的文人，并不是普通意义上"文化革命的主将""革命家""思想家"，所以他笔下的鲁迅是"非伟人"的。

由于鲁迅与孙伏园都是绍兴人，彼此交谈有时用绍兴土话，其准确程度往往胜于书面语。语言上的贴近使两人感情上自然贴近，一些鲁迅不愿与别人提及的话题，倒愿意与孙伏园谈论。孙伏园记述，鲁迅的祖父是周福清，父系亲属多住在绍兴城内都昌坊口，母系亲属住在绍兴东乡安桥头。鲁迅学医是由于牙痛，他的知交有陈仪将军。这些都是不可多得的文献。孙伏园独家记叙了鲁迅许多作品的创作动机、创作背景以及文章的意蕴，都是外人不可能知晓的文学史料甚至心理背景。比如关于孔乙己，据鲁迅对孙伏园所言，实有其人，此人姓孟，孟在咸亨酒店喝酒，人们都叫他"孟夫子"，其行径与《孔乙己》中描写的差不多。

人们在提到鲁迅时也经常提起孙伏园，那是由于孙伏园1921年毕业于北京大学后，先后担任了《晨报副刊》《京报副刊》的主编，并创办了《语丝》周刊，而鲁迅应孙伏园之约，在这三个刊物发表了大量作品。鲁迅与孙伏园的交往，更多地围绕《晨报副刊》进行。

《晨报副刊》可以说是副刊的"起首老店"。

"五四"时期，著名的"四大副刊"是文化舆论界的重镇，反映着那个时代的文化和文学思潮。这四大副刊分别是：北京的

《晨报副刊》《京报副刊》，上海的《时事新报》副刊《学灯》、《民国日报》副刊《觉悟》。四大副刊对中国现代文化进程影响深远，其中北京的《晨报副刊》更被周作人称作"中国日报副刊的起首老店，影响于文坛者颇大"（周作人《中国新文学大系·散文一集·导言》）。

《晨报》的前身为《晨钟报》，创刊于1916年8月，每天六版，是进步党人物汤派（汤化龙）的喉舌，社址在宣武门外丞相胡同。《晨钟报》最初由清末进士、四川广安人蒲伯英（1876—1934）主持，时任汤化龙私人秘书的李大钊任编辑主任。

《晨钟报》创刊伊始，便重视文艺副刊，李大钊在《晨钟之使命》的发刊词中明确提出，要新文艺"犯当世之大不韪"，"为自我觉醒之绝叫"。"五四"运动前后，《晨钟报》是《新青年》之外传播马克思主义思想、介绍俄国革命的主要阵地，所出的"劳动节纪念"专号、"俄国革命纪念"专号，所辟的"马克思研究"专栏，均为中国报刊之首举。

1918年12月，《晨钟报》改组为《晨报》，翌年2月7日，改革第7版，增添介绍"新修养、新知识、新思想"的"自由论坛"和"译丛"两栏，使副刊明显地倾向新文化运动。这样，虽然《晨报》在政治上拥护北洋政府，但其副刊在进步力量的推动下，一个时期内成为助襄新文化运动的重要刊物之一。《晨报副刊》开了中国现代报纸副刊民主改革的先河，而在右翼或中间派报纸上办好进步副刊，也是中国现代报刊史、文学史上特有的现象。

1920年7月，《晨报》第7版开始由孙伏园主编。1921年10

月12日，孙改出四开四版的单张独立发行，报眉印有鲁迅拟就的"晨报附刊"字样，报头定名为"晨报副镌"。同一张报纸，为什么报头是"晨报副镌"，报眉又是"晨报附刊"几个字呢？孙伏园在《鲁迅先生二三事》一书中披露，原来"附刊"之名是鲁迅先生取的，他认为《晨报》既然独立地另出一页四开小张登载学术文艺，随同《晨报》附送，那么就叫"晨报附刊"吧。"附刊"也就是另外一张的意思。同时，进士出身的《晨报》总编辑蒲伯英善书法，亲自写了一个汉砖字体的版头，把"附刊"写成了"副镌"。孙伏园为了尊重鲁迅先生的原意，除报头名为"晨报副镌"外，报眉仍用"晨报附刊"几个字（见该书《鲁迅和当年北京的几个副刊》一文）。编者先后为孙伏园、刘勉己、丘景尼、江绍原、瞿菊农、徐志摩。

孙伏园主编《晨报副镌》后，注重从白话、标点、学术性、民主性、趣味化等几个方面着手提高副刊的影响，并约请梁启超、胡适、王国维、鲁迅、郁达夫、闻一多、徐志摩、冰心、刘海粟、王统照等一大批文化名人撰稿，介绍新知识，传播新文化，宣传新思想。

《晨报副刊》于1921年12月4日起开始连载巴人的小说《阿Q正传》，1922年2月22日刊登完毕。巴人是鲁迅的另一个笔名。应该说发表《阿Q正传》，证明了孙伏园过人的胆识。《阿Q正传》的发表，使鲁迅名声大震，孙伏园也因此成了知名编辑。

据孙伏园回忆，鲁迅的作品除发在《新青年》外，大都寄给《晨报副镌》了，计有50余篇，除《阿Q正传》外，还有《不周山》

《肥皂》，以及杂文、学术论文和译文。沈从文的处女作《一封未曾付邮的信》也发表于《晨报副镌》，这个被金介甫称作仅次于鲁迅的"中国第一流的现代文学作家"如一颗新星于此冉冉升起。以冰心《斯人独憔悴》为代表的"问题小说"，朱自清、刘大白等的新诗，瞿秋白的"旅俄通讯"，周作人的杂文，孙伏园的游记及戏剧介绍，无不展露着"五四"的时代风貌。当《晨报》在政治上渐失进步作用时，孙伏园通过致力于发展新文学，保持了它在思想界、文化界的广泛影响，如周作人的一批文艺评论文章、冰心寄小读者的篇什、汪静之等湖畔派诗人的诗作、陈大悲等发起的非职业的爱美剧运动等，都在中国现代文学三十年中深具影响。特别是1923年至1925年，王统照主编的文学研究会在京刊物《文学旬刊》也附在《晨报副刊》上出版，它与改革后的《小说月报》一道，促成了文学研究会作家群的形成，显示出现实主义文学的特色，成为"五四"新文学最重要的收获之一。

从1921年起，到1924年鲁迅赴西安讲学，孙伏园作为《晨报》记者随行报道。1924年11月《语丝》周刊在北京创刊，孙伏园任主编。1924年12月，《京报副刊》创刊，也是孙伏园任主编。孙伏园和鲁迅这四五年可以说是在工作上配合得比较密切的，合作也是比较愉快的。

孙伏园之后，1925年10月1日，《晨报副镌》由徐志摩接编，正式改名为《晨报副刊》，总体上呈资产阶级自由主义倾向。除了倡导新格律体诗对新诗发展有促进作用，提升了现代新诗的艺术品质，在整个大的文学背景上，徐志摩均不及孙伏园任主编时的成就,《晨报副刊》于此便渐渐衰落,至1928年6月5日第2314号宣告终刊。

本雅明认为,20世纪以来,"日常的文学生活是以期刊为中心开展的"(本雅明《发达资本主义时代的抒情诗人》,张旭东等译,三联书店1989版,第44页)。《晨报副刊》作为"五四"时期著名的"四大副刊"之一,既有文坛思想过招的原始材料,又有文学观念论争的全景记录,甚至经历和见证着一些大的文学事件,并和其他期刊媒介一道,组织着文学的生产力,反映着文学的生产关系,契合着"五四"时代"德先生"和"赛先生"的历史文化内涵。因此我们说,中国日报副刊的"起首老店"《晨报副刊》参与了对现代文学史的书写与创造,成为中国现代文学三十年进程中的文化指针之一。

与二弟小治肴酒共饮三弟

——周氏三兄弟最后的晚餐

时间：1923年5月10日

地点：北京八道湾周宅

与席：周氏三兄弟及周府家人、孙伏园

1923年5月10日，鲁迅日记云："晚与二弟小治肴酒共饮三弟，并邀伏园。"

这一天不逢年不逢节，也不是纪念日，是北京八道湾周宅中一顿普通的晚饭，唯一的客人孙伏园与周氏兄弟十分熟悉，唯一的由头是周家老三周建人到北京探亲后，将返上海。其时周建人在上海商务印书馆工作。

如果说有特殊之处的话，那就是，这顿小型家宴是周氏三弟兄"最后的晚餐"。确切地讲，是鲁迅与周作人反目之前，三兄弟最后一次在周宅吃团圆饭。

鲁迅和周作人是中国现代文学史上耀眼的双子星，前者以唐·吉诃德式的征战成为新文学的斗士，后者以哈姆雷特式的坚忍成为新文学的思想者。周氏兄弟在创作和理论方面做出的巨大贡献，几乎可视作现代文学的半壁江山。

曾几何时，他们患难与共——有谁从小康人家而坠入困顿的么，曾经一起在墙角捉蟋蟀的兄弟二人看到了世人的真面目，不得不去上被当时人看不起的"将灵魂卖给鬼子"的洋务，同到日本留学，携手介绍欧洲文学，合作翻译《域外小说集》，共同投入新文化运动，成为"五四"时代猎猎作响的两面旗帜。

曾几何时，他们唱和有加——"谋生无奈日奔驰，有弟偏教各别离。""夜半倚床忆诸弟，残灯如豆月明时。"（鲁迅《别诸弟》）兄弟天各一方便酬唱以诗，挂怀不已，此情此景，用鲁迅唱和周作人诗跋中的话讲，可谓"盖未有不悄然以悲者矣"。

曾几何时，他们手足怡怡——鲁迅曾牺牲自己的学业和事业回国谋事，来供养尚在日本留学的周作人和他的日本家属。兄弟见面后，常"翻书谈说至夜分方睡"。同时，周氏兄弟书信往返极繁，特别是1921年竟达17个来回。

曾几何时，他们形影不离——自1919年11月21日移入八道湾后，周氏兄弟常相偕出游、购书、饮茗、赴宴，即使是在失和的当月上旬，他们还同至东安市场，又至东交民巷，又至山本照相馆，足见情笃。

....

但是，这两棵血脉相连、同根而生的大树在1923年7月份的某一天突然划地而治，永不往来。于是他们的生命在不同的向度各自寂寞地展开，结出了两颗迥然有别的文化果实，形成了两颗

"同宗而异形的文化灵魂"(李劼语)。

周氏兄弟的反目是现代文学三十年最大的隐痛，由于鲁迅、周作人之于现代文学的独特意义，它超越了周氏家族的个人恩怨纠葛，而成为现代文学自身的一次痛苦的变故。

查周作人与鲁迅日记，两兄弟失和之前，感情是非常融洽的。兄弟二人经济合并，共同奉养全家。按理说这个有着天伦之乐的诗书之家将以常态的方式继续自己的生活，然而不幸的是，命运为周氏家庭安排了一个日本女人：羽太信子。作为八道湾的实际当家人，羽太信子是一个极度挥霍的女人，家里使唤着六七个男女仆人，看病要请日本医生，日用品也要买日货，这使得鲁迅的经济负担极重。据增田涉说，鲁迅给周作人孩子买的糖果，羽太信子都让孩子抛弃。鲁迅也对三弟周建人说过，他偶然听到羽太信子对孩子的呵责："你们不要到大爹的房里去，让他冷清煞！"7月14日，鲁迅日记中突然出现了这样的记录："是夜始改在自室吃饭，自具一肴，此可记也。"这是兄弟失和的前奏，由于它使八道湾日常生活起了变化，故"此可记也"。

在周府，分灶吃饭是大事，相当于分家。查周作人日记，却无一字记录此事，但此后的记录若有若无地透露了一点"消息"。7月17日，周作人日记记载："阴。上午池上来诊。下午寄乔风函件，焦菊隐、王懋廷二君函。"周作人承认，这则日记原来还有约十个字涉及他与鲁迅矛盾的内容，但被他"用剪刀剪去了。"（周作人《知堂回想录·不辩解说（下）》，第424页）

7月18日，周作人给鲁迅写了一封信，算是把话说开了，全文是：

鲁迅先生：

　　我昨日才知道，——但过去的事不必再说了。我不是基督徒，却幸而尚能担受得起，也不想责难，——大家都是可怜的人间，我以前的蔷薇的梦原来都是虚幻，现在所见的或者才是真的人生。我想订正我的思想，重新入新的生活。以后请不要再到后边院子里来，没有别的话。

　　愿你安心，自重。

七月十八日，作人

　　7月19日，周作人日记中有"寄乔风、凤举函，鲁迅函"一句。鲁迅日记中也只寥寥几字："上午启孟自持信来，后邀欲问之，不至。"节制的简劲的叙述背后，又隐藏着怎样的情感的大风暴呢？根据日记，这一天，周作人亲自手持一封外书"鲁迅先生"的信，并称"以后请不要再到后边院子里来"，鲁迅想问个究竟，周作人避而不见。有研究者推测，是鲁迅偷看了弟妇沐浴才导致了兄弟失和，但海婴先生对此说予以怀疑，因为据其时住在八道湾客房的章川岛先生说，八道湾后院的房屋的窗户外有土沟，还种着花卉，人是无法靠近的。何况按日本的风俗，家庭沐浴男女并不回避。至于真相究竟如何，已是文学之外的一桩无头公案了。

　　下午，北京下了一场雨，接着是沉默的一周。

7月26日鲁迅日记："晴。上午往砖塔胡同看屋，下午收拾书籍。"鲁迅决心离开兄弟朝夕共处的八道湾了。29日，"终日收书册入箱，夜毕"。30日，"上午以书籍、法帖等大小十二箱寄存教育部"。至8月2日，"雨，午后霁。下午携妇迁居砖塔胡同六十一号"。同日周作人日记："下午L夫妇移住砖塔胡同。"L即指鲁迅。

周氏兄弟之间，此后便是难堪的沉默，这一情形延续了十个月。如果说这十个月时间周府的家丑还控制在内部的话，那么，十个月之后，风暴终于爆发了。

1924年6月11日，"下午往八道湾宅取书及什器，比进西厢，启孟及其妻突出骂詈殴打，又以电话招重久及张凤举、徐耀辰来，其妻向之述我罪状，多秽语，凡捏造未圆处，则启孟救正之。然终取书、器而出"。这是鲁迅日记中最后一次出现周作人。从此以后，鲁迅永远离开了八道湾。有关此次兄弟间的正面交锋，鲁迅母亲曾对周建人补充说，其时，鲁迅在西厢随手拿起一个陶瓦枕（一种古玩），向周作人掷去，他们才退下了。鲁迅、周作人兄弟一场，竟发展至"骂詈殴打"，简直难以置信。

不仅读者感到莫名其妙，当事人又何尝不是如此。我们注意到，兄弟失和事件中，鲁迅与周作人始终处于神情恍惚、失控的状态。周作人说："我昨日才知道……"鲁迅则"邀欲问之"，可见他们对事情的发生不仅毫无思想准备，并且连给对方解释、质问的机会都没有。情绪积攒十个月后，便鬼使神差到了相骂以至殴打的境地。

到底发生了什么，谁也说不清楚。周氏兄弟都不说话。鲁迅本人生前没有就此发表一个字。周作人也一再表示："不辩解。"他说："大凡要说明我的不错，势必先说对方的错。不然也总要举出些隐秘的事来作材料，这都是不容易说得好，或者不大想说的，那么即使辩解得有效，但是说了这些寒伧话，也就够好笑，岂不是前门驱虎而后门进了狼吗？"（周作人《知堂回想录·不辩解说（上）》）于是，鲁迅与周作人失和这件事，就蒙上了一层神秘色彩。周氏兄弟中的老三周建人在《鲁迅与周作人》一文中说，正好当年5月14日他离京赴沪，未能目击这场家庭纠纷，事后鲁迅也未跟他谈过；但他认为，鲁迅与周作人的分手，"不是表现在政见的不同，观点的分歧，而是起源于家庭间的纠纷"。朱安夫人曾"很气愤地"向人说过："她（信子）大声告诫她的孩子们，不要亲近我们，不要去找这两个'孤老头'，不要吃他们的东西，让这两个'孤老头'冷清死。"（俞芳语）

　　无论如何，客观事实是，"五四"新文化运动的旗帜式人物周氏兄弟彻底撕破了脸皮，各自走上了截然不同的道路，从同一个血脉原点出发的两条线，再也没能回到相同的终点。

　　·兄弟失和后，鲁迅在精神上受到了毁灭性的打击，他在"被八道湾赶出后"（鲁迅语），即大病一场，前后达一个半月之久。从此之后，那些曾表达着鲁迅生命话语的小说创作，被表达着鲁迅意志话语的杂文所取代，一个感性的鲁迅让位于另一个客观的鲁迅。从1923至1927年长达四年的时间里，鲁迅一些文章的字里行间都透露出对失和一事的苦痛和愤怒。这可以从有关材料上看出来：

1924年9月鲁迅辑成《俟堂专文杂集》一书，署名"宴之敖"，内含"被家里的日本女人驱逐出去"之意。

1925年3月16日鲁迅《牺牲谟》发表，对专要别人牺牲的"利己主义者"予以嘲讽。

1925年6月29日鲁迅作《颓败线的颤动》，表现了一个被家庭逐出的老女人的复仇意志。

1925年11月3日鲁迅以周作人1917年在北京患病的经历作素材，写小说《弟兄》，无情地揭示所谓"兄弟怡怡"的不可靠。

1927年4月3日鲁迅作《铸剑》，用"宴之敖"命名复仇者"黑的人"。折磨着鲁迅的，是一种"被利用"的感觉。

周作人这边又是什么情况呢？1924年7月，在兄弟间大打出手后的第二个月，他写了一篇《"破脚骨"》。据川岛说，这是针对鲁迅的。在文章中，他暗示鲁迅是个"无赖子"。

1923年7月25日，周作人在《自己的园地·旧序》里说："我已明知我过去的蔷薇色的梦都是虚幻"，重复了7月18日给鲁迅的字条里所说的"我以前的蔷薇的梦原来都是虚幻"，他要"订正我的思想，重新入新的生活"，这就是不再追求"蔷薇色"的浪漫主义的理想，而选择一条享乐主义的人生道路。

但值得注意的是，互相不原谅的同时，周氏兄弟在失和后，还通过作品隐秘地表达着对胞兄胞弟的一种珍重之情。1925年10月，周作人在《京报副刊》上发表了他翻译的罗马诗人喀都路斯悼其兄弟的一首诗，题目叫《伤逝》，并附有一幅原书插图，画着一位男子伸出右臂挥手道别，画面上写着"致声珍重"。译诗中有这样的句子："我照了古旧的遗风，将这些悲哀的祭品，来陈列在你的墓上：兄弟，你收了这些东西吧，都沁透了我的眼泪，从此永隔冥明。兄弟，只嘱咐你一声珍重。"借古罗马诗人的诗句，周作人向兄长发出了一封密码电报，传递他与鲁迅兄弟间如生死情绝、永不相见、各自珍重的信息。《京报副刊》是鲁迅经常发表文章的报纸，这首诗鲁迅自然很快就看到了。20天后，鲁迅写了同名小说《伤逝》，完成后并未发表，而是收在1926年8月出版的《彷徨》集中。鲁迅回忆了对周作人疾病的忧虑及请医生诊治的事实，并借小说中的人物把他和周作人比喻为一种生活在水边却困处在高原而飞鸣求助的小鸟：脊令。《诗经》有言："脊令在原，兄弟急难。"比喻兄弟在急难中要互相救助。鲁迅通过这个小说向周作人发出了兄长的信号，表示只要周作人有急难，他还愿像当年周作人患病时那样给予救助。周氏兄弟失和40多年后的1963年，周作人在他的《知堂回想录》中说："《伤逝》不是普通的恋爱小说，乃是假借了男女的死亡来哀悼兄弟恩情的断绝的，我这样说，或者世人都要以我为妄吧。但是我有我的感觉，深信这是不大会错的。"

鲁迅对周作人唯一不好的评价是一个字：昏。他对三弟周建人说，启孟真昏！在给许广平的信中也说，周作人颇昏，不知外事。更多的时候，那不能泯灭的手足之情处处让鲁迅挂念着周作人。当《语丝》在北京被查禁，北新书局被封门时，鲁迅焦急万分，在致章廷谦的信中，鲁迅说："他（周作人）之在北，自不如来南之安全……好在他自有他之好友，当能相助耳。"鲁迅晚年为文艺斗争所苦，但当周作人的《五十自寿诗》受到攻击时，他的神志却异常清醒，甚至异常灵敏，一旦事涉胞弟，鲁迅就挺身而出——其时，也独有鲁迅在给曹聚仁等人的信中能够主持公道，替周作人辩解。周作人晚年著《知堂回想录》，多次提到此事，可见对鲁迅的胸无芥蒂也自是服膺在心，而兄弟二人的息息相通亦于此可见。据李钰先生撰文称，鲁迅临终前最常翻看的是周作人的文章，而周作人临终前，也在阅读鲁迅的书籍。他们彼此还是把对方当作一面镜子，在沉默中寻找失和的另一半，这值得玩味。

陈漱渝先生说，"东有启明，西有长庚"，"两星永不相见"。陈先生引述了鲁迅母亲对许钦文四妹许羡苏所说的一段话："龙师父给鲁迅取了个法名——长庚，原是星名，绍兴叫'黄昏肖'。周作人叫启明，也是星名，叫'五更肖'，两星永远不相见。"这样的结局，无论是鲁迅，还是周作人，都不曾料及，甚至可以说，是他们所不愿意接受的。

鲁迅在《别诸弟》跋中说："登楼陨涕，英雄未必忘家；执手销魂，兄弟竟居异地。"就这样，周氏兄弟的八道湾失和永远成了现代文学三十年中难以释怀的一处隐痛，提示着文学之外的另一种悲怆和沮丧。

立契用饭

——安慰母亲的西三条胡同新居

时间：1923年12月2日

地点：北京西长安街龙海轩

与席：鲁迅、伊立布、连海、吴月川、李慎斋、杨仲和

1923年12月2日，鲁迅日记云："午在西长安街龙海轩成立买房契约，当付泉五百，收取旧契并新契讫，同用饭，坐中为伊立布、连海、吴月川、李慎斋、杨仲和及我共六人。"

这是鲁迅成功购买到西三条胡同的房屋后，与旧屋房主连海及同事、朋友等共同用饭，含有庆祝之意。

鲁迅购买西三条胡同房屋是兄弟反目的结果。

1923年7月，鲁迅和周作人关系破裂后，决定搬出八道湾，于是通过许钦文、许羡苏兄妹，找到了砖塔胡同六十一号房屋，并于8月2日迁居此处。

生活在砖塔胡同中的鲁迅贫病交加、情绪低沉。此时"五四"运动高峰期已过，《新青年》被停，鲁迅个人生活也处于低谷，兄弟失和所带来的打击是致命的，他的精神与身体都在经

受着前所未有的煎熬。据许广平后来说："因为砖塔胡同房子是租赁的，老母亲初时只来看望鲁迅，后来病倒在八道湾，(周作人)也不给医治，跑回砖塔胡同来找鲁迅同去看医生，病好才回去。周作人家有厨子，大批工人，但母亲的饭要自己烧。母亲于是哭回鲁迅住处，鲁迅为着老人家要有自己的房子好安排生活，在非常不安之下，于是又在病中到处看屋。"(《鲁迅回忆录》)

许广平所言未必是全部真相，但鲁迅买房主要为了母亲，是没有疑问的——在《欣慰的纪念》一文中，许广平说，鲁迅曾对她讲："西三条的房子，是买来安慰母亲的，绍兴老房子卖去了，买了八道湾的房子，她一向是住惯自己的屋子，如果忽然租房子住，她要很不舒服。"

从1923年8月16日起，至10月30日，鲁迅先后在菠萝仓、西城、贵人关、西单南、街西、宣武门、都城隍庙街、西直门内、西北城、石老娘胡同、南草厂、半壁街、德胜门内、针尖胡同、阜成门内、达子庙等处看屋23趟，先后陪同鲁迅看屋的人有：裘子元、李茂如、崔月川、李姓者、秦姓者、王仲猷、杨仲和、林月波、李慎斋等9人。其中李慎斋陪同次数最多，为7次，且在鲁迅装修新房的过程中始终参与，出力甚巨，以其诚朴忠厚引人关注。

读《鲁迅日记》，有关李慎斋的记录共有52次之多，且集中于1923—1924年鲁迅兄弟失和、流离失所及寻寓栖身之际，是鲁迅风雨飘摇时期的一个得力的谋士与助手。

李慎斋，名懿修，字慎斋，河北清苑人。1916年为教育部会计，1922至1925年间为教育部社会教育司办事员。李慎斋第一次出现在鲁迅日记中是1916年12月2日，这一天是鲁迅为庆祝母亲六十寿辰回绍兴省亲的前夜，时为教育部会计的李慎斋闻知鲁迅返乡省亲的消息后，专程前往鲁迅寓居的绍兴会馆送行，并送四盒蘑菇，鲁迅在当天的日记中记道："李慎斋来，贻摩菇四合。"此后李慎斋是以陪同鲁迅看房的身份出现的。1923年9月13日，"下午同李慎斋往宣武门附近看房"。9月24日，10月10日、17日、24日、27日，又同至南草厂、阜成门内、达子庙等处看屋。

1923年10月30日，"午后杨仲和、李慎斋来，同至阜成门内三条胡同看屋，因买定第廿一号门牌旧屋六间，议价八百，当点装修并丈量讫，付定泉十元"。至此，西三条胡同房屋买定。为办理购房修屋及纳税验契手续，鲁迅去巡警分驻所、税务所、市政公所等不下15次。由此可见民国前期房管制度的繁严。难怪鲁迅在1927年10月定居上海后不再买房，一直租房居住。

西三条胡同在古老的阜成门城垣脚下，东面不远处高耸的白塔便是著名的白塔寺。

鲁迅当年在教育部社会教育司任佥事之职，月工资为三百元银洋。资料显示，一元银洋的购买力相当于今天的40元人民币，即鲁迅当年月工资相当于1.2万元人民币。鲁迅用三个月的工资即可买六间房屋，举重若轻。即使鲁迅工资很高，还有讲课费、版税及稿费等，但买房的八百元，还是向齐寿山及许寿裳两先生各借四百元后凑齐的。所欠的债，一直到1926年秋天南下厦门

北京西三条胡同21号鲁迅故居（作者摄于2008年3月15日）

大学后才用他的讲课费（月薪四百银圆）还清。

购买西三条胡同房屋，是鲁迅"买来安慰母亲的"，一片孝心和苦心尽在其中。

阜成门内西三条胡同房屋买定后，李慎斋协助鲁迅做了如下几件事：

立契。1923年11月18日，"邀李慎斋同往西三条胡同连海家，约其家人赴内右四区第二路分驻所验看房契"。12月2日，立契用饭。次日，"晚同李慎斋往警区接洽契价事"。本月与李慎斋交往频繁，互有访问，并赠送李慎斋《呐喊》一本。拿自己的著述赠人，是一个文人对他人的最高礼遇。该书为北京新潮社1923年8月出版，列为新潮社《文艺丛书》之一，以其表现的深刻和格式的特别成为中国现代小说的开端与成熟的标志。

翻修。鲁迅亲自绘制了施工草图，将小院进行了改建。12月12日，与李慎斋等"同至四牌楼呼木匠往西三条估修屋价值"，开始翻修老屋。1924年1月2日，"下午李慎斋来，同至西三条胡同接收所买屋，交余款三百元讫"。此后李慎斋来，或看瓦、木料，或看卸灰，或巡视，或买玻璃，或呼漆匠、裱糊匠，或买铺板，忙得不亦乐乎。修缮旧房，鲁迅到现场去了28次之多。为了减少借债，一些简单的装修活，鲁迅都自己操劳了，且非常节俭——铺板三床是9银圆买的，旧桌椅5件是7银圆买的。鲁迅甚至在经济拮据的情况下，向李慎斋借了50元钱，支付了李瓦匠的工钱。改建后的小院面貌焕然一新，金边黑漆的街门，朱红色的门窗；庭院内的三株丁香树，是鲁迅1925年4月间种植的。

院内有3间南房，3间北房，东西各两小间厢房。南房是会客兼藏书室，进屋门迎面靠墙的位置摆放着一排当年从绍兴老家带来的书箱，左上方有鲁迅亲笔书写的编号。南面的西间是客房，备有床铺，在女师大风潮中，许广平曾在这里避过难。北房3间中，堂屋是家人的饭厅；东西两间分别为鲁迅母亲鲁瑞和原配夫人朱安的住宅。对于朱安，鲁迅说："这是母亲送给我的一件礼物，我只能好好地供养她，爱情是我所不知道的。"这座普通的小四合院占地近400平方米。1924年5月25日，鲁迅移居西三条胡同新屋（即现在的北京鲁迅博物馆大院前部的鲁迅故居），一直居住到1926年8月离京南下，住了两年。以后，他两次（1929年5月、1932年11月）从上海回北平探亲也住在这里。

设计"老虎尾巴"。许广平在《欣慰的纪念》（人民文学出版社1981年版）中说，西三条胡同房屋是一所三开间四合院式的房子，"走进黑漆的大门，经过点缀着两三棵枣树之类的不很宽大的院子，朝南就是三开间，特别的却是当中的一间后面还紧接着象上海普通的亭子间大小的一间房子，那就是……'先生的工作室老虎尾巴'"。人民文学出版社1981年版《鲁迅全集》注释称，这一工作室，就是李慎斋为鲁迅设计的。曹聚仁也记载，"替鲁迅设计这一寓所，是他的教育部同事李先生，这老虎尾巴近乎画室，也是李先生所设计的"（曹聚仁《鲁迅评传》，香港世界出版社1956年版）。李先生即李慎斋。鲁迅曾向人介绍："在房子的后面搭出一间平顶的灰棚，北京叫做老虎尾巴。这是房子中最便宜的一种。"（许钦文《学习鲁迅先生》，上海文艺出版社1959年版，第29页）

这个现代文学三十年历史上著名的书屋，和鲁迅同时期的作家如李霁野、孙伏园等都饶有兴味地描述过，综合起来是这样的：小屋面积不足9平方米，北面的两扇大玻璃窗占了整个墙面，窗下的床铺是两条凳架着两块木板，上面摆着一对绣有"卧游""安睡"字样的枕头——这是许广平1925年亲手绣制送给鲁迅的定情之物。这里也是许广平所探访的"秘密屋"，周许二人定情之所。东壁挂着一张不大的照片，是鲁迅终生怀念的良师——藤野严九郎，黑瘦的面容，八字须，戴眼镜，照片背面写着"惜别"二字。鲁迅写作的书案，是一张三屉桌，除放有砚台、"金不换"毛笔等文具外，还有一盏高脚煤油灯。窗外有一个小院落、一口井以及《秋夜》中那两棵著名的枣树。在这个李慎斋设计的"老虎尾巴"中，诞生了著名的散文诗集《野草》、小说集《彷徨》的大部分作品，杂文集《华盖集》《华盖集续编》《坟》以及散文集《朝花夕拾》中的大部分作品，共计200多篇，无限光荣地见证了一段文学史。因陈西滢等骂他是学匪、土匪，鲁迅于是又称此屋为"绿林书屋"以示反击。

鲁迅对李慎斋协助他购买、翻修、设计房屋之事是心存感激的，是年8月，他从陕西西北大学做学术讲演返京后，第二天便拜访了李慎斋，"赠以长生果、枸杞子各一合，汴绸一匹，《颜勤礼碑》一分"。这次交往之后，李慎斋逐渐淡出了鲁迅的生活，他在鲁迅日记中最后一次出现是1925年8月份鲁迅因支持女师大学生斗争被段祺瑞执政府免去教育部佥事之职后，李慎斋前去道别——去向一个遭到当局免职的同事道别，没有一定的勇气是难以成行的。

一个人可以有很多类型的朋友，如果说许寿裳是邀鲁迅品茗逛琉璃厂的朋友，孙伏园是约鲁迅办杂志写文章做大衫的朋友，钱玄同是与鲁迅探讨铁屋子的朋友，那么，相对于这些朋友的"形而上"，李慎斋无疑是那一个"形而下"的朋友。他在鲁迅困顿之际伸出援手，帮助鲁迅寻求安身立命之所，使其度过了砖塔胡同中的艰难时日，并在设计好名震文坛的"老虎尾巴"后，便悄然消失在鲁迅的生活乃至三十年现代文学的细节中。这不是一件孤立的私人交往的事件，它是现代文学三十年中鲁迅人际关系的一枚标本。

这次用饭的西长安街龙海轩是一家典型的"二荤铺"，与鲁迅日记中西吉庆、海天春等几家饭馆都在宣内大街上，离教育部不远，也是鲁迅常去吃午饭的地方。这种小饭馆遍布四城，吃便饭方便，铺子地方小，经济实惠。

所谓"二荤铺"，有不同的解释，有的讲猪肉、羊肉合为二荤，有的说是以肉和下水共称，有的认为店家售卖的是一荤，顾客带来材料由店家加工而成的"炒来菜"又算一荤。不过老百姓大多认可的是肉和下水共称。概言之，二荤铺就是那种没有海参、鱼翅等海货，即使鱼虾等也很少卖的小饭馆。学者邓云乡、金受申、张中行等人都曾留下关于二荤铺的记忆文章，读来不但美味令人陶醉，而且那里的人文环境、气氛也令人神往。如邓云乡在《燕京乡土记》中所说，二荤铺"地方一般不太大，一两间门面，灶头在门口，座位却在里面。卖的都是家常菜……菜名由伙计在客人面前口头报来"。近代词家夏仁虎在《旧京琐记》中记云："二荤铺者，率为平民果腹之地，其食品不离鸡豚，无烹鲜者，其中佼佼者，为煤市街之百景楼，价廉而物美，但客座嘈杂尔。"

据邓云乡记述，龙海轩在当时正是最出风头的二荤铺，"软炸腰花等菜又好又便宜，一时在西长安街很享有盛名，尤其是劳动人民、青年学生吃不起大馆子，都想到它家解解馋"。邓云乡还举例说，有位当年腊月时摆摊"书春"，给人写春联的中学生，一天赚几毛钱，下午一收摊就到龙海轩吃软炸腰花，"现在谈起来还津津有味，眉飞色舞，不过已是白眉白鬓的七十六岁的老前辈了"。

西北大学办事人之宴

——"约往陕作夏期讲演"

时间：1924年6月28日

地点：北京先农坛附近

与席：鲁迅、孙伏园、王聘卿等八九人

1924年6月28日鲁迅日记云："至晨报社访孙伏园，而王聘卿亦在，遂至先农赴西北大学办事人之宴，约往陕作夏期讲演也，同席可八九人。"

1924年6月28日，鲁迅往晨报社访绍兴同乡孙伏园，适逢《语丝》撰稿人王品青（鲁迅作王聘卿）在座。其时，创办于西安的国立西北大学与陕西省教育厅合议筹设暑期学校，聘学者名流任教。王品青是西北大学校长傅铜的同乡，经他介绍，该校即邀鲁迅等人去西安讲学。是日，鲁迅与孙、王诸人同赴西北大学办事人之宴，席间商定赴陕行程后，鲁迅即做启程准备。

时距周氏兄弟决裂不久，鲁迅已正式搬出八道湾，心情无比郁闷。答应国立西北大学去陕西，既为夏期讲演，又为他谋划已久的长篇小说《杨贵妃》寻找感性材料，也为散心。鲁迅对这次外出十分重视，此后数日，在孙伏园的陪同下，先后到门匡胡同的衣店定做"一夏布一羽纱"两件大衫，到劝业场买行旅用的杂物，到西庆堂理发、洗澡。由于经济拮据，还从孙伏园处借钱86元、许寿裳处借钱20元作为差费。

一切准备停当，7月7日晚，陕西省长驻京代表在西车站食堂为鲁迅一行饯行。那时候，各省在北京都有办事机构，省长在北京也有自己的办事代表。陕西省长刘镇华的办事代表是王捷三，对鲁迅十分尊重和客气。当天鲁迅日记载："赴西车站晚餐，餐毕登汽车向西安，同行十余人，王捷三招待。""汽车"，日语，即火车。同行的有王桐龄、蒋廷黻、李济之、陈定谟、夏元瑮、陈钟凡、胡小石、孙伏园、王小隐等。鲁迅是日启程，至8月12日返京，前后共37天。

王捷三（1898—1966），原名鼎甲，陕西韩城人，毕业于北京大学哲学科，在北大读书时，通过好友王聘卿与鲁迅相识，鲁迅此次陕西讲学，他一路陪同，是鲁迅的联络员、接待员和临时秘书。

鲁迅等13人先坐火车，至陕州改水路坐船沿黄河西行，一路舟车劳顿，一周之后的7月14日才改乘汽车，午后抵达西安之东的临潼，游览了华清池故址，并欣欣然进浴了因杨贵妃闻名的华清池温泉。下午抵西安，寓西北大学教员宿舍。

鲁迅的陕西之行内容十分丰富，涉及交游、讲演、阅市、购物、会友、赴宴、观戏等多个方面，可谓不虚此行、大有收获，今人读其当时日记，亦艳羡无已。

夏期讲演

7月20日，西北大学为暑期讲学的学者们举办了隆重的开学仪式，除鲁迅等10人参加外，省长代表郭涵、督军代表范滋泽、西北大学校长傅铜和二百多军政要人出席了开学仪式。当时西安城照相比较罕见，这个开学仪式还专门请摄影师拍摄了照片，鲁迅甚感郑重，在日记里专门留下了记录。

去陕西是鲁迅平生第一次远行讲学。从7月21日夏期学校开学起，鲁迅上午开讲"中国小说的历史的变迁"，共讲8天11次12小时，至29日讲毕。30日下午往讲武堂讲演半小时，后又应邀对陆军学生讲演一次，仍讲小说史。讲武堂的听讲者都是军人，何以要讲小说史呢？当时统治西安的军阀刘镇华，窃据着陕西省督军、省长两大权位，号称"兼座"。他托人示意鲁迅，讲演时换个题目，意思是，你周树人不肯给我歌功颂德，给士兵打一下气总可以吧。鲁迅答复："我向士兵讲说是可以的，但是我要讲的题目仍然是小说史，因为我只会讲小说史。"刘碰了个软钉子，几乎要掀开"礼贤下士"的假面具。当时有家报纸《新秦日报》曾透露了这个"兼坐怒形于色"的消息，还被罚停了几天报。（宋桥《1924年鲁迅西安之行》）

对鲁迅此举，孙伏园解释道，小说史之讲法，本来可浅可

水墨画《鲁迅在西大》(西北大学教授邓益民作)

深，可严正，亦可通俗。许广平则认为："鲁迅对当时西安以及北方军阀黑暗，是很小心对待的，故对军士也只讲小说史，即可具见。"许广平的解释恐怕才是鲁迅的本意。鲁迅的讲演，声音不高，口调徐缓，如谈家常。讲到《红楼梦》时，鲁迅问学生："你们爱不爱林黛玉？"同学们各抒己见。这时一个学生反问鲁迅："周先生爱不爱？"鲁迅毫不迟疑地答道："我不爱。"问："为什么？"答："我嫌她哭哭啼啼。"于是引起一阵笑声。

此次讲演鲁迅也获酬颇厚，先后两次共得薪水和川资300元。

现在我们可以知道，鲁迅欣然前往西安讲学，除了前述既为他谋划已久的长篇小说《杨贵妃》寻找感性材料，又为排遣兄弟决裂带来的痛苦和郁闷，还有一个不足为外人道的迫切心情：挣钱。

因为周氏兄弟决裂，鲁迅此前刚刚在阜成门内西三条胡同买下了一处四合院（在今北京鲁迅博物馆内），花了800块大洋，翻修和购买家具又花去200块大洋。

按北洋政府的规定，1块大洋相当于1两白银。2019年8月初，1两白银的市场价格是人民币180元左右，800块大洋则相当于现在的人民币14.4万元。换言之，鲁迅当年在北京西二环用相当于今天15万元左右的价钱购买了一处四合院。当然，货币金融是一个非常复杂的领域，这一换算没有和货币的实际购买力相联系，仅作直观对比。

房子虽然如此"便宜"，但鲁迅还是买不起，他的购房款都是向朋友借的——向许寿裳借了400块，向齐寿山借了400块。

其实鲁迅收入并不低。学者陈明远写了一本关于文人收入的书，叫《文化人的经济生活》，详细列举了鲁迅在教育部期间的薪水：1912年10月，定薪俸220块银洋；1913年，240块银洋；1914年，280块银洋；1916年，300银洋；1924年，工资表上应发360块银洋，但经常欠发，实付三分之二。此外，鲁迅还给报刊写稿，给出版社译书，高峰时期每月收入不止五六百块，换成人民币差不多近3万元。可惜他的开销太大，特别是和周作人一家共居时，苦撑着一个大家，总也攒不了钱。800块银洋的购房款全是借的，也就不足为奇。

所以，去陕西，既讲学，又挣钱，是鲁迅的现实选择。这300元酬资对刚刚经历兄弟决裂、处于人生困境中的鲁迅不啻是雪中送炭。收到钱后，他马上托孙伏园往邮局寄86元还新潮社（盖出差前向孙伏园所借86元即转借自新潮社也），托陈定谟寄北京50元（用途不详），还慷慨解囊，为易俗社捐款50元。

易俗社看秦腔

秦腔产生于秦地，是相当古老的剧种，堪称中国戏曲的鼻祖，在中国戏曲发展史上占有重要的一席之地。

易俗社原名"陕西伶学社"，是著名的秦腔科班，由陕西省修史局总纂、同盟会员李桐轩创办于1912年8月，与莫斯科大剧院、英国皇家剧院并称为"世界艺坛三大古老剧社"。鲁迅应邀

鲁迅为易俗社题"古调独弹"匾额

先后4次欣赏了西安易俗社演出的秦腔。鲁迅在易俗社所看的秦腔，有《双锦衣》前后本、《大孝传》全本和折子戏《人月圆》。鲁迅对秦腔的艺术风格没有做专门评价，据孙伏园回忆，在看了《双锦衣》前后本后，鲁迅曾赞赏道："西安地处偏远，交通不便（当时尚未通火车——笔者注），而能有这样一个以立意提倡社会教育为宗旨的剧社，起移风易俗的作用，实属难能可贵。"这一评介针对的是易俗社，并未涉及秦腔剧种本身。

时逢易俗社成立12周年，为了褒扬易俗社"移风易俗"的功绩，鲁迅亲笔题写了"古调独弹"四字，制成匾额赠予易俗社。鲁迅的书法"融冶篆隶于一炉，听任心腕之交应，质朴而不拘挛，洒脱而有法度，远遂宋唐，直攀魏晋"（郭沫若语），字里行间积淀着人格的孤傲、耿介和洞察世事的冷峻，有很浓厚的文人气和金石气。此四字是鲁迅书风的典型代表，现已成为秦腔界的一块金字招牌。

对于这四个字，已故西北大学教授单演义说："鲁迅先生以易俗社同人能于民元时站在平民的立场，联合艺人，改良旧戏曲，推陈出新，征歌选舞，写世态，彰前贤，借娱乐以陶情，假移风而易俗，唱工艺精，编著宏伟，因题以'古调独弹'，于褒扬之中，寓有规勉之意。"此论甚是。

值得注意的是，鲁迅一生欣赏的是一种大气磅礴和阳刚坚硬的风骨，并不喜欢戏剧，对京剧常辛辣嘲讽，比如"中国的最伟大最永久，而且最普遍的艺术也就是男人扮女人"，却能如此厚待秦腔，短期内竟观秦腔四次。后来鲁迅在追述家乡绍兴戏时说，明末李自成闯荡天下时带着米脂的戏班子，戏班子中有人流落到绍兴，于是就有了绍兴戏，"故绍兴戏要比毗邻的嵊县越剧刚硬得多，实是秦腔的旁支兄弟"，言下不无喜爱之意。

淘文玩

鲁迅是淘古玩的高手，其眼光专业而独到，西安之行每有捡漏。他多次同张勉之、孙伏园、李济之等"阅市""阅古物肆"，先后在博古堂、尊古堂、南院门市、南院门阎甘园家等处购得耀州出土之石刻拓片二种（《蔡氏造老君象》四枚、《张僧妙碑》一枚）、乐妓土寓人二枚、四喜镜一枚、魁头二枚、杂造象拓片四种十枚、小土枭一枚、小土偶人二枚、磁鸠二枚、磁猿首一枚、彩画鱼龙陶瓶一枚、大小弩机五具。鲁迅的淘宝活动大约也惊动了西安古董商，如尊古堂的"帖贾"就闻讯找上门来，鲁迅从他手上买了《苍公碑》二枚、《大智禅师碑侧画像》二枚、《卧龙寺观音像》一枚。临行前陕西省长刘镇华连夜又送来《颜勤礼碑》十份和《李二曲集》一部。

鲁迅在西安买古董共计花钱32元，花钱并不算多，收获却不小，可谓满载而归，以至于8月12日夜半抵北京前门时，"税关见所携小古物数事，视为奇货，甚刁难，良久始已，乃雇自动车回家"。

买特产

　　鲁迅有买特产的癖好，这是鲁迅生活情趣的重要组成部分。在西安期间，他同王峄山、孙伏园、李济之、夏浮筠等人常常到附近街市散步"阅市"，先后买了栟榈扇二柄、酱莴苣十斤、汴绸一匹等，临行前刘省长还送杞果、葡萄、蒺藜、花生各二盒，西安有代表性的特产也算尽数收于囊中。7月23日晚，鲁迅与五六同人出校游步，不小心跌了一跤，"践破砌，失足仆地，伤右膝，遂中止"，即便是受了伤，不能继续"游步"，他也不忘在返回的路上"购饼饵少许"，读之不禁令人莞尔。

　　买特产既为自享，也为飨亲友。回到北京后，鲁迅忙不迭拿着礼品和特产专程酬谢帮他买房出了大力并设计了"老虎尾巴"书房的教育部同事李慎斋，赠以长生果、枸杞子各一盒，汴绸一匹，《颜勤礼碑》一份。

　　此外，鲁迅在西安先后赴宴6次。如7月14日中午，镇嵩军第四路步兵第二营营长赵清海招午饭。7月24日，陕西省长兼督军刘镇华晚宴，鲁迅在宴会上还饮了酒。此时的鲁迅，名声虽然尚不及30年代那样如日中天，但已很有身份，甚至可以拒绝一些宴会，但刘镇华毕竟是一省之长，他举办的宴会，鲁迅还是很重视的。8月3日，刘省长于易俗社设晚宴，为鲁迅等人先期回京饯行。宴会上，他们一边饮酒，一边看戏，这在当时是很高规格的礼仪。一个军阀用"设宴演剧"的礼仪款待鲁迅，让鲁迅很是受用。夜里，刘镇华又送来了《颜勤礼碑》十份和《李二曲集》

一部，还有杞果、葡萄、蒺藜、花生各两盒。鲁迅接受了这位军阀省长的礼品，并记到日记当中。

西安之行对鲁迅的著述有很大影响，其中之一是长篇小说《杨贵妃》的破产。因为鲁迅全然找不到想象中的长安的影子。鲁迅说："我不但什么印象也没有得到，反而把我原有的一点印象也打破了！"鲁迅后来致日本友人山本初枝信说："五六年前我为了写关于唐朝的小说，去过长安。到那里一看，想不到连天空都不像唐朝的天空，费尽心机用幻想描绘出的计划完全被打破了，至今一个字也未能写出。原来还是凭书本来摹想的好。"

鲁迅陕西之行还引出了多篇和陕西有关的杂文和书信，如《说胡须》《看镜有感》等。他结合在西安所见唐代遗迹，"遥想汉人多么闳放，新来的动植物，即毫不拘忌，来充装饰的花纹。唐人也还不算弱，例如汉人的墓前石兽，多是羊，虎，天禄，辟邪。而长安的昭陵上，却刻着带箭的骏马，还有一匹驼鸟，则办法简直前无古人"。并如此阐发美学主张："汉唐虽然也有边患，但魄力究竟雄大，人民具有不至于为异族奴隶的自信心，或者竟毫未想到，凡取用外来事物的时候，就如将彼俘来一样，自由驱使，绝不介怀。一到衰弊陵夷之际，神经可就衰弱过敏了，每遇外国东西，便觉得仿佛彼来俘我一样，推拒，惶恐，退缩，逃避，抖成一团，又必想一篇道理来掩饰，而国粹遂成为屠王和屠奴的宝贝。"可谓鞭辟入里之言。

西安之行是鲁迅一生唯一的一次西北之行，他从长安昭陵带箭的骏马身上，看到了汉唐"魄力究竟雄大"，这是鲁迅西安之行的最大收获，他也因此受了启发，认为必须"放开度量，大胆地，无畏地，将新文化尽量地吸收"。窃以为这一美学发现和理论主张对于现代文学及艺术史的意义，远比损失一篇尚未动笔、前途未卜的长篇小说宝贵。

治午餐邀陶元庆

——抱歉而感激地一批批索画

时间：1925年1月25日

地点：北京西三条胡同鲁迅家中

与席：鲁迅、鲁迅母亲、陶元庆、许钦文、孙伏园、

俞氏三姐妹（俞芬、俞芳、俞藻）、许羡苏、王顺亲

1925年1月25日鲁迅日记云："晴。星期休息。治午餐邀陶璇卿、许钦文、孙伏园，午前皆至，钦文赠《晨报增刊》一本。母亲邀俞小姐姊妹三人及许小姐、王小姐午餐，正午皆至也。"

北京时期的鲁迅，极少在家里治餐请客，这次，他要请的是何等重要的人物？

原来，他要请的是比自己小12岁的陶元庆！

陶元庆是现代文学史上的书籍装帧设计大师，为鲁迅的著作设计封面最多，也最著名。1925年1月25日的这次饭局，拉开了他们艺术合作和不朽友情的序幕。

陶元庆是1924年到北京游历的，住在绍兴会馆里。当时，

鲁迅在北京各高校授课，因要出版他翻译的文艺理论讲义——日本厨川白村的《苦闷的象征》，耳闻陶元庆绘画不俗，就托许钦文转请陶元庆作封面画。许钦文是陶的好友，也是绍兴文学青年，由他出面，再合适不过。陶元庆欣然接受了鲁迅的邀请，不久就将作品转交给了鲁迅。鲁迅看后十分满意，又让许钦文带话给陶，请陶得空来串门聊天。

但陶元庆不擅交际，甚至羞于拜访名人，没有主动拜访鲁迅。直到鲁迅从许钦文妹妹许羡苏那里听说陶来到北京已有多日，就托许钦文邀请陶元庆来做客，陶元庆才在许钦文的陪同下，上门拜访鲁迅。1924年12月3日，鲁迅日记载："午后陶璇卿、许钦文来。"陶元庆认生，但鲁迅与他是老乡，又都懂得美术，所以说起话来非常投缘。

1925年1月25日的这次宴会，是鲁迅在家中专门设宴招待陶元庆的，也是1923年周氏兄弟失和后，鲁迅在西三条胡同的新家召集绍兴同乡共同过的第一个春节（1924年的春节是在租住的砖塔胡同61号过的）。鲁迅宴客大都在馆子中，这次破例在家中设宴，足见对故乡青年才俊的重视。参加人除了陶元庆、许钦文、孙伏园，作陪的还有鲁迅母亲邀请来的俞氏三姊妹（俞芬、俞芳、俞藻）和许羡苏、王顺亲等故乡的女子，都是绍兴人，桌上的菜肴也是绍兴风味，席间充满了欢乐祥和的气氛。

坐中许钦文（1897—1984），浙江绍兴人。1917年毕业于杭州省立第五师范学校，留任母校附小教师。1920年赴北京工读。鲁迅先认识许羡苏，后来才知道其兄许钦文。许钦文第一次见到鲁迅，是1923年1月15日，他拿着孙伏园的介绍信去教育部拜访鲁迅，想请鲁迅在女高师替他谋个位置，鲁迅表示爱莫能助。同年8月25日，许钦文去砖塔胡同拜访鲁迅，因为此前他已发表了不少短篇小说，引起了鲁迅的注意，鲁迅就十分热情。此后许钦文就经常出入周家，并因乡谊与鲁迅过从甚密，受到鲁迅的扶植与指导，自称是大先生的"私淑弟子"。1926年由鲁迅选校、资助的许钦文短篇小说集《故乡》出版，描写的多是浙江家乡的人情世态，鲁迅将许列入"乡土作家"之列。

值得注意的是，这次饭局中，许广平并没有出现。这是因为，一方面，这是绍兴同乡聚会，而许广平是广东人，并没有受邀。更重要的是，许广平出现在鲁迅的生活中，一直要到1925年3月11日——这一天，鲁迅收到了许广平写给他的第一封信。

这次饭局的主客是陶元庆。此后，鲁迅与陶元庆有了更多的合作，交往渐入佳境。

陶元庆和他的新文学装帧设计

在中国现代出版装帧艺术史上，有意识地对新文学著作进行封面设计和书籍装帧的首倡者和开拓者当属鲁迅，但身体力行并做出卓越贡献的美术界人士则首推陶元庆。20世纪20年代后期，前者"抱歉而感激地"向后者"一批一批的索画"，催生了《彷徨》《坟》《朝花夕拾》《苦闷的象征》等具有现代文艺理念和美术观念的封面设计，使新文学著作无论是形式还是内容都与旧文学截然分野，而陶元庆本人，也因此在波澜壮阔的现代文学中占据了独特而醒目的位置。

陶元庆（1892—1929），字璇卿，笔名元青、菊心等，近代画家，装帧美术家，浙江绍兴人。精于国画和水彩画，又擅长西画，在上海《时报》馆为《小时报》设计图案时，得以与一墙之隔的有正书局老板、康有为的弟子、中国报业家狄楚青相识，饱览狄的家藏、有正书局的古代名画以及日本、印度等国家的图案，后来又在上海艺术专科师范学校向丰子恺和陈抱一等名家学习西洋画，对中国传统绘画、东方图案画和西洋绘画都广泛涉猎，有着不俗的见识和修养，这为其从事书籍装帧艺术奠定了美学基础。

1924年12月3日，陶元庆经许钦文介绍与鲁迅相识。据不完全统计，是年至陶元庆逝世的1929年，陶共访鲁迅35次，其中2次未遇。鲁迅与陶元庆之间也有七番书信往返，内容均与新文学书籍的封面设计有关。可以说，陶元庆在新文学书籍封面设计上所取得的成绩，离不开鲁迅的鼓励与支持。

鲁迅对陶元庆的美术作品十分赞赏。1925年3月18—19日，陶元庆在北京西四帝王庙中华教育改进社举行西洋绘画个人展，共展出水彩画等二三十幅。鲁迅为这次展览写了序言，文中称："在那黯然埋藏的作品中，却满显出作者个人的主观和情绪，尤可以看见他对于笔触、色彩和趣味，是怎样的尽力与精心，而且，作者是夙擅中国画的，于是故有的东方情调，自然而然地从作品中渗出，融成特别的丰神了，然而又并不由于故意的。"1927年，鲁迅又在《当陶元庆君的绘画展览时》中说："……他以新的形，尤其是新的色来写出他自己的世界，而其中仍有中国向来的灵魂——要字面免得流于玄虚，则就是民族性。"正是由于对陶元庆美术作品的首肯，鲁迅力邀陶元庆为新文学书籍作封面设计。

陶元庆为鲁迅所作的第一幅封面，是鲁迅翻译的日本文艺理论家厨川白村的《苦闷的象征》。这部重要的文艺理论著作是厨川白村去世后才出版的，集中反映了厨川白村对文艺理论问题的见解。鲁迅认为，厨川的文艺观，对开展中国新文艺运动有一定的借鉴意义，于是将其翻译过来，交北新书局出版，并请陶元庆设计封面。许钦文这样记述："在这以前我已和鲁迅先生谈起过，有这样一位画家和我同住在绍兴县馆里，画了许多北京的景物，老是搁在房间里。鲁迅先生翻译了厨川白村的《苦闷的象征》，正在排印，就叫我请他画一个封面。不久《苦闷的象征》书面完成，鲁迅先生看得很满意。原画多色，鲜明、强烈，首创了新文艺书籍的封面画。"

陶元庆在设计《苦闷的象征》封面时，根据作品的内容，用夸张、变形、象征等艺术手法，在红、黑、灰线条相交织的图案中画了一个抽象的裸女，披着长长的黑发。她的脚趾夹着一种叫"镗钯"的尖刃，并用温柔的舌去舔那染了鲜血的镗钯，悒郁的线条藏着无尽的悲哀，表现了一种生命力受到压抑之后的挣扎与战斗。鲁迅十分欣赏这帧封面图案，并在该书引言中说："在这里我还应声谢谢朋友们的非常的帮助……（陶元庆）君又特地为作一幅图画，使这书被了凄艳的新装。"此封面也是陶元庆书籍封面设计的处女作，许钦文认为它"首创了新文艺书籍的封面画"，而"五四"新文学书籍以图案为封面则始于此书。这本书初版时因经费所限，封面用单色印成，鲁迅觉得过意不去，于是待初版售完后，拿出版税作为再版补充经费，将封面由单色还原为复色，使其视觉效果更加强烈。所以，这本书有两种不同色彩的封面，是收藏家追逐的珍品，被称为"人间妙品"。

从这幅封面画开始，鲁迅便"一批一批的"向陶元庆索要封面画，既为自己的著作索要，也为朋友的著作和刊物索要。1926年10月29日，鲁迅以惴惴然的心情致信陶元庆，说："很有些人希望你给他画一个书面，托我转达，我因为不好意思贪得无厌的要求，所以都压下了。但一面想，兄如可以画，我自然也很希望"，"我只是一批一批的索画，实在抱歉而且感激"。鲁迅一口气开列了四幅封面画，分别是淦女士的小说集《卷葹》（后由司徒乔创作）、李霁野译安特莱夫戏剧《黑假面人》、鲁迅杂文集《坟》以及董秋芳译俄国小说《争自由的波浪》，并说："一开就是这么多，实在连自己也觉得太多了。"

在此之前，陶元庆还为鲁迅作了一幅肖像画，此像为木炭笔所画，十分传神，流传甚广。鲁迅见了画像后说："我觉得画得很好，我很感谢。"同时又去信诚恳地询问该如何悬挂："画面上有胶，嵌在玻璃框上，不知道泛潮时要粘住否？应该如何悬挂才好，便中请示知。"

《苦闷的象征》书影

陶元庆对鲁迅索求的封面画比较重视，几乎有求必应，先后完成了《出了象牙之塔》《工人绥惠略夫》《中国小说史略》《唐宋传奇集》《彷徨》《坟》《朝花夕拾》等封面画。

《彷徨》是鲁迅写于1924—1925年之间的小说集，多写知识分子的彷徨与苦闷。陶元庆深刻理解了这一主题，在封面设计上，底色铺满橘红色，三个并列的单色人物坐在一起看落日，预感到天之将晚，想有所行动，但是缺乏果敢决心，依然坐着不动，有彷徨徘徊之意。封面上下有两条横线，上阔下窄，有中国书籍的版式特点。书名及作者名，用铅字排在右上，笔法富金石气。此封面画线条粗犷，块面分割鲜明，木刻画风味浓郁，深受鲁迅喜欢。1926年10月29日，鲁迅在致陶元庆的信中说："《彷徨》的书面实在非常有力，看了使人感动。但听说第二版的颜色有些不对了，这使我很不舒服。上海北新的办事人，于此等事太不注意。"同年11月22日，他在致陶元庆的信上又说，一位研究美学的德国人（时任厦门大学文科哲学系教授，讲授德文、希腊文及希腊哲学等，中国名叫艾谔风——笔者注）看了这帧《彷徨》的封面画，也加以称赞。可是当时有的人却看不懂那寓意，以为陶元庆居然连太阳都没有画圆，陶元庆只好愤愤地说："我真佩服，竟还有人以为我是连两脚规也不会用的！"

《唐宋传奇集》的封面素朴静穆，古风悠然，画中人物、马车、旗幡排列有序，意趣高远，手法写意。

陶元庆设计《坟》的封面时，鲁迅说："我的意思是只要和'坟'的意义绝无关系的装饰就好。"而陶元庆则在创作封面时把棺椁与坟相排列，色调低沉、肃穆，饱含着死亡的气息，强烈传达出鲁迅作品的寓意。此书的扉页画是一只猫头鹰站在方形的墓志边上，是鲁迅自己画的。

《工人绥惠略夫》原由商务印书馆以文学研究会丛书于1922年出版，满版装饰黑线、火炬、书、葡萄藤、安琪儿、花带等，非常烦琐，1927年改《未名丛刊》由北新书局出版时，换用了陶元庆的封面，封面上部的矩形装饰是用汉画式的人物侧影及斧、锯等工具构成，形式虽为传统的汉画，但很有新意，突出表现了工人的特点，面目为之一新。

另外，在《朝花夕拾》的封面上，陶元庆以亭园草木衬以古装仕女，寥寥数笔勾画出了颇有中国风味的景色，图案精巧，神灵飞扬，赫然有宋词之风。这种既有传统又有新意的创作，是陶元庆突出的艺术特点，也是20世纪20年代资产阶级民主主义潮流和"五四"新文化运动共同洗礼的产物。

鲁迅满心喜爱和赞赏陶元庆，常常不惜褒奖，两人交往甚密。鲁迅多次赠书和宴请陶元庆，陶元庆更是以同乡晚辈的身份对鲁迅执弟子礼，经常赠送画作、画信片、家乡的火腿，甚至从西湖边采撷来的梅花。1926年8月26日，鲁迅携许广平离开北京南下，陶元庆也依依不舍前往北京火车站送行。

与陶元庆同时代的艺术家对陶的作品有极高的评价。如陈抱一在1929年《回忆陶元庆君》中说："陶君的作品……富装饰感……看他的作品全体的气概的特象，与其说是健重的、丰丽的，宁说是柔弱的、阴沉的。但所谓柔弱阴沉，在他的作品上决非不好的意味，因为那确是纯真的根据，他自己本能的观感所表现的缘故。"

天妒英才，1929年8月6日，陶元庆因心脏衰竭英年早逝，年仅37岁。陶元庆的逝世是刚刚发轫的中国新文学书籍装帧艺术界的重大损失，同样也是中国新文学的重大损失。鲁迅对陶的逝世深感悲痛，并从自己的稿酬中捐出三百元，托许钦文在杭州西湖畔买了三分多地，为陶元庆置办了坟园——元庆园，且将陶元庆所创作的部分封面画托人携至杭州交许钦文陈列在元庆园。陶元庆逝世三年后，鲁迅在《陶元庆的出品》一书中题曰："此璇卿当时手订见赠之本也。倏忽已逾三载，而作者亦久已永眠于湖滨。草露易晞，留此为念。乌呼！"

陶元庆在其流星般短暂的艺术生涯中，用现代美术语言，抒发了现代中国人的思想、感情和心理，创造了新文学史上堪称绝品和神品的封面画，那些富有标志和徽识意味的封面不仅修饰了新文学，也参与了对新文学思想主旨的表达，为"五四"以降的书籍装帧艺术做出了卓越贡献。因此说，陶元庆开创了现代文学装帧艺术的新局面。

"二许相争"的醉宴

——按"小鬼"之头示爱

时间：1925年6月25日

地点：北京西三条胡同鲁迅的新家

与席：许羡苏、许广平、俞芬、王顺亲及鲁迅家人

1925年6月25日是端午节，鲁迅请许羡苏、许广平、俞芬、王顺亲等人在家里吃饭。

坐中人除许广平外，都是绍兴人氏。其中许羡苏、王顺亲同时也是周建人在绍兴的女学生，其时在北京生活读书。这类绍兴人的聚餐很常见，前述1月25日鲁迅设宴招待陶元庆亦属此列。

6月25日的饭局之所以非同寻常，是因为许广平的到来使鲁迅醉酒，二许相争后，鲁迅暴露了自己的感情选择。

许广平（1898—1968），祖籍福建。有趣的是，鲁迅对闽客、闽菜都不甚喜欢（参见本书《劝业场之聚》一文），却选择了一位福建女子作为自己的伴侣。许广平参加过"五四"运动，25岁时考入北京女子高等师范学校国文系，成为鲁迅的学生，两人

1925年3月开始书信往来，这年4月12日，许广平第一次来到鲁迅家后，两人关系逐渐密切。

而此前及此时，与鲁迅关系更为密切的女子却是老乡许羡苏。

许羡苏（1901—1986），浙江绍兴人，毕业于北京女子高等师范学校。鲁迅日记中的"许璇苏""淑卿""许小姐"都是指她。有一段不短的时期，她住在鲁迅家里帮助料理家务，如同家庭中的一员。许羡苏是青年作家许钦文的四妹，也是早在许广平之前最有可能与鲁迅结合的女子。

1920年秋，许钦文兄妹从绍兴来到北京，20岁的许羡苏原拟投考北京大学。她是周建人在绍兴女子师范学校任教时的学生，为了解决住处就去八道湾找周建人，住进了周宅，意外地得到了鲁迅母亲的热烈欢迎。因为许羡苏不但能讲地道的绍兴话，而且接触面广，谈起绍兴的人情世故头头是道，深合母亲的心意，很快就成了老太太的知音。后来她考取了北京女子高等师范学校数理系住校，但星期日和假日必去周宅和老太太谈天。

鲁迅第一次见到许羡苏是在母亲的房间。1961年，许羡苏花了整整三个月时间写成了一篇《回忆鲁迅先生》，供鲁迅博物馆的工作人员参考，文中说，她第一次见到鲁迅时，"只记得他给了我一个很严肃的印象，不多谈，进来转一转，看见有客就出去了。因为我是建人先生的学生，不是他的客人，叫老太太作太师母是从建人先生的关系而来的"。

周氏兄弟对许羡苏的照顾可以说是尽心竭力，甚至"组团"

帮助她。许羡苏考取女高师后就遇到了麻烦：她是留短发的，而学校当局不准女生留短发。女高师校长毛邦伟是鲁迅在教育部的同事，因此，鲁迅特地前去疏通过几次，毛邦伟竟不买账。为表示声援，周作人愤而于1921年9月2日"寄还女高师聘书"（女高师即后来的女师大），女高师两次派人来表示妥协，并再次送来聘书。6日，周作人陪同许羡苏去女高师报到并做保证人。这件事情被鲁迅写进了两篇文章中。一篇是10月初的小说《头发的故事》，其中特地指出女学生剪了发，"因此考不进学校去，或者被学校除了名"。另一篇是五年后的《从胡须说到牙齿》。他说：

> 但到民国九年，寄住在我的寓里的一位小姐考进高等女子师范学校去了，而她是剪了头发的，再没有法可梳盘龙髻或 S髻。到这时，我才知道虽然已是民国九年，而有些人之嫉视剪发的女子，竟和清朝末年之嫉视剪发的男子相同；校长 M 先生虽被天夺其魄，自己的发顶秃到近于精光了，却偏以为女子的头发可系千钧，示意要她留起。设法去疏通了几回，没有效，连我也听得麻烦起来，于是乎"感慨系之矣"了，随口呻吟了一篇《头发的故事》。但是，不知怎的，她后来竟居然并不留长，现在还是蓬蓬松松的在北京道上走。

文中所说的 M 先生就是毛邦伟。由此可见，鲁迅对许羡苏的关怀还是无处不在的。

鲁迅日记中最早记录许羡苏是1921年10月1日："许璇苏来。"当时她进入女高师数理系学习已一年，想入北京高等师范学校生物系学习。因周作人大病初愈，刚从西山养病回来不久，不便出面，许羡苏便请鲁迅说情并做保人。鲁迅在两校兼课，疏通这类事还是比较容易的。10月8日，鲁迅"下午至女高师校邀许羡苏，同至师校为作保人"。就这样把许羡苏送了北京高等师范学校。可是许羡苏转入北京高等师范学校后，功课跟不上，生活上也不习惯，又请鲁迅帮她转回女高师数理系，鲁迅再次照办。从此以后，鲁迅与许羡苏的关系开始密切起来。她后来回忆说："一九二一年九月二日，三先生启行往上海。鲁迅先生就无形中成了我的监护人。"三先生即周建人。

1923年7月，鲁迅与周作人失和。22日是星期天，许羡苏从学校来到八道湾周宅看望周家母亲，得知大先生在找房子，准备搬出去，许羡苏想起绍兴同学俞芬（也是周建人的学生）所住的砖塔胡同21号有空房，就作了介绍。8月2日，鲁迅就"携妇迁居砖塔胡同六十一号"。从此每逢星期天，许羡苏不再去八道湾，而是来砖塔胡同见鲁迅母亲。"我们都不再像从前那样的怕鲁迅先生，但我们还是不敢直接进他的工作室，说话也不敢高声，因而对他当时在砖塔胡同的卧室的设备，现在一点也记不起来了。"这时，鲁迅开始向她送书。

1924年5月25日，鲁迅由砖塔胡同搬到西三条胡同21号新家。这年底，许羡苏从女高师毕业后，鲁迅介绍她到私立华北大学附属中学当教员。1925年暑假，许羡苏又住进了鲁迅家的南屋；

年底，鲁迅介绍她到女高师图书馆工作，有了住处后，才从鲁迅家搬出，但仍有节假日留宿鲁迅家的情况，俨然家庭中的一员。她和老太太谈天，上街采购物品，帮助料理家务，有时还和鲁迅一起在院内外种植树木花草。她回忆道："鲁迅先生的习惯，每天晚饭后到母亲房间里休息闲谈一阵……那把大的藤躺椅，是他每天晚上必坐的地方，晚饭后他就自己拿着茶碗和烟卷在藤椅上坐下或者躺着。老太太那时候已快到七十岁，总是躺在床上看小说或报纸，朱氏则坐在靠老太太床边的一个单人藤椅上抽水烟，我则坐在靠老太太床的另一端的一个小凳上打毛线。"

"三一八"惨案发生时，也是许羡苏立即把刘和珍、杨德群遇害的噩耗报告鲁迅。不久，反动当局宣布通缉李大钊等五人。传闻原拟通缉的50人中也包括鲁迅。经友人敦促，鲁迅去莽原社避难，后来移至日本人开设的山本医院，又搬到德国医院，再搬到法国医院，在鲁迅共计一个多月的避难生活中，许羡苏是鲁迅与家庭之间唯一的联系人。

按理讲，这么亲密的关系，许羡苏会是鲁迅水到渠成的爱人。但1925年6月25日的这顿饭局后，事情发生了变化。资料显示，当时，许广平与俞、王两人一起，将鲁迅灌醉。鲁迅酒后拳打俞芬，并按了许广平的头。许羡苏见状愤然离席而去。事后她又对许广平说：这样灌酒会酒精中毒的；鲁迅喝酒只能喝多少，是有戒条的。许广平听了诚惶诚恐，就给鲁迅去信，表示赔罪。鲁迅回信给许广平：

刚才接到二十八日函，必须写几句回答，便是小鬼何以屡次诚惶诚恐的赔罪不已，大约也许听了"某籍"小姐的什么谣言了罢，辟谣之举，是不可以已的。

第一，酒精中毒是能有的，但我并不中毒。即使中毒，也是自己的行为，与别人无干，且夫不佞年届半百，位居讲师，难道还会连喝酒多少的主见也没有，至于被小娃儿所激么？这是决不会的。

第二，我并不受有何种"戒条"，我的母亲也并不禁止我喝酒。……然而"某籍"小姐为粉饰自己的逃走起见，一定将不知从那里拾来的故事（也许就从"太师母"那里得来的）加以演义，以致小鬼也不免赔罪不已了罢。但是，虽是"太师母"，观察也不会对，虽是"太太师母"，观察也不会对。我自己知道，那天毫没有醉，并且并不胡涂，击"房东"之拳，案小鬼之头，全都记得，而且诸君逃出时可怜之状，也并不忘记。

这信中所说的"某籍小姐"即指许羡苏，"房东"指俞芬，"小鬼"当然是许广平了。从这封信可见，鲁迅对许羡苏的做法和说法并不以为然，以"某籍小姐"称之，暗示同乡身份并不构成更加亲密的理由，与此同时，对许广平的诚惶诚恐却安抚有加。许羡苏并不知道鲁迅的这封信，无形中鲁迅已经在许羡苏和许广平之间做出了选择。

从这个意义上讲，1925年端午节周府的晚餐，是鲁迅暴露感情选择的一个特殊的夜晚，值得品味。

1926年8月，鲁迅决定去厦门任教。许羡苏帮他打点行装，还陪同出席了一些告别宴会。鲁迅托她照料在京一家，特别是要关照老太太的生活，许羡苏都一口答应。8月26日，鲁迅乘火车离京南下。其时许广平刚从女高师毕业，拟往家乡广东寻找工作，便与鲁迅同行。鲁迅走后，许羡苏就搬进鲁迅家里，住在鲁迅的卧室兼工作室"老虎尾巴"内。

许羡苏与周家关系如此亲近，用许羡苏自己的话讲，周家是她的"娘家"，"一年四季都要去"。按许羡苏的回忆，她前后在周家长住三次，第一次是1920年的暑假，住在八道湾11号；第二次是1925年的暑假到1925年底，住在西三条21号的南屋里；第三次是1926年的暑假后到1931年的春天，住在西三条21号"老虎尾巴"，也就是鲁迅的屋里。

鲁迅与许广平南下后，许羡苏长住鲁迅家中，为其看守书房，织毛线背心和围巾，处理邮件，照顾母亲，同时还兼任鲁迅一家的账目总管。鲁迅离京后，每到一地，如天津、浦口、上海，都给许羡苏寄信。到厦门后，鲁迅每隔两三天就给许羡苏写信，许羡苏也不断来信。1927年1月，鲁迅离开厦门去广州中山大学任教，许广平为他的助教。其间，鲁迅与许羡苏频繁书信往来，但很大部分都是家信。鲁迅通过许羡苏不断地把自己的生活起居和健康情况转告母亲，同时通过许羡苏了解母亲的情况。两人来往信件据《鲁迅日记》就有250多封，鲁迅给许羡苏写信（包括寄书刊）共155封，许羡苏给鲁迅写信共百余封。

1927年10月3日，鲁迅与许广平同到上海，8日从旅馆搬入景云里同居。这种同居起初不是公开的。鲁迅住二楼，许广平住三楼，鲁迅二楼的住处，放的还是单人床，对外则称许广平是帮鲁迅校对文稿的助手。不过亲朋好友早有察觉，宴请鲁迅时，也都知道同时邀上许广平作陪，鲁迅的一些学生甚至戏称许广平为"师母"了。

这一切，许羡苏都不知道。10月底，北方气候转寒，许羡苏给鲁迅寄去了围巾。隔了一月，又给鲁迅寄去了亲手编织的背心。鲁迅收到后都记在日记上。

到了1928年7月，在杭州工作的章川岛、许钦文邀请鲁迅、许广平前去杭州游玩时，也许是对许钦文的亲妹妹许羡苏抱愧，鲁迅要求许钦文和他们住一起。为此，鲁迅的屋里居然并排摆着三张床。最后的结果是，鲁迅指定许钦文睡中间那张床，他与许广平分睡两边。按章川岛的回忆："许钦文曾戏言，鲁迅先生与景宋夫人这次来杭，像是度了蜜月。后来我才知道，鲁迅先生预备要来杭州玩几天，确是在和景宋夫人结婚时就约定了的，在我的记忆中，他们俩像这次在杭州这样的畅游，也是唯一的一次，确也像一个小型蜜月旅行。而且在鲁迅先生战斗劳苦的一生中，也只有这一次，居然匀出四天的时间来休息了一下。"

1929年5月，鲁迅因母病去北平探亲，告诉许羡苏：已和许广平一起生活了，而且许广平已怀了孕。许羡苏听了并不以为奇，平静地说：这也是意料中的。

同样想到了结果但不无沮丧的人是朱安。俞芳回忆说："我说：'大先生和许广平姐姐结婚，我倒想不到。'大师母说：'我是早想到了的。'‘为什么？’我好奇地问。'你看他们两人一起出去……'‘那你以后怎么办呢？’不料这一句话触动了她的心，她很激动又很失望地对我说：'过去大先生和我不好，我想好好地服侍他，一切顺着他，将来总会好的。'她又给我打了一个比方说：'我好比是一只蜗牛，从墙底一点一点往上爬，爬得虽慢，总有一天会爬到墙顶的，可是现在我没有办法了，我没有力气爬了。我待他再好，也是无用。'她说这些话时，神情十分沮丧。"

而此后许羡苏仍像往常一样，下班回来就处理鲁迅家的家务。比如鲁迅要去出席学生李秉中的婚礼，拟送一块红绸，就是由许羡苏上街买的。

当年，鲁迅的学生孙伏园曾把鲁迅与许羡苏、许广平的三角关系称作"二许之争"。孙伏园就曾对周建人说过，"鲁迅家不但常有男学生，也常有女学生，有二人最熟，但鲁迅是爱长的那个的，他是爱才的，而她最有才气，所以他爱她"。"二人最熟"指二许，"长的那个"指许广平。鲁迅1926年9月30日从厦门给许广平的信中转述了这番话。所谓长的，我们理解，一是许广平比许羡苏年长三岁，前者出生于1898年，后者出生于1901年；二是许广平比许羡苏个头高，在同伴中，许广平算是人高马大了，而许羡苏，她的后代回忆，身高绝对不会超过1.52米。(余锦廉《许羡苏在北京十年·下》，《鲁迅研究月刊》2009年第10期，第44页) 因此，把"长"理解为"高"也许更合理一些。

二许之争的结果，鲁迅选择了许广平。而许羡苏直到4年后才真正接受了这个结果。

鲁迅到北京探亲后，许羡苏决定尽快离开西三条。1930年2月，她赴河北直隶第五女子师范学校工作。临走时，她把鲁迅寄她的一捆信件交给朱安。同时，把她为西三条鲁迅家所记家用簿寄给鲁迅。不久，她与同校生物教师余沛华结婚。1931年她曾在浙江萧山、杭州教书，后和丈夫移居上海，又举家迁往丈夫的家乡成都，担任中学数学教师。新中国成立后不久，应聘到北京参加鲁迅故居的筹建工作。1961年写了回忆鲁迅的文章，提供了不少珍贵的史料。不久即退休回成都。她生有三子一女。丈夫于1978年病逝后，她就离开成都跟随幼子余锦廉寓居于吉林。1986年许羡苏因病逝世，享年85岁。

许羡苏是鲁迅一生写信数量最多的人，也是唯一收到鲁迅1932年前全部著译和所编刊物的人，可惜书信都没有存世，书刊也在抗日战争中散失。

往石田料理店

——与日本人的杯盏之交

　　　　时间：1925年9月17日

　　　　地点：石田料理店

　　　　与席：峰籏良充、伊藤武雄、立田清辰、重光葵、朱
造五及许寿裳

　　鲁迅日记1925年9月17日云："往石田料理店，应峰籏良充君
之招饮，座中有伊藤武雄、立田清辰、重光葵、朱造五及季市。"

　　这是一次日本人宴请鲁迅的小型宴会。料理在汉语中意为
"处理、整理"，在日语中意为"菜肴"或"烹饪"。料理店是日
文名称，西餐叫西洋料理，日本菜叫东洋料理。少油、精致，着
重视觉、味觉与器皿之搭配，是日本料理的特色。"这纯粹是日
本人开的日本式饭馆，喝的是日本清酒或太阳啤酒。当时这种料
理店都开在东单苏州胡同一带。先生在日本生活过多年，这种纯
日本风格的招待，先生自是能够接受的。"（邓云乡《鲁迅与北京
风土》）

席间陪客大都是日本人，比较重要而复杂的人物是重光葵。他就是第二次世界大战后在密苏里战舰上签署日本投降书的人。

由于这个问题牵扯到鲁迅对于日本侵华的态度，所以有必要展开讨论一番。

重光葵（1887—1957），日本大正、昭和时期外交官，甲级战犯之一。1929年起历任日本驻上海总领事、日本驻中国大使。1932年在上海虹口公园爆炸案中被炸断右腿，导致终身跛行，其后，历任伪满洲国副总理，驻苏联、英国大使，外务大臣，1945年9月2日代表日本政府与梅津美治郎一起签署日本投降书。战后被定为甲级战犯，但很快于1950年得到假释，且再次任职外务大臣，是28个甲级战犯中唯一一个战后重新当上大臣的。任内完成和苏联恢复邦交的工作。重光葵活跃于第一、二次世界大战及战后，幕后参与甚至主导了诸多日本对外政策。

1945年8月15日，日本昭和天皇发布"停战诏书"，宣布日本无条件接受《波茨坦公告》。9月2日，在"密苏里"号上，重光葵代表日本政府在投降书上用中文写下了自己的名字。

重光葵与鲁迅同在一个饭桌上时，尚不是日本政坛的要紧人物。他在4年后的1929年才担任日本驻上海总领事，逐步向政治核心靠拢。这是一个思想比较温和的敌人，可以从他与鲁迅联系办理的一件事上反映出来。

1932年1月，"一·二八"事变发生。战争期间，一个日本科学家西村真琴（1883—1956）到上海，在闸北里弄"三义里"废墟中捡到一只受伤的鸽子，就带回家饲养。不想第二年鸽子死了，他很伤心，就画了这只鸽子的像，寄给鲁迅，请他题诗。鲁迅于是写下了那首著名的《题三义塔》诗，全文如下：

题三义塔并序、跋

三义塔者，中国上海闸北三义里遗鸠埋骨之塔也，在日本，农人共建。

奔霆飞熛歼人子，败井颓垣剩饿鸠。

偶值大心离火宅，终遗高塔念瀛洲。

精禽梦觉仍衔石，斗士诚坚共抗流。

度尽劫波兄弟在，相逢一笑泯恩仇。

西村博士于上海战后得丧家之鸠，持归养之，初亦相安，而终化去。建塔以藏，且征题咏，率成一律，聊答遐情云尔。

这首诗一开始就强烈谴责了侵略战争，并明确提出"斗士诚坚共抗流"，反对侵略的态度很明确。"度尽劫波兄弟在，相逢一笑泯恩仇。"是说中日两国的人民终将战胜侵略浊流和战争劫波。因此，鲁迅是强烈反对侵略战争的。

当时，西村还给鸽子造了一座墓，建了一座石碑，请重光葵题写了墓碑，重光葵此时的身份是外务省次官。重光葵于碑阳题写了"三义塚"三字，落款是"昭和八年三月建 重光向阳题"，在碑阴题有俳句："三义里之灵，此地永安魂。人皆为动心。葵。"

西村真琴绘受伤鸽子图

可以看出，西村造鸽子塚，鲁迅的题咏和重光葵的题诗，都含有反对日军发动事变的内涵。西村本是出于对中国的同情和对和平的渴望，鲁迅则是抨击"霆击寒村灭下民"，反对日军侵略行径的态度是很鲜明的。

相比较而言，重光葵的态度复杂一些。一方面，他是日本的外交官，政治上自然以维护日本扩张主义为主。但另一方面，他在对华策略上追随的是当时日本外相币原喜重郎，主张协调外交，反对采用武力强权的粗暴行径。"一·二八"战前，重光也曾试图阻止用蛮干方式解决问题，而战争就在他被召回日本期间发生了。王锡荣先生撰文认为："虽然他战后也参加了'祝捷大会'并被炸断腿，但是在1933年，从他作为日本外务省次官，为三义塚题诗的态度中，却可以看到他对日方挑起这场战争有所保留的态度。"（王锡荣《那些与鲁迅交往的日本人》，《新文学史料》2015年第4期）对此，笔者深以为然。

鲁迅与日本人的交往，特别是鲁迅与日本人杯盏间的交往，是鲁迅文学辐射力和自身影响力的组成部分。这些交往，给鲁迅带来过欢悦，也带来过困惑与隔膜。诚如王锡荣先生所言："这些既是鲁迅生活的一部分，又给鲁迅带来了很多羁绊与灾难，鲁迅与日本人似乎很近，又似乎很远。但鲁迅始终是鲁迅，他始终以自己的原则，自己的方式，回答人们的一切理解与不理解，友好与猜疑，甚至攻击和污蔑。有人说鲁迅如果活到1937年以后，他可能躲不过侵略者的威胁利诱，了解了鲁迅与日本人的交往史，我想足以打破那些隔膜之论。"

公宴太虚和尚

——只是平平常常

时间：1926年10月21日

地点：厦门南普陀寺"无我"堂

与席：太虚大师、鲁迅、南普陀寺及闽南佛学院僧俗
三十余人

1926年10月21日鲁迅日记云："晚南普陀寺及闽南佛学院公
宴太虚和尚，亦以柬来邀，赴之，坐众三十余人。"

这场饭局的重要性在于，由于鲁迅的记述，民国四大高僧之
一的太虚和尚（另三位是虚云、印光、弘一）形象饱满而生动。

太虚和尚（1889—1947），俗姓吕，浙江崇德（今浙江桐乡）
人，近代著名高僧，佛教改革运动中的理论家和实践家，被目为
佛教新派代表人物，曾任中国佛教总会会长等职。民国初年，先
后在南京创立中国佛教会，任《佛教月刊》总编辑，倡导"佛教
复兴运动"，改革旧的僧团制度。民国三年（1914）转入普陀山
锡麟禅院闭关两年潜修佛学，印光法师特来为他封关，他在关中

坐禅、礼佛、写作,日有常课,法学精进。出关后即赴中国台湾、日本考察佛教,进行讲学,创设"觉社"。太虚和尚创刊的《海潮音》目前仍在台湾发行,为中国佛教历史最久的一份刊物。

1926年,太虚和尚38岁,应汪大燮、熊希龄等发起的北京讲经会之请,在北平中央公园社稷坛开讲《四十二章经》。又应京中教育界所组的佛学研究会之请,讲《佛法概论》。是年8月20日赴新加坡弘化,10月18日回国过厦门。

有关太虚和尚在厦门的情况,一位当年在闽南佛学院求学的学生林子青曾作《太虚法师初到厦门之回忆》(《内明》1987年第185期)。据林先生回忆,1926年秋天,闽南佛学院院长常惺法师得到太虚和尚归国要途经厦门的消息后,立刻和当时南普陀寺方丈兼闽南佛学院创办人会泉法师商量,迎接太虚法师。他们组织了以闽南佛学院的师生和南普陀寺的全体僧众为主力,加上厦门大学少数师生,以及厦、鼓各佛教团体、居士、寺庙僧众,组成的庞大的欢迎阵容。

10月18日,德加大轮经过厦门,南普陀寺的会泉、转逢、常惺诸法师和厦门名医王极邦居士等登轮迎接太虚法师。太虚法师先上鼓浪屿日光岩休息,然后乘事先租好的一艘小型电船到厦门市区。10月20日早上秋高气爽,厦门万人空巷,鲜花被抢购一空,人人争睹这位"生佛"的风采,道路拥塞。欢迎太虚法师的行列,以漳州南山学校的军乐队为先导,一路由居士散花,鞭炮声震撼着厦门大地。"只见法师身穿一件黄色僧袍(海青),看来只有四十上下,步履安详,露着微笑,向周围

太虚法师（1889—1947）

群众合十致意。他眼上架着近视镜，嘴上留着八字胡，从容不迫地走上岸来。预先布置在岸边的鞭炮齐响，把码头上的欢迎气氛推到了高潮。"

南普陀寺背山面海，巍巍五老峰壁立千仞，其下是七堂伽蓝，参差错落，自然形成一座鹭岛名山。清初靖海将军施琅自台湾班师，重修普照寺，供奉观音菩萨，改称南普陀寺。乾隆时某名士曾题一联云："沧海临门，风引慈航个个；层峦倚壁，泉飞法雨丝丝。"很像一幅美丽的南宗山水画。

太虚法师入寺时，钟鼓齐鸣，香烟缭绕。他在庄严雄伟的大殿礼佛后，接受学僧大众的敬礼，然后被安排在南普陀寺西北角最幽静的一间关房中。这间关房清净庄严，两年后弘一法师到南普陀寺来，也住在这里。

太虚和尚到达厦门，这在当时是很引人瞩目的大事。1926年10月20日，鲁迅致信许广平，自然提及此事：

> 这几天此地正在欢迎两位名人。一个是太虚和尚到南普陀来讲经，于是佛化青年会提议，拟令童子军捧鲜花，随太虚行踪而散之，以示"步步生莲华"之意。但此议竟未实行，否则和尚化为潘妃，倒也有趣。

信中"佛化青年会"全称"闽南佛化青年会"。潘妃是南齐东昏侯的妃子，东昏侯为讨潘妃欢心，起神仙、永寿、玉寿三殿，皆匝饰以金璧，"又凿金为莲华以帖地，令潘妃行其上，曰：

此步步生莲华也"（《南史·齐本纪》）。鲁迅用这个典故一方面是讲笑话和许广平逗乐，一方面也延续他对厦门的种种不屑，当然也不排除他在自己喜爱的女人面前炫耀学识的可能，倒也并没有对太虚和尚不恭的意思。从林子青先生的回忆看，童子军捧鲜花随太虚行踪而散之，以示"步步生莲华"之意的提议并不是"竟未实行"，而是实行了。

这是10月20日下午所写之信，信于次日即21日上午发出后，"不料下午就接到请柬，是南普陀寺和闽南佛学院公宴太虚，并邀我作陪，自然也还有别的人。我决计不去，而本校的职员硬要我去，说否则他们将以为本校看不起他们。个人的行动，会涉及全校，真是窘极了，我只得去"。

这一天，南普陀寺柬邀厦门商学各界领袖，在南普陀大殿举行欢迎大会，大会由常惺法师主持，厦门商会会长代表各界致欢迎辞。欢迎辞是当时闽南佛学院副院长觉三法师执笔，内有"时维九月，序属三秋。天帝洒扫，玉宇无尘"等句。继请太虚法师讲话，由厦门大学哲学系学生林藜光译成闽南语。欢迎大会之后，在南普陀"无我"堂举行隆重的宴会。从各类记录看，鲁迅并未参加当天的欢迎大会，只是参加了宴会。其他应邀参加者有厦大校长林文庆，教授孙贵定、沈士远、庄泽宣、顾颉刚、陈定谟、罗常培、缪子才等。

这次素宴，鲁迅在10月21日灯下写给许广平的信中，描述了当时的情形。他首先谈及对太虚的印象："罗庸说太虚'如初日芙蓉'，我实在看不出这样，只是平平常常。"

罗庸（1900—1950），字膺中，北京人，著名古典文学研究专家和国学家，1922年北京大学研究所国学门毕业，当时任北京大学讲师，并在女师大兼课，一生潜心佛学，造诣精深，1925年曾从太虚游，编订了太虚大师的演讲录《四十二章经讲录》（太虚于1926年6月在北平社稷坛所作）。

鲁迅描述道：

> 入席，他们要我与太虚并排上座，我终于推掉，将一位哲学教员供上完事。太虚倒并不专讲佛事，常论世俗事情，而作陪之教员们，偏好问他佛法，什么"唯识"呀，"涅盘"哪，真是其愚不可及，此所以只配作陪也欤。其时又有乡下女人来看，结果是跪下大磕其头，得意之状可掬而去。

被鲁迅推为上座的哲学教员是陈定谟，江苏昆山人，曾任北京大学教授，1924年7月曾与鲁迅去西安讲学，当时任厦门大学社会科学教授。这里鲁迅仍然延续的是对厦门大学周围各色人等的不屑，以及对佛教徒可笑之状的哂笑，仍然是为了逗许广平一乐，也没有什么特别的恶意。不过从鲁迅的态度来看，他显然更看重学养思想和修行，并不看重某个具体的高僧。

鲁迅之所以在信中多次哂笑周围的人，是因为他非常不喜欢厦门大学，认为这学校是"硬将一排洋房，摆在荒岛的海滩上"。"此地四无人烟，图书馆中书籍不多，常在一处的人，又都是面笑心不笑，无话可谈，真是无聊之极"，"做教员而又须日日自己安排吃饭，真是太讨厌，即此一端，厦门就不易住"，"我真想不到天下何其浅薄者之多。他们面目倒漂亮的，而语言无味，夜间还要玩留声机，什么梅兰芳之类"。

在闽南佛学院吃饭，自然是素餐，情况如下：

> 这样，总算白吃了一顿素斋。这里的酒席，是先上甜菜，中间咸菜，末后又上一碗甜菜，这就完了，并无饭及稀饭，我吃了几回，都是如此。听说这是厦门的特别习惯，福州即不然。

10月22日，太虚法师由常惺、蕙庭二法师陪同参观厦门大学，由校长林文庆接待。太虚法师应请为厦大学生数百人讲"缘起性空之宇宙人生观"。这是厦门大学创办以来，请僧人宣讲佛学的第一次。10月23日，厦门教育会请太虚法师于该会礼堂说法。10月25日为旧历九月十九，适逢观音菩萨圣诞，太虚法师游白鹿洞与虎溪岩。这些活动，鲁迅都没有参与，在日记中也没有记录。

太虚法师这次到厦，和南普陀结下了殊胜的因缘。1927年，南普陀寺首届方丈会泉法师任期届满，极力推荐太虚继任方丈和闽南佛学院院长。是年5月，太虚应聘来南普陀寺就职。

太虚和尚一生的着眼点始终是人类，他的佛法精神也始终是人间佛法。他为佛教事业奔波，或为了佛教利益出入于政界，或深入寺庙进行组织、实践、演说，辛勤往来于社会，自然招来了一部分人的非议。有人说他是"风头和尚"，有人说他是

"政治和尚"。丰子恺听到这样的议论后，亲自去访问他，得出的结论是：他是"正信、慈悲、而又勇猛精进的、真正的和尚"。鲁迅也曾说过，太虚"平易近人，思想通泰"。太虚法师的立足点始终是做人，他的"人成即佛成，完成在人格"的论断尤其发人深思。

东堤晚酌

——以为课余有读书的环境了

时间：1927年2月20日

地点：广州东堤一景酒家

与席：鲁迅、许广平、许寿裳等

1927年2月20日鲁迅日记云："晨同广平上小汽船，午后回校。……下午广平同季市来，偕至季市寓，晚往一景酒家晚餐。"

这次饭局有两个看点：鲁迅当天从香港演讲归来；许寿裳经鲁迅介绍应聘到广东中山大学任教，有了新的工作。所以，1927年2月20日的这个饭局，虽然仅仅是鲁迅、许寿裳、许广平三人的小聚会，但意义比较特殊，既是接风宴，又是庆祝宴。

有关这次饭局，鲁迅仅在日记中有所记述，但饭局的另一当事人许寿裳记述甚详。据许寿裳回忆，他到广州"第二天的下午，景宋（许广平）见访，始知鲁迅先生才从香港讲演回来，因足受伤，不良于行，教她来接我至校同住。那时候，他住在中山大学最中央而最高最大的一间屋——通称'大钟楼'，相见忻然……这晚上，他邀我到东堤去晚酌，肴馔很上等甘洁。次日又到另一处去小酌，我要付账，他坚持不可，说先由他付过十次再说。从此，每日吃馆子，看电影，星期日则远足旅行，如是者十余日，豪兴才稍疲"（《亡友鲁迅印象记》）。

文中鲁迅因足受伤事，指2月4日，鲁迅同廖立峨等游毓秀山，"午后从高处跃下伤足"。"东堤晚酌"，即指2月20日到一景酒家的这次饭局。"次日又到另一处去小酌"指2月21日三人去国民餐店夜餐。

查鲁迅日记，此后十余日，果然有很多三人一起下馆子、喝茶、看电影的记录。所涉饭馆有：大观茶店、国民餐店、福来居、松花馆、珠江冰店、东方饭店、晋华斋；饮茗之处有：陆园、大新公司、拱北楼、陶陶居等处；看电影的场所有：国民电影院、永汉电影院等。可以看出，鲁迅想通过这种豪兴的方式宣泄什么。

1927年2月18—20日，即这次饭局之前，鲁迅应香港中华基督教青年会《大光报》的邀请赴港，做了题为"无声的中国"和"老调子已经唱完"两场经典的演讲。鲁迅的香港之行有力地推动了香港新文学运动，深刻地影响了香港文学的现代化进程，是香港文化史上的大事，也是香港新文学发展史上的关键事件。在赴上海的轮船上，鲁迅写了《再谈香港》，讲述他曾三次赴香港，两次是途经香港，记述了他于同年2月28日途经香港时遭到洋人和奴性同胞"查关"的无理待遇，感慨地说："香港虽只一岛，却活画着中国许多地方现在和将来的小照：中央几位洋主

中山大学"大钟楼"(作者摄于2017年5月13日)

子，手下是若干颂德的'高等华人'和一伙作伥的奴气同胞。此外即全是默默吃苦的'土人'，能耐的死在洋场上，耐不住的逃入深山中，苗瑶是我们的前辈。"可以说香港给鲁迅的印象难以言说又难以磨灭，而"香港虽只一岛，却活画着中国许多地方现在和将来的小照"之语，流传甚广，委实可见先生深刻之处。20世纪三四十年代的香港文学在中国现代文学史的书写中近乎空白，但香港的新文学至少在20年代即鲁迅来港之前便已开始发生。1927年，鲁迅在香港亲手点旺了新文学之火，为当时香港保守的文化气氛带来冲击，鼓励了从事新文学的青年，影响了日后香港现代文学的书写，此后任何时候检视，都可以将其看作是香港文学史上具有划时代意义的事件。

1927年2月20日的这次饭局，也是鲁迅欢迎许寿裳到中山大学任教的一次饭局。

许寿裳到中山大学任教，是已任中山大学文学系主任兼教务主任的鲁迅邀请的。许寿裳19日到广州，在旅馆中住了一夜，第二天鲁迅从香港演讲回来后，即安排了这次饭局，同时迎他往中山大学的旧式建筑"大钟楼"同住一室。许寿裳在该校讲授教育学和西洋史。在与鲁迅再度共事的这段时间里，如前所述，他们和许广平常一起下馆子、喝茶、看电影，豪兴十足。

后来，因鲁迅住在中山大学来客频繁，影响工作，故在校外觅房。3月29日偕许寿裳移居白云路白云楼二十六号二楼，并分一间房子给许广平居住，以便做助手的工作和代为料理生活事务。白云楼"地甚清静，远望青山，前临小港"，鲁迅和许寿裳都"以为课余有读书的环境了"。他们一直同住到6月5日许寿裳离开广州为止。

许寿裳说："我对于广州的印象，因为是初到，一切觉得都很新鲜，便问他的印象如何。他答道：革命策源地现在成为革命的后方了，这不免是灰色的。我听了很受感动。"（《亡友鲁迅印象记》）

在鲁迅一生相交的朋友中，许寿裳与鲁迅关系最为密切。许寿裳是鲁迅的同乡、同学和同事，前者比后者小2岁，两人相识相交长达35年，可谓"同声相应，同气相求"。先是许寿裳介绍鲁迅先后到浙江两级师范学校、教育部工作，又同时因女师大风潮被教育部免职，后来是鲁迅介绍许寿裳到中山大学任教。二人谁也无法离开谁。他们的关系，"平时有似兄弟怡怡，十分友爱。偶或意见不合，鲁迅就会当面力争，而许先生不以为忤，仍友好如故，有时彼此作绍兴土音说话，说到会心处会大笑"（许广平语）。鲁迅与许寿裳亲如兄弟，同仇敌忾，无患得患失之心。据许广平回忆："鲁迅先生无论多忙，看到许先生来，也必放下，好像把话匣子打开，滔滔不绝，间以开怀大笑，旁观者亦觉其怡意无穷的了。在谈话之间，许先生方面，因所处的环境比较平稳，没什么起伏，往往几句话就说完了。而鲁迅先生却是倾吐的，像水闸，打开了，一时收不住；又像汽水，塞去了，无法止得住；更像是久居山林了，忽然遇到可以谈话的人，就不由自己似的。在许先生的同情、慰藉、正义的共鸣之下，鲁迅先生不管是受多大的创伤，得到许先生的谈话之后，像波涛汹涌的海洋的心境，忽然平静宁帖起来了。"这其中有同乡之情，有同窗之谊，更有兄弟之情。许广平叹曰："求之古人，亦不多遇。"

但好景不长，1927年4月12日，蒋介石在上海悍然发动反革命政变，将无数共产党人和革命者推入血泊。很快，广州也陷入白色恐怖。15日，蒋介石命令在广州实行戒严，由钱大钧任"戒严司令"，调遣军队向共产党各机关进攻，屠杀共产党员、工人、进步青年三千多人，中山大学许多革命师生亦被捕、被害。

"作家离开笼罩着'铁窗斧钺风味'的军阀统治的北方，奔向南方，万不料落入了更坏的处境，在国民党的青天白日旗下又有'缧绁之忧'了。"（［俄］波兹德涅耶娃著《鲁迅评传》，湖南教育出版社2000年版，第374页）

此后，鲁迅因营救被捕学生无效，愤而辞去中山大学一切职务。许寿裳是追随鲁迅到广州的，见此情形，为支持鲁迅，也跟着辞职。

许寿裳先生的行为，让我们想起了古代的义士。此前在北京，鲁迅被章士钊非法撤职，许寿裳就和齐寿山毅然辞去教育部的工作以示抗议。这次在中山大学，又以辞职的形式声援鲁迅。"与鲁迅同进退，正是凛然大义所在的又一次表示。"（许广平语）

鲁迅逝世后，许寿裳由于在北平公务繁忙，不能赴上海奔鲁迅之丧，禁不住失声恸哭。据他后来说："这是我生平为朋友的第一副眼泪。"许寿裳在唁电中说："豫才兄逝世，青年失其导师，民族丧其斗士，万分哀痛，岂仅为私……"

惯于长夜过春时，挈妇将雏鬓有丝。
梦里依稀慈母泪，城头变幻大王旗。
忍看朋辈成新鬼，怒向刀丛觅小诗。
吟罢低眉无写处，月光如水照缁衣。

季市兄教正　壬申年春作录此　鲁迅

鲁迅书《无题·惯于长夜过春时》赠许寿裳

许寿裳曾说过："我和鲁迅生平有35年的交谊，'同声相应，同气相求'……互相关怀，不异于骨肉。他在我的印象中，最初的而且至今还历历如在目前的，乃是40余年前，他剪掉辫子后的喜悦的表情；最后的而且永远引起我的悲痛的，乃是10年前，他去世两个月前，依依惜别之情。35年之间，有20年是晨夕相见的。每次相见，他总是名言百出，机智疾流，使我得一种愉快的经验，恍如坐在春风之中。这种愉快的经验，追忆起来，实在是举不胜举。"

鲁迅和许寿裳交往至此，在现代文学史上，绝无相匹者。

1940年10月19日，许寿裳在日记中写道："鲁迅逝世已四周年。追念故人，弥深怆恻。其学问文章，气节德行，吾无间然。其知我之深，爱我之切，并世亦无第二人。"

此时回头看1927年2月20日的这次饭局，就会更加深切地理解弥漫在饭局之间的怡怡兄弟之情。

陶乐春的午宴

——持酒一瓶而归

时间：1928年4月2日

地点：上海陶乐春

与席：鲁迅、许广平、国木田及其夫人、金子、宇留川、内山完造

1928年4月2日鲁迅日记云："达夫招饮于陶乐春，与广平同往，同席国木田君及其夫人、金子、宇留川、内山君，持酒一瓶而归。"

本次饭局做东的郁达夫（1896—1945），原名文，浙江富阳人，作家，创造社前期主要成员之一。1923年秋至1925年初在北京大学任教时与鲁迅同事。1925年、1926年在武昌师范大学、广东中山大学任教，其间返京度假时都往访鲁迅。1926年底在上海负责创造社出版部工作。1928至1929年与鲁迅合编《奔流》月刊。

有关本次饭局，同日郁达夫日记载："中午在陶乐春请客，

到了鲁迅及景宋女士，与日本的本间久雄氏、金子光晴氏、国木田虎雄氏与宇留河氏。午膳毕后，又请他们去逛了一趟半淞园。回来在小有天吃晚饭，到日本人五十多人，总算是极一时之盛了，闹到晚上的12点才回来。"

郁达夫夫妇这天在陶乐春设午宴，是为了欢迎来华访问的日本文化人，其中有诗人金子光晴、画家宇留河太吕、中国文学研究者国木田虎雄等人。一个有趣的细节是，饭后，鲁迅将一瓶没喝完的酒带回家去。大约郁达夫忙着接待日本朋友，饭后又去逛上海城南"剪取吴淞半江水"的半淞园，无法携带这瓶酒。

两月后的6月3日，鲁迅投桃报李，回赠郁达夫一瓶酒，这使二人看起来多了一层饮食之交。鲁迅日记载："下午达夫来，赠以陈酒一瓶。"同日郁达夫日记载："午后打了四圈牌，想睡睡不着，出去看鲁迅，谈了一小时的天。临走他送我一瓶陈酒，据说是从绍兴带出来者，已有八九年陈色了，当是难得的美酒，想拣一个日子，弄几碟好菜来吃。"

郁达夫请客的陶乐春在三马路（今汉口路）浙江路"小花园"，是一家川菜馆，店面不大，但很雅洁，味道正宗，擅煲吕宋大排翅，以办十几元的上等席面为主打。当时，海派四川风味已成洋场的新时尚，而陶乐春执其中牛耳数十年。

南云楼风波

——与林语堂像一对雄鸡对视

时间：1929年8月28日

地点：上海南云楼

与席：鲁迅、李小峰、林语堂及夫人、郁达夫、矛尘（章廷谦）、杨骚、章衣萍、曙天

1929年8月28日鲁迅日记云："小峰来，并送来纸版，由达夫、矛尘作证，计算收回费用五百四十八元五角。同赴南云楼晚餐。席上又有杨骚、语堂及夫人、衣萍、曙天，席将终，林语堂语含讥刺。直斥之，彼亦争持，鄙相悉现。"

鲁迅和林语堂于1925年底始有来往。鲁迅是"80后"，浙江人氏，林语堂是"90后"，福建人氏。前者比后者大14岁。

林语堂1912年入上海圣约翰大学，毕业后在清华大学任教。1919年秋赴美哈佛大学文学系。1922年获文学硕士学位。同年转赴德国入莱比锡大学，专攻语言学。1923年获博士学位后回国，任北京大学教授。当时北大的教授就已形成两派，一派是周

氏兄弟为首，另一派以胡适为代表。林语堂归国初期与鲁迅甚为相得，是鲁迅领导的"语丝社"的"急先锋"。《语丝》时期，鲁迅借林语堂文章中的英文"费厄泼赖"一词，发起了一场声势浩大的"打狗运动"，他要打的"落水狗"，是段祺瑞、章士钊、杨荫榆、陈西滢等人。这里边当然存着时代的局限，但"打狗运动"把林语堂推到了文坛盟主鲁迅的麾下。然后，二人远走厦门，相互扶持，建立起了亲密的友谊，并持续了近十年。经过短暂的分离，1927年10月，二人在上海重逢。

此时的林语堂，已"对革命感到厌倦"，不愿意再相信任何的政治和谎言，认为这些都是吃人的"司芬克斯"，会吞下一切鲜活的生命。他只想做个好人，用一颗童心去辨别美丑善恶。于是，林语堂高谈幽默，表现性灵闲适，曲折地表示自己的不满。而鲁迅虽然一样失意，却选择"直面惨淡的人生"，把文学当作"匕首"和"投枪"刺向敌人。

两人的思想道路，显然地，也是很正常地出现了分歧。

二人之间的分歧，追根结底，是对于中国人的"国民性"截然不同的看法。林语堂的国民性探究是一种兼及正负的较为全面的研究和描述，他推崇的"高地人生观"，实则是一种融合了儒家的谦逊耿介和道家的超尘脱俗、自然简朴的人生理想和处世哲学。所以，林氏在上海创办《论语》等，以性灵闲适折射对世事的思索与批评，符合林氏一贯的国民性理论。但是，林氏的做法，却被鲁迅视为怯懦与奸猾。鲁迅猛烈抨击的中国国民性，聚焦于占国民最大多数的农村底层民众的羸弱病态的精神状态，所关注的大多是令他极难忍受的愚昧、麻木、怯弱、懒惰、巧滑、苟安、奴性、精神胜利、自欺欺人甚至"人吃人"等。

1929年8月28日，在这场由李小峰召集和做东的饭局上，便发生了著名的"南云楼风波"，这是鲁迅与林语堂第一次正面的思想冲突。

争论的原因仍然和一场庭外调解的官司有关。

对这场成功调解的官司，当时有支持者，也有反对者。林语堂是反对者之一，所以在饭局上语带讥讽。

有关这一风波的过程，40年后，林语堂写过一篇文章《忆鲁迅》，正面描述过：

> 有一回，我几乎跟他闹翻了。事情是小之又小。是鲁迅神经过敏所至。那时有一位青年作家，他是大不满于北新书店的老板李小峰，说他对作者欠账不还等等。他自己要好好的做。我也说了附和的话，不想鲁迅疑心我在说他。他是多心，我是无猜。两人对视像一对雄鸡一样，对了足足两分钟。幸亏郁达夫作和事佬。几位在座女人都觉得"无趣"。这样一场小风波，也就安然流过了。

当事人林语堂回忆当时他和鲁迅"对视像一对雄鸡一样，对了足足两分钟"，似乎并没有争吵。

但鲁迅当天日记载："席将终，林语堂语含讥刺。直斥之，彼亦争持，鄙相悉现。"说明不仅争吵了，而且吵得比较凶。

林语堂日记中又是怎样记述的呢？记录林语堂1929年1月至1932年12月生活的手写日记，曾出现在中国嘉德2009秋季拍卖会预展上。据嘉德国际拍卖有限公司古籍善本部的一位经理讲，这本日记15年前出现在市场上，当时并未引起太大注意。但是，日记的出现，为现代文学研究提供了许多证据，甚至提供了许多破解文坛公案的佐证。

林语堂在1929年8月的一篇日记中写道："8月底与鲁迅对骂，颇有趣。"记述的正是"南云楼事件"。

"对骂"二字显示，这两位文坛巨匠当时真是放下斯文身段，大闹过南云楼。不过，同一事件，鲁迅斥之为"鄙相悉现"，咬牙切齿的感觉，林语堂却笑嘻嘻地表示，"颇有趣"。前者不愧是杂文祖师，后者不愧是幽默大师。

关于南云楼事件，"和事佬"郁达夫在《回忆鲁迅》中说这是"因误解而起正面的冲突"。当时，鲁迅有了酒意，"脸色发青，从座位上站了起来"，"一半也疑心语堂在责备这第三者的话，是对鲁迅的讥刺"。林语堂也起身申辩，空气十分紧张。郁达夫一面按鲁迅坐下，一面拉林语堂夫妇走下楼去。郁达夫的结论说："这事当然是两方面的误解，后来鲁迅原也明白了，他和语堂之间是有过一次和解的。"

"南云楼风波"被有的学者解释成林语堂的"右"和鲁迅的"左"之争，这是政治的神经过于敏感，事实上并没有那么悬乎。因为当天的宴席，纯粹是为版税官司的圆满结束而举行的，无涉政治和艺术观点。林语堂对鲁迅状告李小峰"索取版税之权"加以讥刺，说明虽然经过五卅运动、北伐战争和1927年的大革命，虽然南京国民政府于1928年先后颁布了《中华民国著作权法》和《著作权施行细则》，但林语堂和大多数作家一样，把"索取版税之权"看成是一种非仁义的举动。这种认识并不涉及大是大非的原则问题，只是一种暂时的有局限性的认识或觉悟。林语堂当时并没有意识到，以鲁迅为代表的新文学家对于稿酬的态度转变，标志着新文学运动进入了一个新的时期，也表明了30年代中国文学存在的经济条件。

以"南云楼事件"为转折，鲁迅和林语堂结束了第一次"相得"，开始了第一次"疏离"。这一疏离长达40个月。林语堂在日记中很少提及"鲁迅"二字，与周作人和胡适等人则交往密切。

30年代初，随着林语堂的推波助澜，文坛上逐渐兴起了幽默之风。林语堂"幽默大师"的名声越来越响，林语堂对自己的文艺观点也确信不疑，声称"欲据牛角尖负隅以终身"（林语堂《行素集·序》）。1932年9月16日，《论语》创刊，"轰的一声，天下无不幽默"（鲁迅《一思而行》）。鲁迅认为在反动派屠刀下，没有幽默可言，"只要我活着，就要拿起笔，去回敬他们的手枪"。对林语堂，鲁迅也认为"以我的微力，是拉他不来的"，开始对林语堂进行批判，先后写了《骂杀和捧杀》等文章来回敬。二人不仅文章中有斗争，生活中也有斗争。后来，另有一次饭局，几个广东籍作家兀自讲粤语，林语堂则故意讲一口流利的洋泾浜英语逗趣。鲁迅听了，厉声道："你是什么东西！难道想用英语来压中国的同胞吗？"弄得林语堂很尴尬。

鲁迅曾写信劝林语堂别搞小品了，多翻译些英文名著。林语堂回信说"等老了再说"。鲁迅后来给曹聚仁写信，提到此事："这时我才悟到我的意见，在语堂看来是暮气。但我至今还自信是良言，要他于中国有益，要他在中国存留，并非要他消灭。他能更急进，那当然很好，但我看是决不会的，我决不出难题给别人做，不过另外也无话可说了。"林语堂则说："亦近挑拨呢。我的原意是说，我的翻译工作要在老年才做。因为我中年时有意思把中文作品译成英文……现在我说四十译中文，五十译英文，这是我工作时期的安排，哪有什么你老了，只能翻译的嘲笑意思呢？"

1935年，林语堂在上海提倡"性灵派文学"，他在一篇文章中说："我系闽人，天生蛮性，人愈骂，我愈蛮。"鲁迅便在《天生蛮性》一文中讽刺"林语堂先生谈性灵"。

1936年10月19日，鲁迅病逝。鲁迅逝世后的第四天，林语堂亲撰《鲁迅之死》一文，称誉鲁迅为"真正的战士"。他这样写："鲁迅与我相得者二次，疏离者二次，其即其离，皆出自然，非吾与鲁迅有轻轩于其间也。吾始终敬鲁迅；鲁迅顾我，我喜其相知，鲁迅弃我，我亦无悔。大凡以所见相左相同，而为离合之迹，绝无私人意气存焉。"

鲁迅和林语堂坦荡磊落，君子交恶，却惺惺相惜，绝无私人意气存焉，此番情真意切，令人动容。

荷兰西菜室作五十岁纪念

——史沫特莱安排的聚餐

时间：1930年9月17日

地点：上海"斯拉巴雅"西餐馆

与席：鲁迅夫妇并海婴、柔石、冯雪峰、冯乃超、董绍明、叶绍钧、茅盾、史沫特莱等共22人

1930年9月17日鲁迅日记云："友人为我在荷兰西菜室作五十岁纪念，晚与广平携海婴同往，席中共二十二人，夜归。"

日记中的"友人"指"左联"诸人和第一次见面的美国记者史沫特莱。

鲁迅晚年声名日著，吸引了不少当时在中国的西方记者的关注，除了美国著名记者埃德加·斯诺，还包括史沫特莱。

艾格尼丝·史沫特莱（1892—1950），美国著名记者、作家和社会活动家，早年当过侍女、烟厂工人和书刊推销员。1918年因声援印度独立运动而被捕入狱6个月。1919年起侨居柏林8年，积极投身印度民族解放运动。史沫特莱1928年底以德国《法兰

克福日报》特派记者身份来华，在中国一待就是12年。1930年3月曾为《萌芽月刊》撰稿。1931年起协助鲁迅搜集、编印凯绥·珂勒惠支的版画。1932年春与鲁迅等参加营救牛兰夫妇。1933年参加中国民权保障同盟。1936年鲁迅病重时曾为延医诊视。抗战初、中期，她目睹日本对中国的侵略，向世界发出了正义的声音。史沫特莱也翻译过鲁迅的作品，《黑暗中国的文艺界的现状》及《写于深夜里》均由她译成英文，在美国进步刊物发表。

1930年9月24日是阴历八月初三，"予五十岁生辰，晚广平治面见饷"。这天是鲁迅50岁生日，治面见饷，简简单单，吃的差不多就是"长寿面"，典型的中国风味。此前的9月17日，鲁迅还过了一次特殊的生日，那些被当局认为是"左倾危险分子"的作家和斗士希望借鲁迅的生日搞一次隆重聚会，史沫特莱欣然受命，以自己的名义租借了法租界吕班路（今重庆南路）50号的荷兰"斯拉巴雅"西餐馆。

这次寿辰聚会发起人中有柔石、冯雪峰、冯乃超、董绍明、蔡咏裳等，叶绍钧、茅盾也出席了。

史沫特莱后来在其《中国的战歌》中详细描述了这次饭局。这是鲁迅饭局中非常珍贵的第一手资料：

鲁迅带着年幼的儿子提前到了。这是我初次与鲁迅相见，我在中国的整个期间，受到最大影响的就是这个人。他个子不高，身板有些单薄。穿着奶白色的丝绸料子的中国服装，柔软的中国靴子。不戴帽子，剃得短短的头发像牙刷一样。但是，虽然鲁迅的面容就是一般中国人的样子，但他却在迄今为止我见过的人中，给我留下了最有印象的记忆。脸部生动，同时也有戒备的神情。他虽然不用英语讲话，但能熟练地运用德语。因此，我也用德语与之交谈。他待人接物的态度、说话的方式，还有一个个动作都流露出一种难以言说的、充满个性的和谐与魅力。我忽然觉得自己像一块土块那样，看上去十分丑陋。

在另一篇回忆文章中，史沫特莱也提到了这次宴会：

我第一次会见他，是在他50岁生辰的庆祝席上。我想那是1929年吧（实际上是1930年——笔者注）。有一些青年作家要我去租一个外国小饭店，可以让我们在那里开一个下午的茶会，并且吃一顿晚餐。中国人要有这样一个集会，是危险的。我是个外国人，我可以租了那地方，来请我的客。不过等到客人都来齐了，那外国饭店的主人看看所有的客人都是中国人，又大多是贫穷的，并且中国的侍者们也要听到我们的谈话和演说，于是就要发生危险了。在鲁迅生日的那天下午，客人陆续来到那小饭店的花园中。他们有单独来的，有成群来的。有许多没有钱，因而不能留到晚上吃晚饭。鲁迅和他的夫人（他的夫人抱着一个孩子），在园里一张桌子旁边坐着或是站着，招待着进园来的向他们致敬的客人。那天鲁迅真是神采奕奕……他的脸老是那么动人，他的眼睛老是带着智慧和兴味闪耀着。

鲁迅50岁留影（1930年9月17日，史沫特莱摄）

他那件长的绸袍增添了他的丰采，增添了成为他的一部分的那种尊严。

史沫特莱描述，那时的上海，就是少数人集合在一处地方，也是有危险的，周围都有侦探。"那一天，来给鲁迅致敬的不下200人，而且其中有许多人，要是给警察知道的话，他们的脑袋都要难保。""我还记得有一群贫苦演剧家，站在那里和鲁迅谈话。不知为什么，他们似乎比其余的客人都要穷些。"此外还有许多左翼作家、艺术家、新闻记者、教员、学生和教授。"还有一个是红军协助会的代表，一个刚刚出狱的反帝同盟的代表，一个当时上海共产党党报的编辑。我还记得有一个守旧的哲学教授也来参加鲁迅生辰的庆祝。"史沫特莱在此显然是想更加清楚地描述柔石、冯雪峰、冯乃超、董绍明、蔡咏裳、叶绍钧、茅盾等人的身份。

整个下午，客人不断地来来去去，到晚上只有50个人留下举行了一个小小的宴会。史沫特莱看见荷兰西菜馆的店主在房间不住走动着，亲自照料一切，她注视并倾听着，留心着他是否去给警察打电话。因为当时在场诸人的演说，"要是给警察知道的话，会引来机关枪和捕人车"。其实他们不过是谈着近代的思想、中国的解放、文化团体的组织，以及鲁迅领导的必要。他们请求鲁迅出来切切实实地做个领导。"我那天晚上第一次听见鲁迅演说。我的耳朵一面侧向外面的街道，担心着警察的捕人车的可能的隆隆声的到来，一面却仍倾听着一个翻译替他译出来的话。不久，我忘了有关捕人车的顾虑。因为鲁迅正在那里讲他生平的故事。他站着，一个平静而严肃的形象，从容而平静地说着话，说得所有的侍者都静听着他的每一个字，有时竟至客人也忘记侍候了。"史沫特莱结结实实成了鲁迅的一个粉丝。

在这次寿宴上，鲁迅讲到他在一个半封建的小乡村里的青年生活，讲到起先怎样在日本学医，如何弃医从文，试图通过文学来唤醒青年。他倾向于俄国的革命作家，并且向他们学习。"他是一个学问渊博的人，而且我以为他是我所认识的人当中教养最深的一个。"据史沫特莱回忆，鲁迅这一天晚上"把他对于世界文学的知识在他的朋友们面前展示出来了"。当然，鲁迅是不是真这么夸夸其谈，是要打一个问号的。但不可否认的是，史沫特莱笔下的鲁迅是非常具体的，甚至比国内作家观察得更加深刻而独特："我老是看见鲁迅那个脆弱却有活力的身影，进出走动在上海虹口区的他的那间房里，他的面孔一径燃点着一种强作幽默的表情，那就是他的存在的一部分。"

史沫特莱对鲁迅的作品评价非常高，鲁迅《写于深夜里》这篇文章被史沫特莱誉为"是一篇显示一切天才迹象的散文"，"这实在是一篇壮丽的作品，一面是表现他对中国一般创造的革命青年的至深的爱，同时又充满着他对于当时一般反动势力的强烈的憎恨，因为这种反动势力正在断送中国大多数优秀青年的生命"。史沫特莱评价说："鲁迅是中国现代作家当中惟一具有我们所谓'天才'的那种奇异和稀有的品格的人。"为了这种品性，鲁迅虽是用着一大串的笔名，也终于瞒不了人，人们总知道是他写的。

"他似乎并不知道怎样叫做恐惧。他具有一种极深的轻蔑心，那是难以形容的。"

2007年，中共党史出版社出版的《联共（布）、共产国际与中国苏维埃运动（1931—1937）》第十五卷公布了一封尘封70年的密函，这是1937年1月26日宋庆龄写给王明的信函，信中称史沫特莱"是一个同情中国民族解放运动的自由派作家和新闻记者"，但她在西安事变中没有征得中共领导同意就擅自发表蒋介石和周恩来的密约，给国共双方都造成很大被动。同时，宋庆龄还透露了史沫特莱的另一重身份："实际上这里的人认为她是共产国际的代表。她把《工人通讯》的出版者、工会书记、'中共上海中央局'特科的工作人员和其他许多人带到同情我们的外国人的一个住所，结果这个用于重要目的的特殊住所遭到破坏。虽然她无疑是出于好意，但她的工作方法给我们的利益造成了损失。"所以宋庆龄希望王明加以重视。

宋庆龄写这封信时，鲁迅已去世数月。从信中可知，史沫特莱其时的活动已经受到了警察的盯梢，她对此应有所警觉，所以在为鲁迅组织50岁生日聚会时非常警惕地观察周围的动静。宋庆龄认为，"虽然她无疑是出于好意，但她的工作方法给我们的利益造成了损失"，这一评价应该说是非常中肯的。

透过鲁迅与史沫特莱的交往，特别是她安排的鲁迅50岁生日聚餐，或可发现鲁迅的另一面，对于鲁迅的世界主义研究亦不无裨益。

特色酒家食三蛇羹

——人真是可怕的

时间：1931年11月21日

地点：上海特色酒家

与席：鲁迅、许广平、周建人及王蕴如

1931年11月21日鲁迅日记云："……下午邀蕴如及三弟并同广平往新光戏院观电影《禽兽世界》，观毕至特色酒家晚饭，食三蛇羹。"

鲁迅吃蛇肴，有记载的也就这么一次。蕴如，即王蕴如，周建人之妻。

这一年鲁迅满50周岁，到上海也有四个年头了。兄弟姊娌四人聚在一起看场《禽兽世界》的电影，又去特色酒家吃三蛇羹，并不忘写到日记中，可见生活惬意，也颇见情趣。

三蛇羹是许广平家乡广东一带的汉族传统名菜，是蛇馔中比较常见的一种汤羹，属于粤菜系，广州的酒家百年前就有这种菜式。

"秋风起，三蛇肥"，"三蛇"指眼镜蛇（俗称"饭铲头"）、金环蛇（俗称"金脚带"）和"过树榕"。将三种蛇去骨撕成肉丝，加生姜、陈皮、桂圆肉、竹蔗水、绍酒等配料煨熟，最后以马蹄粉调芡。上述蛇中，除"过树榕"，蛇牙中均有剧毒腺液，但肉无毒，味道鲜美，营养丰富，能祛风去湿。

据说三蛇羹这种让一般人特别是北方人望而生畏的广东美食"白白的蛇汁充满了蛇肉香，黄色的菊花瓣又有花香，数碗下肚仍然清爽无比，没有丝毫的滞腻之感"。描述得极其诱人，但鲁迅四人寒冬季节偶尔一品三蛇羹，可能只是受了许广平的"蛊惑"，一时猎奇而已。

岭南气候炎热，雨量充沛，林木茂盛，盛产蛇类。1927年8月19日，鲁迅辞去中山大学教职赴上海前，和几位友人去西关图明馆照相，出来后途经十三行一带的蛇档，看到档口一溜摆满了装着各种毒蛇的铁笼，里面的蛇或盘或立，口吐蛇芯，呼呼作响，令人胆寒。在附近的一家山茶店落座后，鲁迅才说："人真是可怕的，不管怎样毒的蛇都能够把它捉到，囚在铁笼里，供人治病和满足口腹之欲。听说龙虎斗和龙凤虎是广州宴会时最体面的菜，曾经有人请我吃，我没有去。"

在鲁迅眼里，囚在铁笼里的蛇也是弱者，他之拒绝去吃蛇，当是一种敬畏心，即人类应对自己的欲望有所节制。

少年鲁迅在野外活动时，敢于打蛇。孙福熙在《鲁迅·艺术家》一文中说："（鲁迅）幼年时，在乡下海塘上，用竹竿打动塘上芦苇，且打且跑，蛇从芦苇中出来，在人后追得很快，人到一个地方转弯，就见蛇向前行，几十条不断。"他还敏锐地发现，蛇是"捕鼠能手"。在《狗·猫·鼠》一文中，他写道："……猫自然也可怕，但老鼠只要窜进一个小洞去，它也就奈何不得，逃命的机会还很多。独有那可怕的屠伯——蛇，身体是细长的，圆径和鼠差不多，凡老鼠能到的地方，它也能到，追逐的时间也格外长，而且万难幸免。"

鲁迅其实和绝大多数人一样，是怕蛇的，即使无毒的小蛇也会谨慎避开。1926年秋，他在厦门给许广平写信时提及："这里颇多小蛇，常见被打死着，颚部多不膨大，大抵是没有什么毒的，但到天暗，我便不到草地上走，连夜间小解也不下楼去了……"

如此怕蛇，又如此敬畏蛇，鲁迅吃三蛇羹，肯定是不会有第二次了。

另外，将这一话题引申一下，就可以知道，蛇是鲁迅作品中一个重要的意象，鲁迅甚至以蛇自比。

鲁迅出生于1881年9月25日，农历辛巳年八月初三，属蛇。他有一个笔名"它音"，是1931年发表杂文《沉滓的泛起》时的署名。"它"的古义即为蛇。"彷徨"也是一种蛇的名称，出自《庄子·达生》："野有彷徨，泽有委蛇。"成玄英对"彷徨"注疏说："其状如蛇，两头，五采。"鲁迅小学造诣深厚，对"彷徨"此义不可能不知。以"彷徨"命名自己的小说集，既取其"犹疑不决"之义，又以暗含的蛇的形象作为自我标记。这与当年用猫头鹰图案充当杂文集《坟》的装饰，实在有异曲同工之妙。

在《朝花夕拾》中，鲁迅描述道，他小时候爱听祖母和保姆长妈妈讲故事，爱看图文并茂的《山海经》。长妈妈给他讲美女蛇，讲美女蛇的克星飞蜈蚣。那美女蛇"是人首蛇身的怪物，能唤人名，倘一答应，夜间便要来吃这人的肉的"。之后，"夏夜乘凉，往往有些担心，不敢去看墙上，而且极想得到一盒老和尚那样的飞蜈蚣"。美女的笑容、陌生的声音后面隐藏着可怕的杀机，因此，"这故事很使我觉得做人之险"。在《社戏》中，鲁迅对翻筋斗的武戏并不感兴趣，"最愿意看的是一个人蒙了白布，两手在头上捧着一支棒似的蛇头的蛇精"。这些情节虽然荒诞惊悚，却具有一种神秘的诱惑和对神话世界的心驰神往。

　　包含了鲁迅人生哲学的散文诗集《野草》中，有不少蛇的意象。《我的失恋》是一首拟古打油诗，诗中"爱人"的四样定情信物均精美雅致：百蝶巾、双燕图、金表索、玫瑰花。可是，"我"的回赠却粗俗不堪，显得无法理喻：猫头鹰、冰糖葫芦、发汗药、赤练蛇。二者对比强烈，构成讽刺效果。孙伏园曾说："他实在喜欢这四样东西。"这是鲁迅私下亲口告诉他的。《墓碣文》中也出现了蛇："……有一游魂，化为长蛇，口有毒牙。不以啮人，自啮其身，终以殒颠。"日本著名鲁迅研究专家竹内好先生说："这显然是被创作出来的'超人'的遗骸，而且夸张点儿说，便是鲁迅的自画像。"无论是赤练蛇，还是口有毒牙的长蛇，都倾向于某种精神层面上的象征性，而不是现实中的符号。向爱人回赠赤练蛇，是因为赤练蛇的花纹精美绝伦；而化为长蛇的游魂，则意味着对自我心灵的无情解剖。

鲁迅在他那个时代是思想界的先驱，他自己意识到，作为先驱，必须具备离经叛道的精神，必须具备蛇一般纠缠不休的韧性、一噬致命的毒性。1919年，《新潮》编辑向鲁迅征询对杂志的看法时，他即指出："从三皇五帝时代的眼光看来，讲科学和发议论都是蛇，无非前者是青梢蛇，后者是蝮蛇罢了；一朝有了棍子，就都要打死的。既然如此，自然还是毒重的好。"

苏雪林骂鲁迅是"老毒蛇"，虽然不无谩骂的色彩，但不得不说，她的骂似乎是有一定道理的。

邀一妓略来坐

——给一块钱就走的"打茶围"

时间：1932年2月16日

地点：上海同宝泰

与席：全寓十人（鲁迅全家及三弟周建人一家，包括佣人）

1932年2月16日鲁迅日记云："夜全寓十人皆至同宝泰饮酒，颇醉。复往青莲阁饮茗，邀一妓略来坐，与以一元。"

"邀一妓略来坐"这六个字颇吸引眼球，一些以"倒鲁"为己任的文人雅士据此大做文章，认为鲁迅当天晚上有嫖娼狎妓之行为。

这种说法是很荒唐的。

青莲阁是干什么的？

四马路（今福州路）上的青莲阁是沪上闻名遐迩的老字号茶楼，原名华总会茶楼，曾被列为"上海洋场一景"，现在是上海外文书店总店。资料载，茶楼分为上下两层，楼上摆放12张八仙桌，供人品茗吸烟；楼下则是集游艺、杂耍、唱曲和摊贩于一体的小型游乐场，有西洋景、哈哈镜、打弹、棋牌、珍禽异兽、高矮畸形人等。京剧坤角老生张文涓早期在青莲阁演出并一举成名，象棋国手杨官麟也曾在此设擂挑战各地棋坛高手。

青莲阁是沪上各行庄的现货交易中心，有西药、颜料、麻袋三个固定交易所，还有纱布、棉花、油麻、米面、猪鬃等业商人洽谈生意。茶楼每日众商云集，看货取样，立约议价，热闹非凡。著名实业家刘鸿生就经常在此进行煤炭交易，建筑营造商也定期在青莲阁以茶会形式招雇工人。

另外，青莲阁也是中国最早的电影固定放映点。1899年，西班牙人雷玛斯在青莲阁底层设了一个影戏部，放映来自欧洲的短片。房间里面摆几张条凳，凑满20人就放映一场，生意竟然出奇的好，直到1911年辛亥革命爆发才停业。

用现在的话讲，青莲阁大概也算得上是个"公共空间"。由于地段繁华，人流量大，三教九流良莠混杂，地痞娼妓吸毒者也常出没于此，难怪管斯骏的《四马路竹枝词》云："青莲阁上野鸡窝，飞来飞去似织梭。最是扬帮真老脸，做媒双手把衣拖。"野鸡和老鸨当街强行拉客的事情在当时屡见不鲜，所以在四马路"打野鸡"实在是颇为危险。周作人《知堂回想录》第三十节《青莲阁》中说，四马路的野鸡以青莲阁为总汇，"所以凡往上海观光的乡下人，必定首先到那里去，我们也不是例外"。青莲阁本身并不经营娼妓，但由于人气旺，确实有许多妓女在青莲阁揽客。丰子恺说："到四马路青莲阁去吃茶看妓女，倒是安全的。

她们都有老鸨伴着，走上楼来，看见有女客陪着吃茶的，白她一眼，表示醋意；看见单身男子坐着吃茶，就去奉陪，同他说长道短，目的是拉生意。"

上海普通市民广泛参与的大众休闲娱乐空间是"海派"娱乐文化的重要载体，但与当时上海一般"海派"文人如穆时英等完全不同的是，鲁迅与"海派"文化的市民世俗娱乐精神格格不入。他年少时即自署"索士""索子"，生平游览极少，最怕应酬，"最不喜欢的就是各种体育运动以及无事闲游等事"，"不游公园，住在上海十年，兆丰公园没有进过"。俭朴苦学、甘于寂寞、不追求物质享受和世俗娱乐消遣，贯穿着他的一生。时下有研究者喜欢渲染鲁迅喝咖啡、看电影、逛公园等内容，事实上是对鲁迅脾气禀性的夸大。所以，按理讲，鲁迅是不应当去青莲阁的。

诱导鲁迅去青莲阁的因素，一是战争环境，二是醉酒。

鲁迅去青莲阁之前，全寓皆去同宝泰饮酒。"全寓"指的是鲁迅全家及三弟周建人一家，包括佣人。需要注意的是，此前鲁迅住在拉摩斯公寓，淞沪抗战1月30日爆发后，因为鲁迅一家和周建人一家距离战区较近，两家十口人，全部迁到日本人开的内山书店三楼，以避战事。到了1932年2月6日，他们又迁进了更加保险的英租界内的内山书店分店，开始了另一种战时生活。淞沪抗战持续了一个多月，鲁迅的这次"颇醉"和"邀妓"，正发生在抗战期间。他的"颇醉"是否与抗战有关，不得而知。当然，有学者指出，第一次淞沪抗战期间，鲁迅除了避难，还给别人写条幅，还在为德国的画展制作镜框，还在编辑自己的《三闲集》

和《二心集》。日本人侵略自己的国家，鲁迅却迁到日本人开的书店里避难，这是否为鲁迅的历史瑕疵，此处且不议。

且说那天两家人先到同宝泰饮酒，后去青莲阁喝茶。按理讲，青莲阁妓女出没，带着女眷和孩子多有不便；但反过来讲，战时避难，把女眷和孩子打发回书店，自己单独去青莲阁，也不合情理。好在青莲阁毕竟首先是喝茶的地方，从上下文分析，应是两家人同去。他们喝茶时，不管是主动还是被动，总之是邀了一位妓女。

陈漱渝先生说得好，这里的妓，是"一·二八"事变之后沦为歌女的女性。陈先生对"略来坐"的解释是："无非是借聊天进行社会调查"。这当然将鲁迅邀妓的动机崇高化了，但总比"倒鲁"派人士的龌龊心理更有说服力。因为鲁迅同年及第二年创作的旧体诗《七绝·所闻》《七绝·赠人二首》就都是以这些下层妇女流离失所的痛苦生活为题材。

《七绝·所闻》(1932年12月)：

华灯照宴敞豪门，娇女严妆侍玉樽。

忽忆情亲焦土下，佯看罗袜掩啼痕。

《七绝·赠人二首》(1933年8月)：

明眸越女罢晨妆，荇水荷风是旧乡。

唱尽新词欢不见，早云如火扑晴江。

秦女端容理玉筝，梁尘踊跃夜风轻。

须臾响急冰弦绝，但见奔星劲有声。

以上写的显然是歌女的声色情状。

所以，说鲁迅狎妓完全不合逻辑。哪有带着家人，男女老少一块儿狎妓的？同时，狎资一元，也不符合当时的行情。即使狎妓，也不能高调写入日记啊。

上海当时狎妓的行情是怎么样的？据资料载，当时在上海，高级妓女（如书寓）收费三元，中等妓女称为幺二，是二元，而在茶楼的是下层妓女，收费一元。据艾芜讲，"我们在上海的人，早就知道，到妓女那里，吃一杯茶，谈二十分钟话，给一块钱就走，这种风习称为打茶围"。艾芜"一·二八"期间也曾在四马路附近有过一次被妓女缠上，不得不花上一块钱打个茶围的经历，他提供的价位是属实的。"谈二十分钟话，给一块钱就走"，与鲁迅日记"略来坐，与以一元"，是完全一致的。所以，鲁迅当年邀妓的性质显然是"打茶围"。

笔者认为，鲁迅是活生生的人，他之邀妓，应当是一个普通人的普通插曲，至于为诗歌创作寻找素材，倒成无心插柳、顺势而为之行为了。

其实，鲁迅生前，早就留下了破解他本人行为踪迹的密码，在《且介亭杂文二集·"题未定"草（六至九）》中，鲁迅谈到论及一个作家必须顾及全人："倘有取舍，即非全人，再加抑扬，更离真实。譬如勇士，也战斗，也休息，也饮食，自然也性交，如果只取他末一点，画起像来，挂在妓院里，尊为性交大师，那自然也不能说是毫无根据的，然而，岂不冤哉！"捕风捉影，移花接木，或背离事实，凭空杜撰，必将遮蔽事实真相，毫不可取。

综上所述，鲁迅当年邀妓不假，但绝无可能有肉体交易，只不过是借着酒劲的"打茶围"之举。之所以堂皇记到日记中，是因为此举是破天荒第一次，也是最后一次，以示新奇、好玩而已。

达夫赏饭

——造就名诗"横眉冷对千夫指"

时间：1932年10月5日

地点：上海聚丰园

与席：鲁迅、郁华夫妇、郁达夫夫妇、柳亚子夫妇、
林微音

1932年10月5日鲁迅日记云："晚达夫、映霞招饮于聚丰园，同席为柳亚子夫妇、达夫之兄嫂、林微音。"

1932年10月5日，郁达夫因其长兄郁华自北平调任江苏省高等法院上海刑庭庭长，在聚丰园设宴，请鲁迅、柳亚子等作陪。这次请客不仅成就了现代文学史上"达夫赏饭"的名局，还成就了鲁迅的一首传世名诗，更成就了现代文学史上一段广为流传的佳话。

"达夫赏饭"的地点设在聚丰园。聚丰园是地道的杭帮菜馆，本店在杭州。杭州聚丰园还是后来郁达夫和王映霞订婚的地方。当时聚丰园因为生意红火，在上海设有分店。

从鲁迅当天日记判断，出席"达夫赏饭"之局者，共有8人，分别是：鲁迅、郁达夫及其夫人王映霞、柳亚子及其夫人郑佩宜、郁华及其夫人陈碧岑、林微音。这8人中，郁华和林微音有必要专门介绍一下。

郁华（1884—1939），郁达夫之兄，字庆云，1905年浙江省首批官费日本留学生，先后毕业于早稻田大学师范科、法政大学法科，获法学学士学位。1932年到上海任江苏省高等法院二分院刑庭庭长，兼任东吴、法政大学教授。当时，二分院设在上海英租界，他利用所处的特殊地位，积极帮助、保护进步人士。田汉、阳翰笙、廖承志在英租界被捕后，郁华参与营救，设法使其获释。上海沦陷后，郁华利用租界法权，坚持司法尊严，维护民族利益，日伪汉奸对他十分仇视，两次寄给他附有子弹的恐吓信。1939年，郁华遭日伪特务暗杀。

席间另一人士林微音并非民国才女林徽音，而是上海"绿社"成员，一个不太出众的文学青年。施蛰存在《林微音其人》里曾做过介绍，说此人是"诗人，银行小职员"，经常写诗，思想颓废，崇拜郁达夫，属于上海新文学史上短期活动过的唯美派、颓废派。施蛰存说，此人举止怪气，夏天常穿一身黑纺绸的短衫裤，在马路上走，有时左胸袋里露出一角白手帕，像穿西装一样；有时纽扣洞里挂一朵白兰花。有一天晚上，他在一条冷清马路上被一个印度巡捕拉住，以为他是一个"相公"。郁达夫何以邀请林微音出席这次无意中载入了现代文学史的饭局？林微音是一个游走于创造社与新月社主将之间的超级粉丝，他被郁达夫邀请，当在情理之中。

"达夫赏饭"之局过程究竟怎样，可以从当事人的一些忆述中略知一二。

那天的女主人王映霞谈此次饭局："那时，请客吃饭是常有的事，我们考虑到鲁迅是南方人，所以特地找了一家无锡馆，在四马路上的聚丰园，并邀请了柳亚子夫妇、郁达夫的兄嫂和青年作家林微音，陪鲁迅共进晚餐。柳亚子那时与鲁迅不很熟悉，因此，达夫就成了中介……这天鲁迅和往常一样，与大家谈笑风生。"（陈子善、王自立编《回忆郁达夫》）严格来讲，此次饭局是鲁迅等人陪郁华共进晚餐，而不是相反，所以有"达夫赏饭"之谓。王映霞之所以这么写，是尊重了鲁迅身后形成的特殊地位。

郁华的夫人陈碧岑，即郁达夫之嫂，多年后作《怀鲁迅先生》一诗，诗前小引也提及这次饭局："四十年前，夫弟达夫夫妇设宴上海聚丰园，在座有鲁迅先生夫妇、柳亚子夫妇、曼君及余。席间鲁迅先生赋'横眉冷对千夫指，俯首甘为孺子牛'名诗，即在余室中尚悬有先生手书此诗复制墨迹立轴。物在人亡，而聚丰园亦不见影迹，怆然赋此。"（《郁曼陀陈碧岑诗抄》，学林出版社1983年版）此文中"鲁迅先生夫妇"系误记。从逻辑上判断，许广平本应在郁达夫邀请之列，但由于周海婴其时恰好患了阿米巴赤痢，鲁迅日记载："上午同广平携海婴往篠崎医院诊，付泉八元四角。"故许广平当以照顾孩子为要务，并未出席饭局。

"达夫赏饭"之局散席时，郁达夫拿出一幅素绢，请各人题

運交華蓋欲何求 未敢翻身已碰頭
破帽遮顏過鬧市 漏船載酒泛中流
橫眉冷對千夫指 俯首甘為孺子牛
躲進小樓成一統 管他冬夏與春秋

達夫賞飯閒人打油偷得半聯湊成一律以請

亞子先生教正

魯迅

鲁迅书《自嘲》诗赠柳亚子

词留念，鲁迅当场写出"横眉冷对千夫指，俯首甘为孺子牛"赠郁达夫，字的上角写有"达夫赏饭，闲人打油"八个字，以记录这是郁达夫请客时所写。所谓"闲人"，是鲁迅的自嘲和自谦。《三闲集·序言》里说："我将编《中国小说史略》时所集的材料，印为《小说旧闻钞》，以省青年的检查之力，而成仿吾以无产阶级之名，指为'有闲'。而且'有闲'还至于有三个……"所以把杂文集名为《三闲集》，又自称"闲人"。"打油"即"打油诗"，亦为自谦。

"达夫赏饭"之局近半年后，鲁迅在为郁达夫书写对联的基础上，写了一首著名的七律，赠给南社诗人柳亚子。鲁迅日记1932年10月12日有如下记载："午后为柳亚子书一条幅，云'运交华盖欲何求，未敢翻身已碰头。旧帽遮颜过闹市，破船载酒泛中流。横眉冷对千夫指，俯首甘为孺子牛。躲进小楼成一统，管他冬夏与春秋。达夫赏饭，闲人打油，偷得半联，凑成一律以请'云云。"此诗后被收入《集外集》时，"旧帽"改为"破帽"，"破船"改为"漏船"，并题为《自嘲》。

鲁迅的这首诗是现代诗坛的杰作，特别是"横眉""俯首"句，成为代表鲁迅精神话语的一面旗帜。故郭沫若先生在《鲁迅诗稿序》中赞美这一联道："虽寥寥十四字，对方生与垂死之力量，爱憎分明；将团结与斗争之精神，表现具足。此真可谓前无古人，后启来者。"此论甚当。现代文学的研究者近年来对鲁迅"偷得半联"的真实意义有不同的解释，郭沫若即认为"偷得半联"是化用了清人洪亮吉《北江诗话》所引钱秀才的"酒酣或化庄生蝶，饭饱甘为孺子牛"一联。但这是借了半句而非半联，况且，引经据典本是写诗要旨，化用前人诗句，是无须在落款时特别声明的，算不得"偷"。那么，"偷得半联"究竟是什么意思？还得从"达夫赏饭"之局中找答案。

1956年12月6日，《新民报晚刊》上发表了一篇题为《"孺子牛"的初笔》的短文，署名"魏殷"，据信即为当年参加了"达夫赏饭"之局的林微音。文中提到了此次饭局上郁达夫和鲁迅的一段对话，现原文抄录：

> 1932年冬，郁达夫之兄郁华来到上海，达夫迎宴于聚丰园，并请鲁迅和柳亚子夫妇等三四人作陪。
>
> 鲁迅到时，达夫向他开了一句玩笑，说："你这些天来辛苦了吧。"
>
> "嗯，"鲁迅微笑着应答，"我可以把昨天想到的两句联语回答你，这是：'横眉冷对千夫指，俯首甘为孺子牛。'"
>
> "看来你的'华盖运'还是没有脱？"达夫继续这样打趣。
>
> "嗳，给你这样一说，我又得了半联，可以凑成一首小诗了。"鲁迅说。

从林微音的忆述中看，郁达夫所言"华盖运"这一比喻提醒了鲁迅，使后者最后写出了"运交华盖欲何求"一句，所以，"偷得半联"应为当场从郁达夫处偷得"华盖"之喻以成诗耳。

为了应和鲁迅的"以请"，郁达夫和柳亚子分别写了一首诗。

鲁迅日记10月19日记："下午达夫来，交诗二笺，其一为柳亚子所写。"不言而喻，另一首为郁达夫所写。郁、柳二诗均为七绝。郁诗云："醉眼朦胧上酒楼，《彷徨》《呐喊》两悠悠。群氓竭尽蚍蜉力，不废江河万古流。"柳诗云："附炎趋势苦未休，能标叛帜即千秋。稽山一老终堪念，牛酩何人为汝谋。"郁达夫、柳亚子的诗，仍然是呼应鲁迅在"达夫赏饭"之局上写出的名联"横眉冷对千夫指，俯首甘为孺子牛"及名联引出的《自嘲》诗，"达夫赏饭"营造出的意境隐约可见。

鲁迅很喜欢书写这首《自嘲》诗，1932年12月21日，鲁迅为日本杉本勇乘写扇面时，写的就是这首诗，并将诗中的"对"字改成了"看"字。当天日记载："为杉本勇乘师书一箑。"箑即扇子，因杉本勇乘是和尚，故鲁迅称之为"师"。影印本《鲁迅诗稿》中可以看到鲁迅写的这个扇面，题款是"未年戏作，录呈杉本勇乘师法正"。所以，存世鲁迅《自嘲》墨迹共有两幅，均可视作"达夫赏饭"所得名联的衍生品。当年"达夫赏饭"之局引出了鲁迅三幅疏朗有致、静穆浑然的墨迹（分别写给郁达夫、柳亚子和杉本勇乘）及他和友人的三首名诗，民国名士这种山水酬唱、渔歌问答的风度，着实使人无限钦羡。

十时三刻乃散

——句子短又很风趣

时间：1933年4月6日晚

地点：上海会宾楼

与席：鲁迅、巴金、郑振铎、茅盾、叶圣陶、陈望道、郁达夫、谢六逸、徐调孚、傅东华、胡愈之、王伯祥、周建人、施蛰存、樊仲云

1933年4月6日，茅盾和郑振铎联袂请客，地点选在距茅盾家不远的会宾楼，此处清静雅致，适合闲谈。

当日鲁迅日记载："三弟偕西谛来，即被邀至会宾楼晚饭，同席十五人。"三弟即周建人，西谛即郑振铎。

参加饭局的人共计15人。但这15人名单，当事人的回忆和研究者的研究结论，有诸多版本，且自相矛盾。由于《文学》月刊创刊在中国现代文学史上是一件非常重要的事情，因此这个名单也是非常值得搞清楚的。据陈福康先生研究，叶圣陶、郑振铎的老朋友王伯祥先生的日记最可采信。根据王伯祥日记确切

无误的记载，这15人是：鲁迅、巴金、郑振铎、茅盾、叶圣陶、陈望道、郁达夫、谢六逸、徐调孚、傅东华、胡愈之、王伯祥、周建人、施蛰存、樊仲云。

在这次饭局上，决定创办《文学》月刊。席间，郑振铎详细介绍了办刊设想，大家踊跃发表意见，所有编委均表示给《文学》以支持；接着商议出刊日期和社址，并确定了10名编委，决定主编由郑振铎和傅东华两人担任，傅东华为住社主编，承担具体编辑工作。考虑到"要傅东华这位大少爷来处理编辑部的日常事务是不行的，必须找一个年青人来做实际的编务工作，乃至跑腿"，于是，选定27岁的文学青年黄源为助编，帮助傅东华做些具体编务。

有关此次饭局的细节，1933年4月6日王伯祥日记是这样写的："散班后赴会宾楼振铎、东华、愈之之宴，到十五人，挤一大圆桌，亦殊有趣也。计主人之外，有乔峰、鲁迅、仲云、达夫、蛰存、巴金、六逸、调孚、雁冰、望道、圣陶及予十二客。纵谈办《文学杂志》事，兼涉谐谑，至十时三刻乃散。"所谓"散班后"就是在开明书店编译所下班后。

1956年7月13日，巴金写了《鲁迅先生就是这样一个人》一文，是这样说的："我第一次看见鲁迅先生是在文学社的宴会上……我记得那天我正在跟茅盾先生谈话，忽然饭馆小房间的门帘一动。鲁迅先生进来了：瘦小的身材，浓黑的唇髭和眉毛……这天他谈话最多，而且谈得很亲切，很自然，一点也不啰嗦，而且句子短，又很风趣……这个晚上我不知道看见多少次他的笑容。"同年9月25日，巴金在苏联《文学报》上又发表《鲁迅》一文，说："我错过了几次同他相见的机会，到了1933年才在文学社举办的宴会上第一次见到他。""那天晚上在座的有十几个人，都是作家。"巴金再次特别提到那天晚上"鲁迅比谁都说得多，笑得多"，也就是王伯祥日记中所说的"兼涉谐谑"。

这次饭局中，自然也谈到了创办《文学》月刊之外的话题。在贾植芳任顾问、唐金海等人主编的《巴金年谱》中，1933年4月6日有这样的记载：

> 应邀到上海"会宾楼"出席宴会。这是上海生活书店为《文学》月刊创刊，宴请《文学》主要撰稿人，宴会由《文学》主编郑振铎主持。同席有鲁迅、茅盾、周建人等十五人。第一次结识中国现代著名作家鲁迅。"这位'有笔如刀'的大作家竟然是一个多么善良、多么平易、多么容易接近的瘦小老人。我觉得我贴近地挨到他那颗善良的心了。"席间又听鲁迅说，"林语堂写那种《论语》式的文章实在可惜，以他的英语水平，如从事翻译点美国古典文学作品对社会的贡献更大"。

论者陈福康先生指出，从这个饭局邀请参与的人员范围，可以看到提议创办《文学》月刊的郑振铎先生的胸襟是何等的博大宽阔，他不仅邀请了既不是编委、也不属于上述圈内的，似乎不很适合的巴金参加了这次重要的聚会，而且居然还请了当时另一较大型的文学月刊《现代》的主编施蛰存，一点儿也没有什么

"同行"间常见的相互保密、妒忌、提防、排挤等习气,这是多么难得!此论甚当。

1933年5月6日,上海《生活》周刊登出《〈文学〉出版预告》:"编印这月刊的目的,在于集中全国作家的力量,期以内容充实而代表最新倾向的读物供给一般文学读者……内容除刊登名家创作,发表文学理论,批评新旧书报,译载现代名著外,并有对于一般文化现状的批判;同时极力介绍新近作家的处女作,期使本刊逐渐变成未来时代的新园地;又与各国进步的文学刊物常通消息,期能源源供给世界文坛的情报。"

这则预告充分阐明了《文学》月刊的办刊宗旨。

1933年7月1日,《文学》月刊如期在上海创刊,社址设于上海拉都路(今襄阳南路)敦和里11号。创刊号上由傅东华执笔的首篇文章《一张菜单》,可视作发刊词,其中宣告:"有一个共同的憧憬——到光明之路。凡是足以障碍到这光明之路的一切,无论是个人,是集团,是制度,是主义,我们都要认作我们的仇敌。"鲁迅的著名杂文《又论"第三种人"》发表在创刊号评论栏首篇,《谈金圣叹》则载创刊号散文随笔栏。在创刊号上发表作品的还有茅盾、叶圣陶、郁达夫、巴金、张天翼、艾芜、沙汀、王统照以及朱自清、夏丏尊、丰子恺、陈望道、楼适夷、俞平伯和郑振铎等。

创刊号气势不凡,一炮打响,初版一万份,五日即销售一空,后来又应读者要求多次添印,这在当年不能不说是个奇迹。月刊主要栏目有社谈、论文、小说、诗、散文随笔、杂记杂文、书报述评、文学画报、翻译、世界文坛展望等。

《文学》月刊采取连出专号、双主编（郑振铎、傅东华）、隐形主编（茅盾）等多种出版策略，设有特色栏目"创作专号""文学论坛""书报述评"栏，从而使《文学》月刊成为创作本体、批评本体、学术本体的结合物，具有丰富而精彩的本体色彩。

　　1937年11月10日，《文学》停刊。《文学》每6号合为1卷，共出9卷52号，是20世纪30年代出版时间最长、影响最大的文学期刊。

休士风波

——"给我以诬蔑和侮辱是平常的事"

时间：1933年7月5日晚

地点：上海市伊罗生府上

与席：休士、宋庆龄、鲁迅、伊罗生、伊罗生夫人、姚克

1933年7月5日鲁迅日记云："晚伊君来邀至其寓夜饭，同席六人。"

六人者，即休士、宋庆龄、鲁迅、伊罗生（又名伊赛克，美国人，当时担任中国民权保障同盟上海分会执行委员）、伊罗生夫人（V. Robinson，美国人，中文名姚白森）和翻译姚克等六人。

休士，即美国黑人作家兰斯顿·休士，是世人公认的"哈莱姆的桂冠诗人"，对美国黑人文化做出突出贡献，被称为"哈莱姆文艺复兴的中心人物"。他在20世纪30年代初访问苏联以后，于1933年7月上旬来到上海，受到上海文坛的关注。

关于鲁迅会见休士之事，虽然有日记记载，但因并没有出现

休士的名字，世人知之甚少，即使在当时，与鲁迅有密切笔墨过从的《文学》月刊编委会同人，也不知道。自20世纪60年代起，电影《鲁迅传》资料组组长沈鹏年先生经过多方采访与考证，始认定1933年7月5日鲁迅晚上赴伊罗生之寓夜饭，即是会见休士。沈先生写了《鲁迅会见休士及其被诬事件》的长文，文末说："鲁迅会见休士，是先生生平中一件小事，前后考查经历三十余年，终于可以告 段落。所有当事人，均已先我而去。返顾自己，亦逾八旬衰龄。不久前重访绍兴鲁迅故里，老友裘士雄兄鼓励我写出来，爰记所知，敬请专家和读者指正。"

有关这次饭局，据沈鹏年先生艰难采访，了解到了一些大概情况。

宋庆龄的回忆是：休士来华是由美国人伊罗生负责接待的。休士要求在上海能够和我和鲁迅见见面。我表示同意。至于鲁迅，因伊罗生与鲁迅相熟，两人原来有交往，我就要伊罗生自己与鲁迅联系。当时因杨杏佛被暗杀以后，白色恐怖，不便在公开场所接待，就定在伊罗生家中，比较安全。我叫了一桌中国筵席，要餐馆送至伊罗生家，宴请休士。大家边吃边谈，礼节性的谈话。

翻译姚克的回忆：姚克为休士当翻译，一共有两次。第一次在伊罗生家，是宋庆龄请客，宴请休士，鲁迅先生也来的。出席晚宴的是休士、伊罗生夫妇、宋庆龄、鲁迅等五六人，谈话不多，主要讲中国菜的英文译名。

休士在自传《边游边想》中，记述了他在上海时应邀出席宋庆龄的宴会，吃中国餐"有燕窝汤，她（宋庆龄——笔者注）像照片上一样可爱，乌黑的头发，温柔发亮的眼睛，细腻的琥珀色的脸庞，和她交谈轻松愉快"；写他见到鲁迅时，"鲁迅因为危险的思想，蒙上阴影，然而他还是中国最受尊敬的作家学者之一"。

休士所写"蒙上阴影"，主要是指1933年6月18日中国民权保障同盟总干事杨杏佛遭国民党特务暗杀后，国民党当局扬言还将加害于鲁迅这件事。

在美国诗人学会介绍兰斯顿·休士生平的材料中，说"休士是美国的左翼作家，以诗歌为武器，不断地为争取黑人劳动者的利益而斗争。休士曾到过苏联和中国。休士宣称在上海曾与鲁迅会面……"

风波是由《文学》月刊引起的。

鲁迅对《文学》倾注了很大热情，他给《文学》第二期支持了两篇文章，分别是《我的种痘》和《辨文人无行》。但让鲁迅失望甚至愤怒的是，同期刊物上发表了一篇署名"伍实"的文章《休士在中国》。

"伍实"在参加了由"左联"发起，文学社、现代杂志社以及中外新闻社等上海的几个文学团体联合召开的座谈会后，写作了《休士在中国》，开头是这样写的：

美国黑人作家兰斯顿·休士于7月初经苏俄到中国，比之不久前萧翁（萧伯纳）来华的声势，真所谓"不可同日语"，不但码头上没有女士们的欢迎，就是日报上也不见他的名字，这里面道理自然很简单：萧翁是名流，自配我们的名流招待，且惟其是名流招待名流，这才使鲁迅先生和梅兰芳博士有千载一时的机会得聚首于一堂。休士呢？不但不是我们的名流心目中的那种名流，且还加上一层肤色上的顾忌。

这段话公开嘲讽鲁迅。"伍实"根本不知道，在上海文艺界代表招待休士之前，鲁迅早已会见过休士，而且会见的日期要比傅东华等人看见休士还要早8天！

《文学》杂志当时是每月1日发行，而社内同人则提前赠送。7月29日，当鲁迅看到第二期样刊时，便于当日给《文学》杂志社写了措辞严厉的信：

我见了一回萧（萧伯纳），就被大小文豪一直笑骂到现在……然而那是招待者邀我去的。这回的招待休士，我并未接到通知，时间地址全不知道，怎么能到？即使邀而不到，也许有别种的原因，当口诛笔伐之前，似乎也须略加考察。现在并未相告，就责我不到，因这不到，就断定我看不起黑种。作者是相信的罢，读者不明事实，大概也可以相信的，但我自己还不相信我竟是这样一个势利卑劣的人！

给我以诬蔑和侮辱，是平常的事，我也并不为奇！惯了。但那是小报，是敌人。略具识见的，一看就明白。而《文学》是挂着冠冕堂皇招牌的。我又是同人之一，为什么也无端虚构劣迹，大加奚落，至于到这地步呢？莫非缺一个势利卑劣的老人，也在文学戏台上跳舞一下，以给观众开心，且催呕吐么？我自信还不至于是这样的脚色，我还能够从此跳下这可怕的戏台。那时就无论怎样诬辱嘲骂，彼此都没有矛盾了。

鲁迅之所以失望、愤怒甚至寒心，是因为在他眼中，《文学》是同人刊物，竟然像小报一样也公开发表诬蔑和侮辱之词，这是让人不能接受的。于是，鲁迅提了两点要求：一是认为"伍实"是化名，要求公布作者的真实姓名；二是将此信在《文学》第三期上公开发表。

鲁迅的信寄到《文学》杂志社后，刚好是黄源拆的信，他看后吓了一跳。黄源曾如此回忆："我才知道犯了严重的错误，一时惊惶失措，不知如何是好……这文章，我看过原稿，又曾校对过几回，都没有看出鲁迅先生指斥的错误。虽则我所处的是从属的编辑地位，谁也没有责怪我，后来一切责任也都由傅东华和编委会挑起，但内疚之情是至今未消的。"

"伍实"其实就是主编傅东华的化名，他参加这个座谈会是"左联"通知黄源转言的，傅东华得意之余，不免十分自诩而忘乎所以，信口开河，贬损鲁迅了。鲁迅说，这是"无端虚构劣迹，大加奚落"，"给我以诬蔑和侮辱……"当然是无法容忍的。

1960年，根据周恩来总理倡议，上海市委宣传部指示成立电影《鲁迅传》创作组，由叶以群任创作组组长，沈鹏年任资料组组长。当年3月20日，沈鹏年前去访问傅东华时，曾询及《休士在中国》开场白引起风波之事。傅东华说:"欢迎萧伯纳与招待休士,时间相隔几个月,前者有鲁迅参加,后者鲁迅没有露面,不免有些感慨,便随手写了。"他还说他所说的"名流"并非指鲁迅,"鲁迅多疑,揽在自己身上,是一场误会……"当时傅东华强调"与鲁迅无甚深交",还说鲁迅后来对他"很好",使他"很感动"。

无论如何,事已至此,则需寻找解决之法。傅东华将鲁迅来信送交编委会成员传阅,请示茅盾有关处理办法。最后编委会决定,按照鲁迅的意愿,将来信在《文学》第三期上公布,同时发表"伍实"给编委会的信,以解释误会。另外,由茅盾亲自起草《文学》编委会给鲁迅的答复函,正式公开道歉:"傅文中的疏忽,编委会同人也不曾看出来,编委会同人共同负有失检之罪。请先生释然于怀。时时赐以批评,使大众园地的《文学》能够一天天进步起来。"

为了平息鲁迅的怒气,茅盾不仅专门登门解释,还托周建人向鲁迅致歉解释,并且又专函请与鲁迅关系较密切的郁达夫由杭州来沪,从中斡旋。《文学》月刊既然已经认识到了失检之罪,鲁迅也就没有再加追究。不过,"休士风波"的阴影与影响还是存在的,鲁迅不但辞去了《文学》编委之职,而且有半年时间没有给《文学》写稿。

1934年1月,郑振铎由北平回上海,与茅盾一道拜访鲁迅,再次提到"休士事件",希望鲁迅冰释前嫌,继续支持《文学》。鲁迅这才答应再给《文学》供稿,并当场将其译文《山中笛韵》

交《文学》发表。此后，鲁迅发表在《文学》月刊上的文章还有：《忆韦素园君》《病后杂谈》《"题未定"草》《文人相轻》。至此，"休士事件"导致的不快才貌似散去。

ABC 茶店吃茶

——友谊如"鲜艳而铁一般的新花"

时间：1934年2月12日

地点：上海虹口 ABC 茶店

与席：鲁迅、曹靖华

1934年2月12日鲁迅日记云："下午同亚丹往 ABC 茶店吃茶。"

茶是鲁迅的终身伴侣之一。在鲁迅的副食品消费中，支出第一位的是香烟，其次就是茶叶。鲁迅喝茶与写作密切相关。据许广平回忆，鲁迅有夜间写作的习惯，凌晨两点左右才睡觉。醒了以后，抽一支烟，起来泡一杯浓茶，又开始新的工作。

鲁迅对品茶持什么态度？ 1933年9月30日，鲁迅在杂文《喝茶》中明确回答了这个问题：他喝茶时并没有细腻锐敏的感觉，喝二角一两的好茶跟喝二角一斤的粗茶味觉差不多。他是借此说明"上等人"与"粗人"的区分。鲁迅说："假使是一个使用筋力的工人，在喉干欲裂的时候，那么，即使给他龙井芽茶，珠兰窨片，恐怕他喝起来也未必觉得和热水有什么大区别罢。"在鲁迅看来，能品好茶，固然是一种"清福"；不识好茶，也是另一种活法，不必去强争高下。

鲁迅在茶店中待客并不多，此处的 ABC 茶店位于上海四川北路 1977—1979 号，建筑面积接近 300 平方米，是一排坐西朝东的三层楼建筑，当时经营糖果、面包、茶等。这个茶店现为新海食品商城的一部分，以卖金华火腿远近闻名。鲁迅 1934 年 2 月连续两天与曹靖华、茅盾、胡风在此喝茶，交谈介绍"左联"工作情况。1936 年 1 月，邹鲁风代表北京学联到上海参加全国学联筹备工作，经曹靖华介绍，鲁迅也在此与邹长谈。2 月初，邹鲁风再次到上海，又在此处将北方局写给中共中央的报告给鲁迅，托他转交给中央。

日记中的"亚丹"就是曹靖华（1897—1987），作家，翻译家，河南卢氏县人，1924 年赴苏联莫斯科东方大学学习，大革命失败后再赴苏联，先后在莫斯科中山大学等处任教。

鲁迅与曹靖华的见面，始于曹靖华加入"未名社"后。他倾力帮助曹靖华出版了"鲜艳而铁一般的新花"——《铁流》。

20 世纪 20 年代末至 30 年代初，鲁迅十分重视十月革命以来的苏联文学，尤其注重介绍反映苏联国内革命战争的作品。鲁迅着力推荐的作品除了法捷耶夫的《毁灭》，还有绥拉菲摩维支的《铁流》。这两部小说写的都是苏联国内革命战争时期的战斗生活。鲁迅认为"这两部小说，虽然粗制，却并非滥造，铁的人物和血的战斗，实在够使描写多愁善感的才子和千娇百媚的佳人所谓'美文'，在这面前淡到毫无踪影"。鲁迅把这类作品看作是战斗的无产阶级渴望的精神食粮，他不仅亲自翻译《毁灭》，还鼓励曹靖华翻译《铁流》。

长篇小说《铁流》是苏联绥拉菲摩维支（1883—1949）所著，描写苏联内战时期一支由农民和手工业者组成的红军队伍，在布尔什维克党的领导下，通过跟白军和外国侵略者的斗争，锻炼成为具有铁的纪律的队伍的故事。在鲁迅的三闲书屋自费出版《铁流》前，《铁流》已有杨骚的译本，于1930年6月由南强书局出版，但译笔殊无可赞处，鲁迅对此甚是不屑。他说，杨译本"将贵胄子弟出身的士官幼年生译作'小学生'，就可以引读者陷于极大的错误。小学生都成群的来杀贫农，这世界不真是完全发了疯么？"（《集外集拾遗·〈铁流〉编校后记》）因此他说，正因为有了杨译本，"反有另出一种译本的必要"。

鲁迅动议出版苏联进步文学的时候，正是左翼文学遭受压迫之际，很多书店为了表示自己在前进，都愿意出版苏联文学作品，即便译稿还没有出手，也都喜欢先发一个出版预告。发布出版预告在当时形成了一种风气。"这一种风气，竟也打动了一向专出碑版书画的神州国光社，肯出一种收罗新俄文艺作品的丛书了，那时我们就选出了十种世界上早有定评的剧本和小说，约好译者，名之为《现代文艺丛书》"（《集外集拾遗·〈铁流〉编校后记》），其中就包括曹靖华翻译的《铁流》。

1929年11月，远在苏联列宁格勒的曹靖华收到未名社老友李霁野的一封信，内中附有鲁迅托转的信函，是请曹靖华翻译苏联作家绥拉菲摩维支的著名作品《铁流》的约稿信。曹靖华在工作之余，赶译这部著作。就在曹靖华翻译《铁流》的过程中，国内形势已发生了变化，对左翼作家的压迫越来越厉害。事先约好出版"文丛"的神州国光社也将旧约作废，告之除已交去的几种，其他几种不用再进行下去。深谙中国现实的鲁迅先生只好去告诉其他译者停止工作："这并不是中国书店的胆子特别小，实在是中国官府的压迫特别凶……"（《集外集拾遗·〈铁流〉编校后记》）但鲁迅先生却格外致函曹靖华："此时对文字压迫甚烈，至于不能登载我之作品，绍介亦很为难……但兄之《铁流》，不知已译好否？此书仍必当设法印出。"可见鲁迅对这册书的重视程度。

书还没见踪影，但出版预告已经出来了。1931年11月23日《文艺新闻》第37号发布了一篇鲁迅亲自为《毁灭》和《铁流》书写的出版预告，其中关于《铁流》在《集外集拾遗补编》中这样描述：

> 铁流为绥拉菲摩维支所作之名著，批评家称为"史诗"，曹靖华译，除本文外，并有极详确之序文，注释，地图，及作者照相和三色版画像各一幅，笔迹一幅，书中主角照相两幅，三色版《铁流图》一幅。售价一元四角，准于十二月十日出版。

苛刻一点讲，这是一条虚假广告，至少也是一条不实的广告，因为"准于十二月十日出版"的承诺并没有兑现。曹靖华的译稿辗转寄到鲁迅先生手中时，已是1931年6月中旬。约定的出版社虽已毁约，但鲁迅先生毅然要让这部著作问世。加之鲁迅亲自翻译的《毁灭》由大江书铺出版时避用"鲁迅"这个名字，改

《铁流》书影

署"隋洛文"，并删去了原有的序跋，鲁迅对此极其不满，于是投资1000元，创立三闲书屋，自费出版了包括《铁流》在内的进步文艺作品。"我们这一本，因为我们的能力太小的缘故，当然不能称为'定本'，但完全实胜于德译，而序跋，注解，地图和插画的周到，也是日译本所不及的。只是，待到攒凑成功的时候，上海出版界的情形早已大异从前了：没有一个书店敢于承印。在这样的岩石似的重压之下，我们就只得宛委曲折，但还是使她在读者眼前开出了鲜艳而铁一般的新花。"

1931年12月，被鲁迅誉为"鲜艳而铁一般的新花"的书印成了，见证了鲁迅与曹靖华"鲜艳而铁一般的新花"的友谊。这本书开本阔长，天地宽大，一律毛边横排，十分大气雄厚。鲁迅对此书的出版也颇得意，亲自写了一份广告称《铁流》"内叙一支像铁的奔流一般的民军，通过高山峻岭，和主力军相联合。路上所遇到的是强敌，是饥饿，是大风雨，是死。然而通过去了。意识分明，笔力坚锐，是一部纪念碑的作品，批评家多称之为'史诗'。现由曹靖华从原文译出，前后附有作者自传，论文，涅拉陀夫的长序和详注，作者特为中国译本而作的注解。卷首有三色版作者画像一幅，卷中有作者照相及笔迹各一幅，书中主角的照相两幅，地图一幅，三色版印法棱支画'铁流图'一幅。道林纸精印，页数三百四十页。实价大洋一元四角"（《三闲书屋印行文艺书籍》）。

《铁流》一出世，便立遭严禁。鲁迅先生便想办法通过好友内山完造开设的内山书店，把书籍放在柜台下面，将一千册书一点一滴渗到了读者中间。后鲁迅发现北平投机书商盗印《铁流》，

"坏字错字，弄得一塌糊涂"。可就连这样的翻版书，也遭到当局没收。于是鲁迅将《铁流》纸型售给光华书局印行普及本，以进行抵制（但光华版《铁流》装校草率，靖华称之为骗印），并将自己珍藏的日译本《铁流》寄给曹靖华，托他转赠绥拉菲摩维支（以前曹氏曾托鲁迅代购日译本），此后在多种场合对《铁流》进行过评价。1934年11月21日鲁迅撰《中国文坛上的鬼魅》一文，抗议国民党政权对绥拉菲摩维支等苏联作家作品的禁令。鲁迅还曾在绥拉菲摩维支的祝贺日发过一个祝电，在鲁迅与苏联作家的关系中，此举也甚为罕见。

曹靖华因为翻译了《铁流》，成了著名的翻译家。同时，鲁迅为《铁流》一书所付出的时间、精力乃至经济等方面的代价，在其整个文学活动中没有类似的例子。《铁流》对于中国现代文学的重要性不言而喻，一本书便是一个时代的影子，从中可见先辈为人类盗来精神文化之火的普罗米修斯精神。

1934年2月，鲁迅和曹靖华去ABC茶店吃茶时，两人"鲜艳而铁一般的新花"的友谊已因出版《铁流》变得非常醇厚。

鲁迅日记里提到曹靖华的地方有三百多处，而鲁迅写给曹靖华的信有一百三十多封，频率极高。1934年2月7日鲁迅日记云："晚，亚丹来并赠果脯，小米，即分赠内山及三弟。"据许广平回忆，靖华来时背一袋小米，鲁迅问为何，曹靖华说看《两地书》，知道鲁迅从北平背小米回上海，以为鲁迅爱吃小米。"鲁迅和我相视一笑，因为那时鲁迅先生背回小米是让我坐月子吃的，此事曹靖华一直蒙在鼓里，后还让陈蜕专门带过小米。"

略设菲酌作长谈

——分送认真精密的版画集

时间：1934年5月27日

地点：鲁迅家中

与席：鲁迅、姚克、保宗（茅盾）等

1934年5月27日鲁迅日记云："晚邀莘农夜饭，且赠以《引玉集》一本，并邀保宗。"

作家姚克（1905—1991）是鲁迅作品的英文翻译者，也是鲁迅逝世后的抬棺者和葬礼司仪（当时小报曾噱称为鲁迅出殡抬棺材的十二位著名中青年作家为"鲁门十二金钗"）。他在上海滩精通洋务，尤精英文，是一位语言天才，英语发音纯正，文辞优美，有"洋状元"之称，是20世纪30年代中国唯一的英文杂志《天下》的几位编辑、作者之一。不过，其过人之处，还在于对国学也颇有造诣。

1934年5月，姚克南下到上海小住。

5月24日，他到内山书店留字，求见鲁迅。鲁迅当夜复信，全文如下：

莘农先生：

　　今晚往书店，得见留字，欣幸之至。本星期日（二十七）下午五点钟，希惠临"施高塔路大陆新邨第一弄第九号"，拟略设菲酌，藉作长谈。令弟是日想必休息，万乞同来为幸。

　　大陆新邨去书店不远，一进施高塔路，即见新造楼房数排，是为"留青小筑"，此"小筑"一完，即新邨第一弄矣。

　　此布并请

文安

豫　顿首　五月二十四夜

　　这封信的特殊之处在于，在白色恐怖非常严重的时期，鲁迅在信中以欣喜的口吻向来访者发出了邀请，约姚克于二十七日下午五点钟"惠临'施高塔路大陆新邨第一弄第九号'，拟略设菲酌，藉作长谈"。这是十分罕见的。

　　当时上海的白色恐怖非常严重，鲁迅一般不在家中接待朋友。但此时，姚克已与鲁迅交往一年多，鲁迅了解了姚克，因此见了他的留字，"欣幸之至"，不但邀他"惠临""长谈"，还请了"保宗"即茅盾作陪，可见姚克同鲁迅的关系已经非常密切，在鲁迅心目中，姚克已进入"吾友"之列了。

　　在中国现代文学史上，姚克占有一席之地。正是姚克，将伟大的国际主义战士、中国人民的老朋友埃德加·斯诺同鲁迅紧紧地连系在一起，从而为20世纪的中国文坛和世界文坛留下了一段佳话。

鲁迅和姚克的第一次见面是1933年3月7日，地点是内山书店。姚克在其回忆文章中说："一九三三年三月七日是个可爱的日子。在我呢，这也是个极可纪念的日子。在那天下午二时，我初次见了鲁迅先生。"（《最初和最后的一面》）

当日，姚克按时来到内山书店，向书店老板内山完造说明来意后，内山把姚克引到店堂后面早已等候着的鲁迅面前。姚克落座后，鲁迅直截了当地谈起姚克翻译中遇到的"三百大钱九二串""猹"等一些问题。他们还谈了一些有关文学文化的情况，鲁迅说："不错，中国的文化也有美丽的地方，但丑恶的地方实在太多，正像一个美人生了遍体的恶疮。若要遮她的面子，当然只好歌颂她的美丽，而讳隐她的疮。但我以为指出她的恶疮的人倒是真爱她的人，因为她可以因此自惭而急于求医。"临近天黑，姚克方才带着极大的满足向先生告辞。（秋石《他们让世界知道鲁迅——纪念姚克、埃德加·斯诺诞辰百年》）

鲁迅为世人所熟知的"标准像"也是在姚克的建议下拍摄下的。

还是1933年，埃德加·斯诺撰写完《鲁迅评传》，想配一帧鲁迅的近照。姚克转达斯诺的意愿后，鲁迅拿出一些照片让姚克挑选，姚克觉得都"远未反映出先生的性格与神韵"，提出若方便的话，是否可考虑重拍一张，他还请求与鲁迅合影，以备将来以一个鲁迅著作译者的身份一起刊登在海外的刊物上。鲁迅同意了。

鲁迅像（1933年5月26日摄于上海雪怀照相馆）

1933年4月13日，姚克邀请鲁迅到家中吃晚餐，并特备绍兴花雕和几样精制的家常菜，席间，他们纵论文学创作、名著翻译，一直谈到当时流行的漫画、木刻，都忘了原定饭后要同去照相馆留影的打算。一个多月后的5月26日下午，姚克陪同鲁迅一起到南京路雪怀照相馆，共照了两张照片。一张是鲁迅的单人半身像，鲁迅看了非常满意，多次赠送亲朋好友，此照片最早与斯诺《鲁迅评传》一起刊登在1935年1月出版的美国《亚细亚》杂志上，后又刊登在1936年底英国伦敦出版的《活的中国》一书扉页；1936年鲁迅逝世后，摆在万国殡仪馆供人吊唁的巨幅遗像，正是姚克陪鲁迅到照相馆拍摄的这幅照片，被视为"鲁迅标准像"。

另一张照片则是鲁迅与姚克两人的合影。这张合影最突出的价值在于，这是鲁迅一生与别人唯一的一张单独合影，即使亲密如许广平者，也没有如此幸运。

1936年10月鲁迅逝世后，斯诺与姚克联名题写了一副挽联："译著尚未成书惊闻殒星中国何人领呐喊，先生已经作古痛忆旧雨文坛从此感彷徨。"这副挽联言辞痛切，对仗工整，评价切当，显出了极深的功力，必是姚克所撰。

中国白纸换来的苏联版画

这次家庭饭局上还有一个值得注意的话题，即《引玉集》出版，并分送好友。

中国很早就有版画，比如说佛经刻版、宋元平话刻版、明清小说插图刻版等，一般创作在梨木或枣木上，所以叫"梨枣图画"，古朴俊秀，奏刀有神。当然，这些传统复制版画和兴起于19世纪的西方木刻创作有质的区别。

中国现代木刻版画的产生与勃兴离不开鲁迅的倡导与扶植，鲁迅因此也被誉为"中国现代版画之父"。鲁迅生前自费编印木刻画册十余种，如《近代木刻选集》《新俄画选》《士敏土之图》《一个人的受难》等，印行近万册，"以传给青年艺术学徒和版画的爱好者"。但编印苏联版画集《引玉集》，是他"自己也没有豫先想到的"。

鲁迅开始留意西方版画是在1928年编辑《奔流》杂志配插图时，不过，关于俄国版画的历史，他知之甚少，30年代看了陈节（瞿秋白）摘译的文章《十五年来的书籍版画和单行版画》（［苏联］楷戈达耶夫），才明白了一点"十五年来"的梗概。"到近几年，才知道西洋还有一种由画家一手造成的版画，也就是原画，倘用木版，便叫作'创作木刻'。"（《南腔北调集·序》）他生命的暮年，精力和兴趣从文学转向美术，于版画用功尤勤。

1931年，鲁迅偶然在《版画》杂志上看到了苏联木刻家毕斯凯莱夫在《铁流》一书中所作的插图，于是写信委托在苏联任教的曹靖华搜寻原作。曹靖华不负请托，费了许多周折，见到了毕斯凯莱夫，寻到木刻版画寄给鲁迅。因为怕途中会有失落，还分寄了同样的两份。曹靖华说，这木刻版画的定价颇不小，然而无须付，他想到了一个以物易物的好办法："苏联的木刻家多说印

画莫妙于中国纸，只要寄些给他就好。"（《引玉集·后记》）

那印着《铁流》图的纸，果然是中国纸，一种上海的所谓"抄更纸"。"抄更纸"就是用碎纸再制作的纸，在中国，除了做账簿和开发票、账单，几乎再没有更好的用处。白纸宣纸，中国多的是，也很便宜。以物易物，用中国白纸换苏联木刻，真是各得其所。

于是，鲁迅买了许多中国的各种宣纸及日本的纸品"西之内"和"鸟之子"，分寄给曹靖华，托他转致，竟有了意外收获，曹靖华又寄来两卷木刻画册，计有：毕斯凯莱夫13幅，克拉甫兼珂1幅，法复尔斯基6幅，保夫理诺夫1幅，冈察罗夫16幅，这五位版画家当时都住在莫斯科。

遗憾的是，另有一卷版画被邮局遗失，无从访查。

"抛砖引玉"的版画集

1933年11月，鲁迅手中已存有70多幅苏联版画，鲁迅决定编印一部苏联木刻版画集，由于收入的版画都是用白纸换来的，所以取"抛砖引玉"之意，谓之《引玉集》。

鲁迅先后选出密德罗辛等人的60幅版画，收入《引玉集》中。对每位版画作者的经历，鲁迅也很感兴趣，于是由曹靖华出面，又将住在列宁格勒的五位版画家的经历写来了。

《引玉集》序跋在上海排好后，因上海、北平印价昂贵，鲁迅请内山完造出面，委托东京洪洋社以玻璃版印刷。玻璃版，又称珂罗版，是照相平印版的一种，用厚磨砂玻璃作版材制成。

《引玉集》封面设计非常考究，苏联版画家们的姓名字母被分为八行横排，置入中式版刻风格的"乌丝栏"中，左边竖写着"引玉集"三个大字，中文俄文相映成趣。又有一圆形阴文的"全"字打破了方形构图的生硬，红底黑字的方框更显生动和活跃。封面最左边有一黑色边线，越过书脊，漫向封底。那些被放大的图形化文字、抽象的线条组合、理性的构图法则以及红黑的色彩搭配，有着设计者强烈的个人旨趣与传统意味，创造了现代出版史上的艺术极品。买到或收到此书的人，都视之为珍宝。如梅志回忆胡风获赠此书时的情形："打开那包扎得有棱有角的牛皮纸"，"那黑白分明线条细腻的版画，装帧印刷得十分考究。那样地精美，简直使我不敢轻易翻阅它。我们俩头并头，由胡风轻轻地翻着，一幅一幅地欣赏着"。（梅志《书香余韵》）

1934年5月23日，鲁迅收到洪洋社寄来的《引玉集》300本，工料运送总计花费340元。此书前有陈节（瞿秋白）作代序，后有鲁迅作后记，二十八开，方本，洋装，装帧有精平两种形式，精装为纪念本，仅印制50部，非卖品；平装为流通本，印制250部。此书成本在三元半至四元，"售价至少也得定五元了"（鲁迅1934年6月2日致郑振铎信）。当时上海一般工人的工资是每月15元，小学教师是每月30元。一本书5元的定价可谓不菲，但仍"近乎赔本"，足见此书之珍。

《引玉集》出版后，鲁迅亲自写了一则售书广告，刊登在

1934年6月1日《文学》月刊第二卷第六号"广告"栏。这既是一则广告，也是一则奇文，全文读来，使人心情激荡，油然而生向往之情。吾生也晚，无缘得购此书，只能诵读想象："敝书屋搜集现代版画，已历数年，西欧重价名作，所得有限，而新俄单幅及插画木刻，则有一百余幅之多，皆用中国白纸换来，所费无几。且全系作者从原版手拓，与印入书中及锌版翻印者，有霄壤之别。今为答作者之盛情，供中国青年艺术家之参考起见，特选出五十九幅，嘱制版名手，用玻璃版精印，神采奕奕，殆可乱真，并加序跋，装成一册，定价低廉，近乎赔本，盖近来中国出版界之创举也。但册数无多，且不再版，购宜从速，庶免空回。上海北四川路底施高塔路十一号内山书店代售，函购须加邮费一角四分。三闲书屋谨白。"

《引玉集》除鲁迅分赠出30本左右外，其他由鲁迅的"官方销售渠道"内山书店经销，鲁迅也曾托人在广州代销。年底，初版《引玉集》销售一空。1935年6月，此书再版215本，分纪念本与发卖本两种。

《引玉集》的出版，确为中国出版界之创举。被鲁迅讥讽为"富家赘婿"的邵洵美认为鲁迅提倡木刻是一种"优游不迫之好奇精神"，"真是大开倒车，老将其实老了"。鲁迅于是不客气地说："目前的中国，真是荆天棘地，所见的只是狐虎的跋扈和雉兔的偷生，在文艺上，仅存的是冷淡和破坏。而且，丑角也在荒凉中趁势登场，对于木刻的介绍，已有富家赘婿和他的帮闲们的讥笑了。"（《引玉集·后记》）

鲁迅编《引玉集》，还有一个目的，就是不屑常书鸿等人"畸形怪相"的创作，编成《引玉集》，"供此派诸公之参考"。在鲁迅眼里，20世纪30年代的美术界不会画古代的衣服什器，只会画裸体模特；就是裸体模特，也画不好。《引玉集》出版后的1934年6月2日，鲁迅在致郑振铎的信中，明确对有着留法背景、师承西洋画派的常书鸿表达了不屑："本月之《东方杂志》（卅一卷十一号）上有常书鸿所作之《裸女》，看去仿佛当胸有特大之乳房一枚，倘是真的人，如此者是不常见的。盖中国艺术家，一向喜欢介绍欧洲十九世纪末之怪画，一怪，即便于胡为，于是畸形怪相，遂弥漫于画苑……我这回之印《引玉集》，大半是在供此派诸公之参考的，其中多少认真，精密，那有仗着'天才'，一挥而就的作品，倘有影响，则幸也。"常书鸿的艺术成就是否真如鲁迅所言那般不堪暂且不论，至少从这番话中，可以看出鲁迅对"认真精密"的版画艺术的高度推崇。

打牙祭的小小要求

——桥香夜饭成立奴隶社

时间：1935年3月5日

地点：上海桥香

与席：叶紫、黄源、曹聚仁、萧军、萧红、鲁迅一家

1935年3月5日，鲁迅日记云："晚约阿芷、萧军、悄吟往桥香夜饭，适河清来访，至内山书店又值聚仁来送《芒种》，遂皆同去，并广平携海婴。"

这次饭局最大的看点是，为"三个小奴隶"成立了影响深远的"奴隶社"。

1934年，鲁迅接到在青岛的萧军、萧红的求助信后迅速回复，此后频繁通信。几封信后，萧红就向鲁迅抗议，不许鲁迅在信里称呼她为"女士"。这种抗议拉近了两者之间的关系。萧红当时的笔名为悄吟，鲁迅也就在回信里开起玩笑："悄女士在提出抗议，但叫我怎么写呢？悄姊子，悄姊姊，悄妹妹，悄侄女——都并不好，所以我想，还是夫人太太，或是女士先生

罢。"1934年11月30日，萧红、萧军在内山书店与鲁迅第一次会面。许广平在《忆萧红》中对萧红的印象是："中等身材，白皙，相当健康的体格，具有满州姑娘特殊的稍稍扁平的后脑，爱笑，无邪的天真，是她的特色。但她自己不承认，她说我太率直，她没有我的坦白。也许是的吧，她的身世，经过，从不大谈起，只简略的知道是从家庭奋斗出来的，这更坚强了我们的友谊。"鲁迅了解了"二萧"的遭遇，同意推荐他们的作品出版，许广平将萧红的书稿带回。鲁迅还奉送20块大洋以解他们的燃眉之急。

对二萧而言，这次内山书店会面意义十分重大，是他们崛起于中国文坛的先声。此后的12月19日，鲁迅在梁园豫菜馆请客，特意将萧红、萧军介绍给茅盾、聂绀弩、叶紫、胡风等左翼作家。这些人对二萧的创作和生活产生了深远影响。本书有专文叙述。

1935年初，萧红向鲁迅提出了一个"打牙祭的小小要求"，对此，鲁迅始终放在心上。当年3月1日，他复信二萧，说已安排叶紫，择日而聚。叶紫是此前任《中华日报》副刊《动向》的助理编辑时开始与鲁迅相识交往的，鲁迅不到一年时间在《动向》上发表杂文20余篇。3月5日，鲁迅兑现承诺，他们在一家广帮菜饭馆桥香聚会："晚约阿芷、萧军、悄吟往桥香夜饭，适河清来访，至内山书店又值聚仁来送《芒种》，遂皆同去，并广平携海婴。"（阿芷，即叶紫；河清，即黄源；聚仁，即曹聚仁）在这次饭局上，萧军代叶紫、萧红向鲁迅提议创建奴隶社，准备自费出版"奴隶丛书"。鲁迅对此十分支持，并认同"奴隶社"

名称。于是，1935年，叶紫、萧军、萧红三个人组成了著名的"奴隶社"。

"奴隶社"成员只有三个人：来自东北的作家萧军、萧红和来自湖南的作家叶紫。鲁迅后来也有比较详细的阐释："这奴隶，是受压迫者，用来做丛书名，是表示了奴隶的反抗。所以，统治者和'正人君子'们，一看到这类字样就深恶痛绝，非禁止不可的。"奴隶社在鲁迅支持下诞生了中国现代文学史上著名的"奴隶丛书"：叶紫的《丰收》、萧红的《生死场》和萧军的《八月的乡村》。鲁迅通过编"奴隶丛书"推介三个"小奴隶"，成就了叶紫、萧红和萧军在中国现代文学史上的地位。

当时，随着左翼革命文学的发展，中国现代文学从艺术形式到思想内容都发生了深刻变化，集中出现了一批革命文学作家作品，如"左联"五烈士、东北作家群、蒋光慈、叶紫、鲁迅后期、茅盾前期的创作等，都可看作是左翼革命文学的成果。但是，其时的国民党实行严格的书报检查制度，此前一年专门成立了"中央宣传委员会图书杂志审查委员会"，当年又成立了"中央新闻检查处"，一再强化它的出版审查制度，这使得革命文学的发展处处受阻。鲁迅揭露说，"中国的焚禁书报，封闭书店，囚杀作者，实在还远在德国的白色恐怖之前"，他在上海十年，同国民党的书报审查制度相始终，真可谓"运交华盖"，没有选择和退避的余地，只有进行有策略的战斗，开始他"带着镣铐的舞蹈"。

在这种情况下，"奴隶社"的成立很有必要，方便编印青年作者的作品，及时推出革命文学的成果。

1935年3月，叶紫的短篇小说集《丰收》最先列入"奴隶丛书"出版。叶紫（1910—1939），原名余昭明，又名余鹤林，湖南益阳人。1932年加入"左联"，走上文学道路。1933年加入中国共产党，并第一次以叶紫为笔名发表短篇小说《丰收》，引起文坛注目。1935年3月，在鲁迅支持下，叶紫自费出版了短篇小说集《丰收》，收入"奴隶丛书"。鲁迅不仅亲自为《丰收》作序，而且还为了使该书图文并茂，特意请当时从事共青团地下工作的木刻青年黄新波制作了几幅木刻。因叶紫连买木板的钱也没有，鲁迅便拿出五块大洋交给叶紫，作为给《丰收》插图和设计封面的费用。《丰收》共收6个短篇，即《丰收》《火》《电网外》《夜哨线》《杨七公公过年》《乡导》，小说内容是叶紫20余年生活经历的反映，真正"深刻地写出了破产中的农村面貌来尽了文学的战斗任务"。鲁迅的《叶紫作〈丰收〉序》一文奠定了叶紫在左翼文坛的地位，以及在现代文学史上的地位。鲁迅说："这里的六个短篇，都是太平世界的奇闻，而现在却是极平常的事情。因为极平常，所以和我们更密切，更有大关系。作者还是一个青年，但他的经历，却抵得太平天下的顺民的一世的经历，在辗转的生活中，要他'为艺术而艺术'，是办不到的。"鲁迅在叶紫著作的序言中喊出了"文学是战斗的"这个20世纪30年代的文学最强音，不仅张扬了左翼文学的思想导向，也充分肯定了叶紫写作的意义，并在深沉的历史感与鲜明的现实感方面对叶紫进行了引导。

　　1935年8月，萧军的第一部长篇小说《八月的乡村》作为"奴隶丛书"之一出版。萧军（1907—1988），原名刘鸿霖，又有笔名田军，辽宁义县人。《八月的乡村》描写的是"九一八"事变后，中国共产党领导下的东北人民革命军第九支队伏击日本侵略军，攻占地主城堡，以及胜利转移过程中所发生的种种故事，揭示了不前进即死亡、不斗争即毁灭的主题。鲁迅在《八月的乡村》序中说："我却见过几种说述关于东三省被占的事情的小说。这《八月的乡村》，即是很好的一部，虽然有些近乎短篇的连续，结构和描写人物的手段，也不能比法捷耶夫的《毁灭》，然而严肃，紧张，作者的心血和失去的天空，土地，受难的人民，以至失去的茂草，高粱，蝈蝈，蚊子，搅成一团，鲜红的在读者眼前展开，显示着中国的一份和全部，现在和未来，死路和活路。"正是由于鲁迅的推介和提携，萧军凭《八月的乡村》在中国现代文学史上占据了一席之地。

"奴隶丛书"中，最有成就的是萧红的中篇小说《生死场》，1935年12月以"奴隶丛书"的名义在上海出版。该书原名《麦场》，后由胡风改名为《生死场》，且是首次使用萧红这个笔名。萧红（1911—1942），原名张乃莹，笔名悄吟、玲玲、田娣，黑龙江省呼兰县人，被誉为"30年代的文学洛神"。《生死场》是萧红早期创作的一个巅峰。这部中篇小说由鲁迅校阅、编订并作序，归入"奴隶丛书"之中。《生死场》以沦陷前后的东北农村为背景，真实地反映旧社会农民的悲惨遭遇，以血淋淋的现实无情地揭露日伪统治下社会的黑暗。同时也表现了东北农民的觉醒与抗争，赞扬他们誓死不当亡国奴，坚决与侵略者血战到底的民族气节。鲁迅在为《生死场》所作的序言中称赞萧红所描写的"北方人民对于生的坚强，对于死的挣扎却往往已经力透纸背；女性作品的细致的观察和越轨的笔致，又增加了不少明丽和新鲜"。鲁迅对萧红寄予厚望，认为她是"当今中国最有前途的女作家"。《生死场》在文坛上引起巨大的轰动和强烈的反响，被誉为中国文学难得的收获，成为一个时代民族精神的经典文本。萧红也因《生死场》成为20世纪30年代中国文坛知名的女作家，从而确立了她在中国文学史上的地位。

鲁迅通过编"奴隶丛书"扩大了革命现实主义文学的影响，冲破了国民党当局的森严的书报审查网络，为革命文学争得了生存和发展空间，是反文化"围剿"的成功典范，并以此成就了作家叶紫、萧军和萧红，使他们在中国现代文学史中取得了应有的地位。在当时特定的政治文化语境下，"奴隶丛书"的出世使人们在普遍的"政治焦虑"中获得了共鸣性阅读，对民众的政治文化心理产生了不小的冲击。所以，从某种意义上讲，"奴隶丛书"是20世纪30年代中国文学的一面旗帜。

吃饭七次，笺谱两本

——对木刻画有同嗜

时间：1935年8月6日

地点：上海郑振铎家里

与席：鲁迅、许广平、周海婴、郑振铎夫妇

1935年8月6日鲁迅日记云："西谛招夜饭，晚与广平携海婴同至其寓，同席十二人，赠其女玩具四合，取《十竹笺谱》（一）五本，笺纸数十合而归。"

周郑交情

郑振铎（1898—1958），作家，文学史家，字西谛，福建长乐人。

"五四"时期，对中国新文化运动产生极大影响的两个文学团体，一个是郭沫若、郁达夫等人组成的"创造社"，另一个就是郑振铎、沈雁冰（茅盾）等人组成的"文学研究会"。前者着重在创作与文艺思潮的介绍，后者着重在文学名著的介绍、研究与古典文学的整理，对中国新文化运动的贡献，各有千秋。

郑振铎是文学研究会的发起人之一，主编《文学》与《小说月报》等刊物。先后担任清华大学、燕京大学、辅仁大学教授与暨南大学文学院院长。新中国成立后曾担任中央文化部文物局局长、中科院文学所所长、文化部副部长。1958年率中国文化代表团出国访问途中，因飞机失事殉难，终年60岁。遗著有《插图本中国文学史》《文学大纲》《中国俗文学史》《俄国文学史略》等。

鲁迅和郑振铎交情甚笃。郑振铎1923年后长期主编《小说月报》，因此常和鲁迅通信。

从现有资料可知，鲁迅与郑振铎一起吃饭7次。值得注意的是1935年8月6日的这次饭局："西谛招夜饭，晚与广平携海婴同至其寓，同席十二人，赠其女玩具四合，取《十竹笺谱》（一）五本，笺纸数十合而归。"

其时，郑振铎任上海暨南大学文学院院长兼中文系主任。

同席12人中，包括鲁迅与郑振铎两家人，鲁迅向郑振铎的女儿赠送了四盒玩具，并且取得"《十竹笺谱》（一）五本，笺纸数十合而归"，显示了不同寻常的交情。《十竹斋笺谱》（一），是鲁迅和郑振铎联手打造的一套笺谱，由荣宝斋的强手王宗光等人雕版，徐庆儒印制。第一卷翻刻耗时整一年，于1934年12月正式出版。纸墨良好，镌印精工，非常少见。1935年4月，鲁迅致信郑振铎评价《十竹斋笺谱》："翻刻成绩确不坏，清朝已少有此种套版佳书，将来也未必再有此刻工和印手。"

鲁迅和郑振铎有三次重要合作，即编选《北平笺谱》，编选《十竹斋笺谱》，编选瞿秋白遗著《海上述林》。这三次合作堪称中国现代文学史上最引人注目的珠联璧合。

首次合作，编印《北平笺谱》

《北平笺谱》是鲁迅与郑振铎1933年合作编选出版的传统水印木刻笺纸集。"鲁迅先生于木刻画凤具倡导之心，而于诗笺之衰颓，尤与余同有眷恋顾惜之意，尝与余言之，因有辑印《北平笺谱》之议。"（郑振铎语）

鲁迅与郑振铎"对木刻画有同嗜"。鲁迅嗜笺纸，"很早的便在搜访笺纸，而尤注意于北平所刻"。20世纪30年代初，鲁迅与郑振铎比较密切的交往都是围绕木刻艺术进行的。1931年6月9日，鲁迅在彭雪峰、蒋径三、增田涉的陪同下，专程到郑振铎家欣赏郑氏收藏的明清版画书。1931年6月27日，郑振铎托蒋径三给鲁迅带去一盒印有彩色版画的信笺和一盒信封。7月23日，郑又寄赠鲁迅《百花诗笺》一函二本，鲁迅复信表示感谢。1933年初，鲁迅收到郑振铎所赠《插图本中国文学史》三册后，于2月5日回信说："去年冬季回北平，在留黎厂得了一点笺纸，觉得画家与刻印之法，已比《文美斋笺谱》时代更佳，譬如陈师曾、齐白石所作诸笺，其刻印法已在日本木刻专家之上，但此事恐不久也将销沉了。因思倘有人自备佳纸，向各纸铺择尤（对于各派）各印数十至一百幅，纸为书叶形，采色亦须更加浓厚，上加序目，订成一书，或先约同人，或成后售之好事，实不独为文房清玩，亦中国木刻史上之一大纪念耳。"

鲁迅信中所言"此事恐怕不久也将销沉了"是有所指的。当时北京不少南纸店投合洋人所好，为了使笺纸方便钢笔书写，便用簿而透明的舶来洋纸或上矾的纸制笺，使笺纸原有的丰韵荡然无存；有的虽仍沿成法，但粗制滥造，笺纸的韵味也十去其六，有识之士惊呼，刻笺之业恐将随古城的荒芜而消歇了。

笺纸自古便是文房清供，是文人诗文唱和、书信往来之品，以木版水印技术将各色图案印于其上。笺纸在明中晚期相当流行，康熙、乾隆时尤盛，嘉庆、道光以来渐衰。宣统末，林琴南山水笺出，应为近代文人特作画笺之始。民初，陈师曾笺纸才华蓬勃，笔简意饶，开诗笺之新境。之后齐白石、吴待秋、陈半丁、王梦白等皆为画笺高手，而当时的刻工亦足以匹配之。明末清初，积集笺纸刻成笺谱即有例，如《萝轩变古笺谱》和《十竹斋笺谱》。

上述鲁迅致郑氏信对搜求、编辑、出版《北平笺谱》提出了动议，意在复壮中国传统木刻气脉，同时为自己倡导的域外木刻艺术提供养料。其时，鲁迅在上海，郑振铎在北平，二人书信往来，商讨出版笺谱事宜。这是一个近人所未涉及的领域。1933年，两位对于木刻画有同嗜的大师在上海见面，并相约联手收集笺纸成为专书。

　　郑振铎在北平搜访笺样。"太阳光淡淡的射在罩了蓝布套的桌，我带着怡悦的心情在翻笺样簿，很高兴的发现了……"郑振铎此期访遍北京的琉璃厂海王村以及当年的荣宝斋、淳菁阁、松华斋、静文斋、懿文斋、清秘阁、成兴斋、宝晋斋、松古斋等，跑遍了北平二三十家南纸店。他在荣宝斋，"一家不失先正典型的最大的笺肆"，见到了林琴南的山水笺、齐白石的花果笺、吴待秋的梅花笺，以及齐王诸人合作的壬申笺、癸酉笺等，刻工极精。在淳菁阁，他很惊奇地发现了许多清隽绝伦的诗笺，特别是陈师曾所作的，"虽仅寥寥数笔，而笔触却是那样的潇洒不俗，转以十竹斋、萝轩诸笺为烦琐，为做作"。此外还搜集到了吴待秋、金拱北诸氏所作和姚茫父的唐画壁砖笺、西域古迹笺等。在松华斋，郑氏见到了陈师曾所作八幅花果笺，说它们"清秀"是不够的，"神采之笔"的话也有些空洞，"只是赞赏，无心批判"。陈半丁、齐白石二氏所作，其笔触和色调，和师曾有些同流，唯较为繁缛燠暖。"他们的大胆的涂抹，颇足以代表中国现代文人画的倾向"，郑氏对此行非常满意，认为收获不小。

　　与此同时，鲁迅在上海收集笺纸数十种，但认为"皆不及北平；杭州、广州，则曾托友搜过一通，亦不及北平，且劣于上海，有许多则即上海笺也，可笑，但此或因为搜集者外行所致，亦未可定。总之，除上海外，而冀其能俨然成集，尽难矣。北平私人所用信笺，当有佳制，倘能亦作一集，甚所望也"。由此可知笺纸当时已成文人清供之一种，北平外，上海、杭州、广州等地市面上还出售印版笺纸，北平甚至还有私人印制的信笺。

鲁迅与郑振铎在编选《北平笺谱》的过程中合作非常愉快，也体现了文人和而不同的审美趣味。为协商具体事宜，此间鲁迅与郑振铎通信达15回，内容涉及访笺、选笺、商镌印、论装订、谈发行、定赠送等，包括笺谱名称、印纸选择、目录写法、笺页大小，以至于笺上直格、页码色泽等，不遗巨细，就许多技术性细节做了具体而微的擘画。如关于入选标准，先后议定：单色笺倘有佳作亦可加入若干；宋元书影笺可不加入，因其与《留真谱》(清杨守敬编，摹写古书首尾真迹的书) 无大差别；大典笺 (以明朝《永乐大典》书影印制的笺纸) 亦可不要。比如用纸，初拟用宣纸，因其性柔软，较耐久，适于装订成较厚之书，后则为追求美观改为夹贡纸。比如签条，鲁迅自谦字太坏，"然而第一叶及书签，却总得请书家一挥，北平尚多擅长此道者，请先生一找就是"，最后确定由沈兼士写签字。比如装帧设计，议定做一个布套，"末后附一页，记明某年某月限定印造一百部，此为第△△部云云，庶几足增声价。至三十世纪，必与唐版媲美矣"。

笺谱编定后，由鲁迅承担印费400元付印。鲁迅写《北平笺谱序》，郑振铎写《访笺杂记》。在《北平笺谱序》中，鲁迅曰："北平夙为文人所聚，颇珍楮墨，遗范未堕，尚存名笺，顾迫于时会苓落将始，吾侪好事，亦多杞忧，于是搜索市廛，拔其尤异，各就原版印造成书，名之曰《北平笺谱》。"此序言可谓中国版画发展史的纲领性文献。郑振铎则在《访笺杂记》中详细讲述了搜购画笺、交涉印刷、调查刻工姓名等经过。

《北平笺谱》书影

北平笺譜

魯迅　西諦編

平默

《北平笺谱》扉页

1933年12月，《北平笺谱》由"纸墨良好，镌印精工，近时少有"（鲁迅语）的荣宝斋刻印出版。此书于1933年2月5日开始谋划，9月份动手编排，至12月份印成，即在今天也堪称神速。书成时，鲁迅的投稿已被封锁，"即无聊之文字，亦在禁忌中"，所以自嘲"但《北平笺谱》序或不至于抽毁如钱谦益之作欤？"书共6册，分博古笺、花卉笺、古钱笺、罗汉笺、人物笺、山水笺、花果笺、动物笺、月令笺、指画笺、古佛笺、儿童画笺等，均由当时荣宝斋、淳菁阁、松华斋、静文斋、懿文斋、清秘阁、成兴斋、宝晋斋、松古斋等九家藏版选材刻就，收有现代制笺第一人林琴南的山水笺、陈师曾的诗笺、戴伯和的鹤笺、李柏霖的花卉笺、王振声的动物笺、姚茫父的唐画壁砖笺和西域古迹笺、齐白石的人物笺、吴待秋的梅花笺、陈半丁的花卉笺、王梦白的罗汉笺以及齐王诸人合作的壬申笺、清末为慈禧代笔的女画家缪素筠的花鸟笺等，均为诸笺之白眉。书为线装包角、蓝面白签，签条由沈兼士署写，扉页为沈尹默所题，书前有鲁迅、郑振铎序各一，分别为天行山鬼（魏建功）和郭绍虞手迹，书后附郑振铎《访笺杂记》，说明当时与鲁迅远道磋商、书函往返及遍访各铺、商请镌印的经过。

《北平笺谱》首印100部，每部书上均有鲁迅和郑振铎二人的亲笔签名。其中鲁迅自订20部，郑振铎10部，内山书店经售20部，余50部预约发售。售价12元，在当时确属奇昂，然犹一出即罄。鲁迅在1933年12月27日致台静农的信中说："《北平笺谱》竟能卖尽，殊出意外，我所约尚有余，当留下一部。"次年1

月11日，鲁迅在致郑振铎的信中说，他所约的20部《北平笺谱》，除各送台静农和魏建功一册外，"所余十八个，则都运上海，不能折扣矣"，执词颇硬，足见对此书的重视。同年2月，鲁迅不无欣慰地评价此书："重行展览，觉得实也不恶。此番成绩，颇在豫想之上也。"

《北平笺谱》色调温氲、静雅足备，以其古色斑斓、清隽绝伦的风格，充分表现了中国画的秀丽情调以及传统水印木刻工艺悠远的韵味，堪称民国时期艺术水平最高的传统版画集。面世后，被文人雅士当作案头清供，一时传为佳话。巴金当时得第94部，尤为珍爱，后赠中国现代文学馆，成为镇馆之宝。唐弢得此书甚迟，他以诗一般的语言记录了翻阅时的感受："晴日楼窗，独坐摩挲，浮生栗六，聊遣疲累，盖亦劳者自歌之一例耳。"

《北平笺谱》是中国木刻史上的一大纪念和集大成者，它和1936年出全的《十竹斋笺谱》一道，把我国濒临失传的传统木刻水印工艺从故纸堆里抢救出来，善莫大焉。而两位现代文学史上的巨匠在搜集、出版《北平笺谱》的过程中和而不同、精诚团结的协作态度，亦格外令人心仪。

二度联手，编印《十竹斋笺谱》

《十竹斋笺谱》是鲁迅与郑振铎二度联手翻刻的水印木刻笺纸集，可视作《北平笺谱》的姊妹篇。

1933年，郑振铎设法借得通县王孝慈所藏《十竹斋笺谱》，在上海请鲁迅欣赏并提议翻刻，鲁迅力促其成。1934年1月11日，鲁迅致郑振铎信，建议编印明代小说传奇插画，甚至影印明版小说，如《西游》《平妖》之类，使它能够久传，"恐怕纸墨更寿于金石，因为它数目多"。至2月9日，鲁迅在看到《十竹斋笺谱》的翻本后，认为"颇有趣"，分月付款，经济上亦可承受。他对郑氏说："如先生觉其刻本尚不走样，我以为可以进行，无论如何，总可以复活一部旧书也。"从此，郑振铎和鲁迅开始着手翻印《十竹斋笺谱》。

　　《十竹斋笺谱》是明末胡正言（字曰从）所编木版彩色水印诗笺图谱，共四卷，收图280余幅，明崇祯十七年（1644）印行，堪称明代木刻版画中成就最高的集大成者。

　　鲁迅与郑振铎翻刻的《十竹斋笺谱》母本是从通县王孝慈鸣晦庐借得的。王氏"家藏版画最多，精品尤夥。年来颇有散失，然精品尚多存者。他爱之如性命；其好之之专，嗜之之笃，我辈实所不及"（郑振铎语）。《十竹斋笺谱》四册计283幅，但王孝慈藏本仅261幅，缺22幅。刻此书，难度极高，费工费时，工程浩大。特别是"北平雕工、印工现剩下三四人，大部陷入可怜的境遇中，该班人一死，这套技术也就完了"（鲁迅1934年3月致田增涉信）。

　　1934年2月15日，鲁迅致台静农信，谈及刻书之事："西谛藏明版图绘书不少，北平又易于借得古书，所以我曾劝其选印成书，作为中国木刻史。前在沪闻其口谈，则似意在多印图而少立说。明版插画，颇有千篇一律之观，倘非拔尤绍介，易令读者生厌，但究竟胜于无有，所以倘能翻印，亦大佳事，胜于焚书卖血万万矣。"可知对于选印图谱，郑氏偏向于多印图而少立说，鲁迅则偏向于选优绍介。但这仅仅是编书形式方面的分野，两人的艺术主张，则不存在明显分歧，这是他们能顺利合作的美学基础。

按鲁迅和郑振铎的计划，《十竹斋笺谱》以版画丛刊会的名义付之荣宝斋每月陆续进行翻印。鲁迅将其编印《北平笺谱》所得51.7元作为助印《十竹斋笺谱》的首批费用，并表态愿意承担此后的费用："每月刊刻《十竹斋笺谱》费用，则只要先生将数目通知，仍当案目另寄。"后来又重申："刻工的工钱，是否以前已由先生付出？便中希见告：何月起，每月每人约若干。以便补寄及续寄。"

在翻刻《十竹斋笺谱》的过程中，鲁迅的指导作用显而易见，此期他和郑振铎书信往返甚密，或探讨印色："《十竹斋笺谱》山水，复刻极佳，想当尚有花卉人物之类，倘然，亦殊可观。古之印本，大约多用矿物性颜料，所以历久不褪色，今若用植物性者，则多遇日光，便日见其淡，殊不足以垂远。"或商量版本，念念不忘制作普及版："另选百二十张以制普及版，也是最要紧的事，这些画，青年作家真应该看看了。"或商讨纸张："旧纸及毛边，最好是不用，盖印行之意，广布者其一，久存者其二，所以纸张须求其耐久。倘办得到，不如用黄罗纹纸，买此种书者必非精穷人，每本贵数毛当不足以馁其气。"此后数月反复选择、

《十竹斋笺谱》书影

比较纸张，分别考虑了"罗甸纸"（与连史纸相类）、毛太纸、日本纸、黄色罗纹纸、染色罗纹纸、毛边纸等，后来敲定用《北平笺谱》那样的真宣。

1934年6月，鲁迅看了荣宝斋试刻的样品后认为复刻极佳："《笺谱》刻的很好，大张的山水及近于写意的花卉，尤佳。"于是对出版时间提出了建议："此书最好是赶年内出版，而在九或十月中，先出珂罗版印者一种。我想，购买者的经济力，也应顾及，如每月出一种，六种在明年六月以内出全，则大多数人力不能及，所以最好是平均两月出一种，使爱好者有回旋的余地。"于是将翻刻《十竹斋笺谱》的重任正式托付给荣宝斋。

《十竹斋笺谱》的刻印，由荣宝斋的强手王宗光等人雕版，徐庆儒印制。第一卷翻刻耗时整一年，于1934年12月正式出版。第一卷扉页后附有翻印说明（原无标题、标点）："中华民国二十三年十二月，版画丛刊会假通县王孝慈先生藏本翻印。编者鲁迅，西谛；画者王荣麟；雕者左万川；印者崔毓生，岳海亭；经理其事者，北平荣宝斋也。纸墨良好，镌印精工，近时少见，明鉴者知之矣。"1935年4月，鲁迅致郑振铎信评价《十竹斋笺谱》："翻刻成绩确不坏，清朝已少有此种套版佳书，将来也未必再有此刻工和印手。"

鲁迅此后多次嘱咐郑振铎让荣宝斋加快翻刻，但由于日本进逼华北，局势动荡，再加之资金发生困难，以至翻刻中辍。1936年10月鲁迅逝世后，郑振铎处境亦颇凄凉，但他坚持继续未竟之业。由于王孝慈《十竹斋笺谱》藏本所缺22幅画无法弥补，郑氏本想就此了结，岂料天助人意，1940年冬，郑氏友人徐绍樵意外地在江苏淮城为他寻到另外一部明版《十竹斋笺谱》藏本，补齐了所缺22幅画中的21幅，全书四册翻刻工作终于于1941年6月完成，前后长达七年之久。

《十竹斋笺谱》被鲁迅誉为"明末清初士大夫清玩文化之最高成就"，鲁迅与郑振铎二度联手翻刻此书，不仅传为文坛佳话，亦为现代版画培植了肥沃的资肥，其功永载现代美术史。

陶陶居夜饭

——止息上海文坛"盘肠大战"

时间：1936年1月29日晚

地点：上海陶陶居饭店

与席：鲁迅、黄源、胡风、周文、许广平、周海婴

1936年1月29日晚，鲁迅召集了一个重要的饭局。

据鲁迅日记："晚河清来并携赠《文学丛刊》六种，即邀之往陶陶居夜饭，并邀胡风、周文二君，广平亦携海婴去。"

坐中人河清，即黄源，字河清，1905年生，浙江海盐人，翻译家，其时任《文学》月刊助编。

陶陶居总部在广州，开业于清代光绪年间，是广州最有名气的茶楼之一，主要经营名茶、茶点、茶食及酒菜餐饮。上海陶陶居似为广州陶陶居之分店。

这个饭局，为傅东华删周文小说稿件之事。当时因《文学》主编傅东华删去周文小说《山坡上》中有关"盘肠大战"的描写，周文为此提出抗议，是日鲁迅邀周文等晚宴进行劝说。

在通俗的说法中，鲁迅有四大弟子：周文、胡风、冯雪峰、萧军。他们都是中国著名作家和文艺理论家，并且都在不同阶段的政治斗争中受尽折磨。

周文（1907—1952），本名何开荣、何稻玉，四川荥经人，是在鲁迅的亲自关怀与培养下成长起来的青年作家。1932年加入中国共产党，后在上海任左联组织部部长，后任陕甘宁边区政府教育厅厅长、秘书长等职。新中国成立后，任中共中央马列学院秘书长。

鲁迅对周文栽培有加，奖掖甚多，扶助尤勤。周文是在内山书店第一次遇到鲁迅的，他向鲁迅请教如何学习日文，鲁迅为他推荐了《志贺直哉集》一书。周文的成名作是短篇小说《雪地》，发表于1933年9月的《文学》第1卷第3号，署名何谷天，他当时只有25岁。内容是写西康军阀的军队经过大雪山时，因劳逸不均，欠饷不发，长官凶蛮压迫，激成了士兵哗变。小说叙述流畅，语言朴素，暴露了军阀的腐败和吏治的黑暗，是一篇较厚实、较独特的小说。

1934年周文两次在法租界被捕，出狱后生活无着，鲁迅就托人给他送钱。1936年春，冯雪峰需要一个助手，鲁迅推荐了周文，从此周文担任了冯雪峰的秘书和内部交通员。周文既是文学家，又是革命家，文学之外，他还在做一些秘密工作。比如秘密营救丁玲出狱并安排护送到延安；受鲁迅委托购买火腿、香烟、围巾，带到西安，转送延安的中共中央，又从西安夹带密件、经费回上海，在鲁迅和冯雪峰、胡风之间做交通员；联络斯诺去延安采访，采买延安方面需要的一些急需用品；掩护长征中受伤的政治局委员王稼祥去苏联治病；等等。

周文对鲁迅爱戴有加。1936年10月19日，鲁迅逝世，周文第一时间从冯雪峰那里得到消息，立即参与鲁迅的一应后事，是为鲁迅抬棺的青年之一。后来当许广平母子处境危险的时候，又是他安排他们与郑育之父母一家同住数年，尽力保护他们的安全。

1952年7月1日，周文在中央马列学院秘书长的位置上突然离世，被定为自杀，党内除名。

1975年，毛泽东在《中央组织部关于周文同志被迫害致死的情况调查》上批示："此件印发在京政治局各同志……周文同志之死是被迫死的，如不受压迫，他不会死，此点我看没有疑义。请中央组织部予以复查，妥善解决。毛泽东。十月三十日。"周文恢复了名誉。1976年初，周文的遗骨火化后安放于八宝山，骨灰盒上覆盖着党旗。

"盘肠大战"的经过

周文的作品在现代文学上独树一帜，《雪地》等一大批小说写的是雪域高原、羊肠古道、险关狭谷、挑夫马帮、军阀土匪、山民烟客、家族倾轧、同人暗斗、帮派火并，风格质朴、阴郁而凄厉。

发生在周文和傅东华之间的那一场"盘肠大战",在20世纪30年代的文坛,堪称一个"事件"。

傅东华(1893—1971),1920年在北京加入文学研究会,1932年任复旦大学中文系教授,1933年成为《文学》月刊编辑委员会成员,并担任过该刊主编。

《文学》月刊是在20世纪30年代初期《小说月报》停刊、"左联"机关刊物屡遭查禁的情况下创办的,1933年7月1日在上海创刊,由文学社创办,上海生活书店出版。郑振铎、茅盾是《文学》的主要发起人,编辑委员会成员为郁达夫、茅盾、胡愈之、洪深、陈望道、徐调孚、傅东华、叶绍钧、郑振铎。该刊是左翼作家、进步作家发表作品的阵地,办刊的宗旨"在于集中全国作家的力量,期以内容充实而代表最新倾向的读物,供给一般文学读者的需求"。

周文出道之初,傅东华已是著名的学者、编辑、翻译家,应该是周文的前辈。1935年,傅东华在他主编的《文学》杂志上发表了周文的小说《山坡上》。

小说描写的是三角脸的士兵王大胜坚守桥头,与包抄上来的敌人肉搏,把一个黑麻脸的对手掐得闭过气之后,被另一个敌人刺破肚皮昏倒了。当月亮洒下清凉的光的时候,黑麻脸的李占魁苏醒了,他环视周围群狗吃尸的景象,感到恐怖和孤独。他循着附近的呻吟声看去,看见那三角眼的仇人也醒转过来。于是抱着"不是你死,就是我亡"的仇恨,两人搏斗。随着"噗"的一声,王大胜肚皮上长长的裂口挤出一捆花花绿绿的肠子,带着黑色的血液。他被李占魁踢了一脚而痛昏过去了。这时，群狗扑向王大胜的肠子，李占魁看着他痛苦而痉挛的脸，顿生怜悯之情，以石头掷狗。王大胜也感到这黑麻脸"和自己似乎有一种什么相同的东西"，便请求他结束自己的生命，免得受罪。李占魁解开他自己扼咽喉的手，叫一声："弟兄，你别这样……"王大胜感到李的手中的暖流，眼角滚下泪珠。

小说以奇特而惨酷的场面，暴露了军阀战争的残酷性，而且于血雨腥风中颇为深刻地发现了"人"的价值。

主编傅东华认为人的肠子流出后还能搏斗，是不甚真实的，便未与作者商量，把一万一千字的小说删掉两千余字。

傅东华主持《文学》以来，已发过多篇周文的作品。编辑删减文章亦是责任使然，此事本无所谓个人嫌隙，但有过战场生活并亲眼见过类似场景的周文却较真起来，写了文章辩解，对傅的删稿表示抗议。傅东华也立即回应，周文再作反驳，你来我往，刀光剑影。紧接着，围观者不断参与，分作挺傅挺周两派，自说自话，有的说文学与生活，有的说作家与编辑，有的由两人的身份背景牵扯到各自的文学派系……从而在上海滩引发了一场长达半年的关于文学语言和文学思想问题的大论战，可称作现代文学史上的"盘肠大战"事件。

"盘肠大战"是一则典故，一名"罗通扫北"，出自中国古典戏曲《界牌关》。表现的是唐朝时，北番兴兵犯境，番帅苏宝同大举入寇。唐皇命秦怀玉挂帅，罗家父子罗通、罗章为先行，统领大兵征讨。兵至界牌关，番兵部将王伯超出战，用车轮战法，乘罗通不防以枪刺穿其腹部，肠流于外。罗通大怒，拼命将肠盘绕腰腹间，重与死战。番将见之，皆大惊骇。盖惊其神勇，肠出而仍能力战也。一错愕间，王伯超亦被罗通刺中要害而死。

"盘肠大战"的笔仗打得很热闹，在这场论战中，傅东华大约写了四篇文章，周文回敬了六篇。傅东华解释道："作者为要显示出王大胜之'强'，就不恤叫他变成一只虾蟆，直到肚肠流出来还会跟别人打架，这就概念损坏了形象……这样的描写，总不免使人想起了一部什么旧小说里的'罗通盘肠大战'的奇迹！"

周文并不认同傅东华的解释，他主要强调这种描写源于自己的生活实感："当我十七岁那年，在一个部队里当小'军佐'的时候，第一次看见的一场战争是在家乡的一个山坡上……只见坡上的石板桥横呀顺呀的躺着十几个尸体，有的虽还没有死，但衣服已被剥去，全身和全脸都冻得惨白的带土色，而且发抖，恐怖的两眼一翻一翻地看着我们这些胜利者的敌人跨过他们的身边。我那刚才上坡时的那种胜利的快活心情立即消失了，换来的是恐怖和凄惨。当时我曾激动而痛苦地想道：他们也是人呵！"

从文中可知，周文在辩论中实际上是在捍卫自己写"熟悉的生活和人物"的"创作上的铁则"，捍卫自己对川康边地生活的独特感受，以及对质朴、阴郁、凄厉的艺术风格的执着追求。

"盘肠大战"中，除了当事的两人，另有多人参与进来。随着论战的深入，渐渐牵扯到各自的文学派系。有人指责周文的背后有鲁迅和胡风支持，是"左联"用《山坡上》来和《文学》开火。于是周文便写了《引起的纠纷》一文，重申论战只是个人

"嫌隙"，与"左联"无关。此后又有旅冈写了《终止无谓的论争》，沈起予写了《麻烦账》，继续攻击周文。为此，周文最后写了《答沈起予们的〈麻烦账〉》一文，指责旅冈和沈起予在论战中好用"大石压死蟹"。

由于牵涉到"左联"，同时周文是鲁迅一手栽培的弟子，最后连鲁迅都关心起这场争辩来。鲁迅专门向一位日本军医询问腹破肠出，是否仍可继续搏斗。军医回答，那是可能的，因为肚子对于受伤的感觉是较为迟钝的。鲁迅便担心周文过于执着，陷于长期纷争，反误了自己的写作。1936年1月24日，鲁迅致信胡风："前天得周文信，他对于删文事件，似乎气得要命，大有破釜沉舟干他一下之慨。我对于他的办法，大有异议。所以我想最好于明年小饭店开张时，由你为磨心，定一地点和日期，通知我们，大家谈一谈，似乎比简单的写信好。此事已曾面托悄吟太太（即萧红）转告，但现在闲坐无事，所以再写一遍。也因心血来潮，觉得周文反会中计之故也。"

从信中可知，鲁迅对"盘肠大战"的论争持一种比较公允的态度，不同意周文的"破釜沉舟干他一下"，他不仅面托萧红向周文转达了自己的关切，并且拟定由胡风适当时候召集大家谈一谈。但一个人的到访使这个谈话提前进行了。

这个人就是《文学》月刊助编黄源。

1936年1月29日，这天是大年初六，黄源访鲁迅。鲁迅觉得这个时机不错，于是由他做东，召集了这个饭局。

这是一次调解纷争的饭局。坐中人黄源是傅东华的助手，事实上代表着《文学》月刊。

有关这场饭局，周文在相关回忆文章《鲁迅先生是并没有死的》中写道：

今年（指1936年——笔者注，下同）二月的某一天，我的心上忽然投下来一个暗影。当时我正烦恼着属于创作方面的某一件事（即"盘肠大战"论战之事），借鲁迅的话说来，则是被"剥掉了大衫"的事件，而且因为这件事的烦恼使我停笔了一些时间。我听见说，鲁迅先生为了"肠子爆了出来是否还可以打架"的问题问了一个日本军医，据日本军医的回答是：可能的。因为肚子对于受伤的感觉较为迟钝的缘故。但这也并非他为了要在我的后面"煽动"要这样的去问，倒是证明他对每一个问题都关心，仔细，踏实。我因为写了一封信给他，他立刻找我谈话了。这时的他，头发有些变灰了，胡须也有些变灰了，脸色带着灰黄，眼角梢还显着深刻的鱼尾似的裙皱。我心里不禁惊异的感到：鲁迅先生老了！但我知道鲁迅先生不愿想到自己老的，我也竭力想把这突然袭来的思想驱散。他微笑地说："我今天刚刚拿到一笔稿费，这回就让我来做东。"可是当我们六个人（当中有两位是许广平先生和他们的爱子海婴）围着一张小圆桌坐下来喝酒的时间，我发现他把酒杯离开嘴就在轻微的咳嗽，咳嗽之后接着是喘气。我心里立刻又感到非常的难受。

在这次饭局上，周文关心了鲁迅最近的身体状况，鲁迅微笑着说："这不是要紧的，只是常常有些发热，但现在是好多了。"接着他就不再谈自己身体上的事，倒谈了些他从日本军医那儿得来的一点关于肚破的知识。"关于我那一次的纠纷，并不如别人攻击他的是在我的后面煽动，倒是劝勉了我很多关于创作上的话。他说：'创作，应该是艰苦的，不断的，坚韧做去的工作。譬如走路，一直向前走就是。在路上，自然难免苍蝇们飞来你面前扰扰嚷嚷；如果扰嚷得太厉害了，也只消一面赶着一面仍然向前走就行。但如果你为了赶苍蝇，竟停下脚步竟转过身去用全力和它们扑打，那你已失败了，因为你至少在这时间已停滞了！你应该立刻拿起你的笔来。'"

其时，鲁迅的身体状况已不太好，经常发烧，离去世不足八个月，但还老是忘掉了自己，只记挂着别人——只记挂着别人的走路。这让周文"感动到战栗了"，"是的，我应该拿起我的笔来"。于是，周文重新捡起停歇了一段时间的创作，这场"盘肠大战"就此打住。

1936年夏，傅东华因"盘肠大战"和其他非难，辞去了《文学》主编职务，由王统照接任。

傅东华长周文二十岁，他还是一位翻译家，其所译《飘》以其用语灵活多变、行文自然、清楚明了，在第一代中国读者中影响十分深远，对中国文学事业做出过巨大贡献。傅东华的删稿之举并没有削弱他在现代文学史上的地位。

胡发云先生把周文称作"现代文学和革命史上的失踪者"，

此论甚是。周文在他的自传中，"一字未提他与鲁迅那些足以耀人的私交和地下党时那些重要活动"，他是一个有尊严的、内敛的甚至是慎独的人。

鲁迅的陶陶居设宴，断然终止了现代文学史上因为删稿事件引起的最著名的论争——"盘肠大战"。

今天来看"盘肠大战"的删稿之争，反映着区域经验、个体经验与公共经验的分歧，也反映着其时文学观念、文学态度甚至文学派系之间的微妙冲突。

主要参考书目

《鲁迅全集》，鲁迅著，人民文学出版社1981年版。

《鲁迅与北京风土》，邓云乡著，文史资料出版社1982年版。

《那些与鲁迅交往的日本人》，王锡荣，载《新文学史料》2015年第4期。

《民国吃家》，二毛著，上海人民出版社2014年版。

《百年劝业场》，张鹏，载2016年10月10日《北京晚报》。

《时为公务员的鲁迅》，吴海勇著，广西师范大学出版社2005年版。

《鲁迅生平疑案》，王锡荣著，上海辞书出版社2002年版。

《追忆蔡元培》，陈平原、郑勇编，中国广播电视出版社1996年版。

《显克微支作品在中国的译介（1906—1949）》，孟竹，载《西江月》2012年9月上旬刊。

《回忆先师高步瀛阆仙先生》，程金造，载《学林漫录》（十二集），中华书局1988年版。

《孙伏园写鲁迅》，李树德，载《人民政协报》2014年8月7日第7版。

《文坛艺林备忘录》，蒋星煜著，上海远东出版社2006年版。

《论晚近历史》，李劼著，青海人民出版社1998年版。

《东有启明，西有长庚——鲁迅与周作人失和前后》，陈漱渝，载《鲁迅研究动态》1985年第5期。

《鲁迅和周作人》，周建人，载《新文学史料》1983年第4期。

《鲁迅与我七十年》，周海婴著，南海出版公司2001年版。

《周建人是怎样离开八道湾的》，俞芳，载《鲁迅研究动态》1987年第8期。

《鲁迅传》，林志浩著，北京十月文艺出版社1991年版。

《从鲁迅买房看民国前期的房管制度》，俞廷标，载浙江在线。

《欣慰的纪念》，许广平著，人民文学出版社1951年版。

《我记忆中的鲁迅先生》，俞芳著，浙江人民出版社1981年版。

《鲁迅在北京》，陈漱渝著，天津人民出版社1978年版。

《鲁迅与许广平》，九英著，上海书店出版社2001年版。

《和鲁迅相处的日子》，川岛著，四川人民出版社1979年版。

《回忆鲁迅先生》，许羡苏，载《鲁迅研究资料3》，文物出版社1979年版。

《太虚法师初到厦门之回忆》，林子青，载《内明》185期（1987年）。

《亡友鲁迅印象记》，许寿裳著，人民文学出版社1953年版。

《鲁迅回忆录》，许广平著，作家出版社1961年版。

《鲁迅评传》，［俄］波兹德涅耶娃著，湖南教育出版社2000年版。

《稿酬怎样搅动文坛——市场经济与中国近现代文学》，鲁湘元著，红旗出版社1998年版。

《中国的战歌》，史沫特莱著，作家出版社1986年版。

《联共（布）、共产国际与中国苏维埃运动：1931—1937》第十五卷，黄源著，中共党史出版社2007年版。

《我走过的道路》，茅盾著，人民文学出版社1981年版。

《在鲁迅身边》，黄源著，上海文艺出版社1991年版。

《黄源回忆录》，浙江人民出版社2001年版。

《鲁迅和巴金》，马蹄疾著，载《鲁迅和他的同时代的人》下卷，春风文艺出版社1985年版。

《鲁迅会见休士及其被诬事件》，沈鹏年，载绍兴鲁迅博物馆网站。

《怀念萧红》，王观泉著，黑龙江人民出版社1984年版。

《周文选集》，周文著，人民文学出版社1981年版。

《中国现代小说史》（第二卷），杨义著，人民文学出版社1988年版。

《访问钱稻孙记录》，鲁迅博物馆左瑾、王燕芝、叶淑穗等，1961年5月。

此外还参考了周楠本《元庆的画》，散木《陶元庆，一个不能被遗忘的艺术家》，赵成杰《高步瀛学术年谱简编》《高步瀛著述考略》《高步瀛交游新证》，孙果达、王伟《西安事变中神秘的史沫特莱》，方文《左尔格在中国》，刘小莉《1937年的史沫特莱与延安生活》，张耀杰《鲁迅曾与他们反目成仇》《"衍太太"：鲁迅笔下的第一位女性仇敌》，等等。

后　记

　　2021 年是鲁迅先生诞辰 140 周年。这是我继《鲁迅草木谱》后，关于鲁迅微观研究的第二本专著，亦由我所喜欢的广西师范大学出版社"诗想者"工作室策划出版，以此致敬鲁迅先生。

　　多年来，我的注意力集中在以鲁迅先生为圆心的民国作家身上，他们之间的相识、相交与相离意味深长，其中"一塌胡涂的泥塘里的光彩和锋芒"（鲁迅语）比比皆是，大有意趣，每有所得，便铺陈为文，绝大部分发表在刘仰东先生主编的人民政协报《春秋周刊》，日积月累，集腋成裘，一俟机缘足具，即以"鲁迅的饭局"为主线组织成书，付梓印行。

　　中国现代文学 30 年的面貌何其波澜壮阔，而一己之力何其有限，本书不过是力求把鲁迅置于日常视角书写，并对民国文人生活和现代文学思想资源特别是文学论争史、传播史略作刺探，倘能引发共鸣，则幸甚至哉。因参考书目较多，为使阅读顺畅，引用的部分文字没有在文中注明详细出处，而在书末列出参考书目，希明者察之。

由于种种原因，书中少数图片未能联系上摄影者，敬请摄影者或版权继任者看到本书后，与编辑联系，以便及时寄奉薄酬。联系邮箱：hipoem@163.com。

感谢鲁迅长孙、鲁迅文化基金会会长周令飞先生的器重和鼓励。本书亦蒙广西沈伟东先生、甘肃马效军先生热情引荐，诗想者工作室郭静女士精心编辑，华南师范大学教授侯桂新先生审慎校勘，又得天水王元中先生不吝扶助、吴凯飞女士认真校对，在此一并致谢。

薛林荣
2017年9月初稿于关山西麓
2020年11月定稿于甘肃天水